반드시 이기는 인생

**반드시 이기는 인생**

**저자** 김원태

**초판 1쇄 발행** 2025. 7. 11.

**발행처** 도서출판 브니엘
**발행인** 권혁선

**책임교정** 조은경
**책임영업** 기태훈
**책임편집** 브니엘 디자인실

**등록번호** 서울 제2006-50호
**등록일자** 2006. 9. 11.

서울특별시 송파구 백제고분로28길 25 B101호 (05590)
**마케팅부** 02)421-3436
**편 집 부** 02)421-3487
**팩시밀리** 02)421-3438

**ISBN** 979-11-93092-42-2 03230

**독자의견** 02)421-3487
**이 메 일** editorkhs@empal.com

**북카페 주소** cafe.naver.com/penielpub.cafe
**인스타그램** @peniel_books

이 책은 저작권법에 따라 보호받는 저작물이므로 무단전제 및 무단복제를 금합니다.
이 책의 전부 또는 일부를 이용하려면 반드시 사전에 저작권자와 도서출판 브니엘의 동의를 받아야 합니다.

도서출판 브니엘은 독자들의 원고를 설레는 마음으로 기다리고 있습니다.
위의 이메일로 간단한 기획 내용 및 원고, 연락처 등을 보내주십시오.

도서출판 브니엘은 갓구운 빵처럼 항상 신선한 책만을 고집합니다.

반드시 이기는 인생을 살게 하는 최고의 인생 코칭

# 반드시 이기는 인생

Life of absolute victory

김원태 | 지음

"이 책은 여러분을 최고의 삶을 살 수 있게 할 것입니다"
_ 조용기 목사 (여의도순복음교회 원로목사)

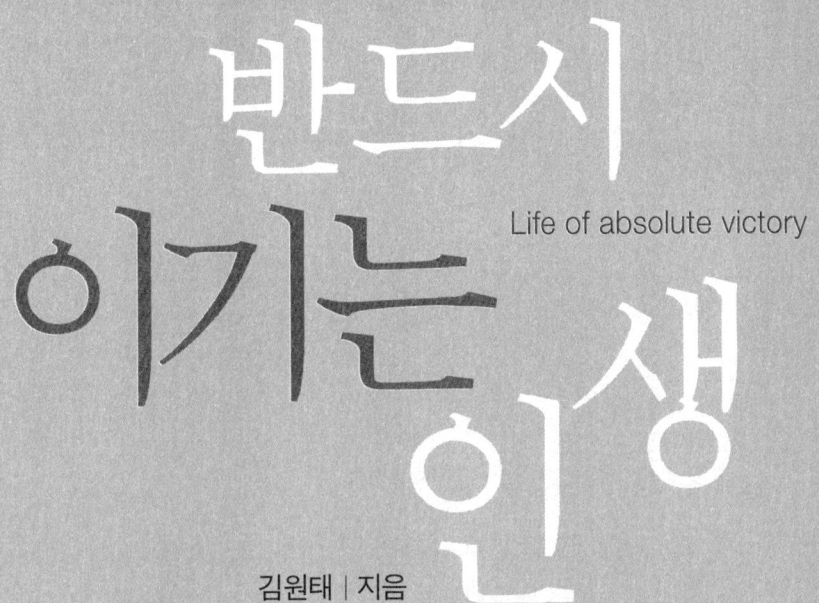

## 추천의 글
### 인생을 걸작으로 만드세요

이 세상에 단 한 번의 기회로 주어진 우리 인생은 얼마나 귀한 것인지 형언할 수 없습니다. 우리는 그러한 인생이 어디서 와서 왜 살며 어디로 가는지 알지 못한 채, 바람 같이 왔다가 안개처럼 사라지도록 할 수는 없습니다. 더욱이 하나님께서는 모든 사람에게 사명을 주셨습니다. 우리는 하나님이 주신 삶 속에서 각자가 받은 달란트를 찾아서 마음에 꿈을 품고 구체적인 인생의 목표를 세우고 나아가야 합니다. 그럴 때 우리는 참으로 열매가 풍성한 삶을 살아갈 수 있습니다.

성경은 우리의 온갖 구하는 것이나 생각하는 것에 넘치도록 주시겠다고 하셨습니다(엡 3:20). 그러므로 우리는 성경 말씀에 따라 살아갈 때 최고의 인생을 만들 수 있습니다. 저는 50여 년의 목회 생활 가운데 늘 성령님을 의지하고 성경 말씀에 따라 살기 위해 애를 썼습니다. 앞에 펼쳐진 상황이 어둡고 힘들어서 눈에는 아무 증거 안보이고 손에는 잡히는 것 없이 내 앞길이 칠흑같이 캄캄할 때라도 말씀에 의지해 믿음으로 나아갈 때 어두운 터널이 광명으로 변했습니다.

김원태 목사님의 「반드시 이기는 인생」은 성경 말씀에 따라 최고의 인생을 살아가는 원리를 잘 기록하고 있습니다. 특별히 김원태 목사님은 오랫동안 말씀 묵상집인 〈생명의 삶〉을 통해 영혼의 양식을 제공하고 청년 사역으로 꿈과 비전을 품도록 돕고 그들과 함께 행동했습니다. 이러한 꿈과 열정, 행동하는 삶이 그대로 녹아 있는 이 책 한 페이지 한 페이지를 넘길 때마다 여러분은 명품 인생을 차곡차곡 쌓아가게 될 것입니다.

하나님의 사랑과 예수 그리스도의 은혜 안에서 성령님의 인도하심에 따라 매일의 삶에 '원더풀'이 넘쳐나시기를 기원합니다. 누구나 살아보고 싶고 닮고 싶은 최고의 인생을 만드셔서 여러분의 '인생 명저'를 통해 하나님께 영광 돌리는 놀라운 삶을 이루시기를 간절히 바랍니다.

조용기 목사(여의도순복음교회 원로목사)

## 추천의 글
### 이 책을 청년의 때에 읽었다면?

　70년 가까운 인생을 살았고 40년 넘게 목회하면서 여러 가지 일을 많이 겪었습니다. 그중에는 뛸 듯이 기쁘고 가슴 벅차게 행복하며 세상의 무엇과도 바꿀 수 없을 만큼 보람된 일이 많았습니다. 반면에 깊은 고민에 빠지게 하고 무엇을 어떻게 해야 할지 모를 정도로 난감하며 오랜 시간 하나님 앞에서 기도하게 만들었던 일들도 있었습니다. 하지만 뒤돌아보면 그 모든 것이 하나님의 은혜였음을 고백하게 됩니다. 모든 것이 합력하여 선을 이루신다는 말씀이 참된 진리임을 경험하였습니다.

　나의 삶을 이루는 시간 중 어느 것 하나 버릴 것 없이 하나님께서 당신의 뜻을 따라 사용하였음을 깨닫게 됩니다. 그런데도 여전히 나의 마음에 후회되는 일이 하나 있는데 그것은 하나님과 하나님 나라를 위한 더 큰 꿈과 비전을 갖지 못했던 것입니다.

　사람은 누구나 인생을 살면서 한 번쯤은 큰 어려움을 만나게 되는데

저 또한 그러한 시기가 있었습니다. 앞날이 너무 막막하고 앞으로 상황이 어떻게 될지 생각하면 걱정밖에는 할 것이 없던 시간이었습니다. 단 하루도 하나님의 도움 없이는 살 수 없다고 고백할 수밖에 없는 은혜의 시간이었고 하나님의 임재를 깊이 경험하던 시절이었지만 현실 앞에서는 늘 걱정하며 지냈던 기억이 있습니다.

지금 생각해보면 걱정 대신 '이런 나의 삶에 하나님께서 어떤 기적을 일으키실까?, 나의 삶을 통해 어떤 역사를 일으키실까?' 이런 기대로 충만했다면 얼마나 좋았을까 생각하게 됩니다. 그저 예수 믿는 것이 너무 좋고 하나님의 은혜가 정말 감사해서 '어떻게 하면 하나님이 가장 기뻐하시는 일을 할 수 있을까' 라는 생각에 목사가 되겠다고 결심했고 이 나라를 모두 복음화하는 목사가 되겠다는 소망을 가졌을 뿐인데도 하나님께서 제 삶을 이렇게 사용해 주셨습니다. 만약 내가 더 크고 보다 구체적인 꿈과 비전을 품었다면, 그리고 그 꿈과 비전을 향해 한 걸음 한 걸음 전진했다면 제 삶은 지금보다 더 탁월하게 하나님께 쓰임 받았을 것으로 생각합니다.

김원태 목사님의 「반드시 이기는 인생」이라는 책을 읽으면서 '내가 이 책을 청년의 때에 읽었다면 내 삶이 어떻게 되었을까' 생각해보았습니다. 저를 향한 하나님의 계획이 결코 초라하지 않다는 진리를 보다 분명하게 붙잡았다면 하나님께서 쓰시기에 더 편안한 종이 되었을 것으로 생각합니다. 그래서 말씀을 전할 때마다, 특별히 젊은이들을 만날 때마다 꿈과 비전을 품을 것을 강조합니다. 할 수만 있다면 가장 큰 꿈을 꾸라고 말합니다. 우리 하나님은 전능하실 뿐 아니라 우리를 향한 놀라운 계획을 세우신 분이라는 것을 강조합니다.

제가 이 책을 읽으며 더욱 감탄하는 것은 이 책에는 꿈과 비전이 혹독한 현실 가운데 꺾이지 않도록 격려할 뿐 아니라 그 꿈을 이루어 갈 수 있는 길을 구체적으로 제시한다는 점입니다. 12개로 이루어진 각 장을 하나하나 따라가면 책의 제목처럼 '최고의 인생'을 이룰 수 있는 길을 발견하게 됩니다.

훌륭한 청년 사역자이며 목회자인 김원태 목사님의 진솔함과 그동안의 목회 경험이 문장마다 녹아 있기에 이 책을 통해 많은 분이 후회 없는 삶, 책의 제목처럼 자신의 삶이 '반드시 이기는 인생'이었다고 고백하게 될 것을 확신합니다.

개인적으로 남은 삶이 더 최고가 되도록 책을 통해 도전받고 점검하는 귀한 시간이 있었기에 기쁜 마음으로 이 책을 추천합니다.

정필도 목사(수영로교회 원로목사)

## 추천의 글
### 당신 안에 숨겨진 하나님의 가능성에 주목하세요

　우리가 이 땅에 태어남은 우리 계획이 아니고 우리가 이 시대에 태어남도 우리 계획이 아닙니다. 우리는 그분의 계획에 따라 이 세상에 보내졌습니다. 우리가 호흡하고 살아가는 이 지구도 다 그분의 치밀한 계획 속에 만들어졌습니다. 하나님은 결코 우리를 초라하게 살도록 만드시지 않았습니다. 우리는 모두 하나님의 걸작품입니다.
　하나님의 작품에는 그 어떤 것도 실수가 없으시고 실패가 없습니다. 당신의 인생은 최고의 삶을 살도록 디자인되어 있습니다. 저는 짧은 인생을 살면서 저를 향한 하나님의 큰 계획에 놀라곤 합니다. 나의 계획보다 훨씬 크고 광대한 그분의 섭리 앞에 늘 감탄합니다.
　분명한 것은 내 계획보다 그분의 계획이 크며 내 생각보다 그분의 생각이 뛰어나시다는 것입니다. 지금 혹시 당신의 삶에 대해 지금으로 만족하거나 당신의 미래에 대해 기대감 없다면 당신을 향한 더 크고 놀라운 계획을 가지신 그분에게 집중해보십시오. 그분에게서 당신을 향한 놀라운 계획을 발견하게 될 것입니다. 그분은 당신의 인생이 대충 사는 삶이 아니라 탁월한 삶이 되길 원하십니다.

하나님은 당신을 향한 놀라운 일들을 계획하고 계십니다. 좋은 것에 안주하지 마십시오. 지금의 삶으로 만족하지 마십시오. 그분의 경영은 기묘하며 지혜는 광대합니다. 하나님은 당신을 통해 하나님 자신을 드러내길 원하십니다. 큰 비전을 품고 비전을 넘어 위대한 삶, 위대함을 넘어 놀라운 삶을 누리십시오.

이번 김원태 목사님이 쓰신 「반드시 이기는 인생」은 당신 안에 숨겨진 하나님의 가능성을 드러나게 해줄 것입니다. 이 책은 단순히 비전을 가지라고, 열정을 가지라고 말하지 않습니다. 최고의 인생을 사는 데 필요한 비전, 열정, 사랑, 감사, 기도, 경청, 단순, 습관, 인내, 기여, 축제를 모두 하나하나 실천할 수 있도록 돕고 있습니다. 이 책에 소개된 12가지가 그냥 펼쳐진 것이 아니라 이렇게 하나로 연결되어 있다는 것이 놀랍습니다.

최고의 인생을 사는 데는 하나님의 방법이 있습니다. 그 방법을 이 책이 잘 소개해 줍니다. 당신이 이 책을 읽으시면서 믿음으로 꿈꾼다면 하나님께서 당신의 인생을 지금과는 전혀 다른 최고의 인생으로 이루어주실 것입니다. 12주간 펼쳐지는 인생 코칭! 지금부터 시작해 보십시오!

김인중 목사(안산동산교회 원로목사)

## 추천의 글
### 최고의 삶을 살아갈 지혜를 얻으세요

　21세기의 화두는 "우리의 생각이 변해야 세상을 변화시킬 수 있다"는 것입니다. 저자는 우리의 긍정적인 생각과 말이 열정을 불러일으켜 우리 인생을 변화시킨다는 해법을 제시합니다. 하나님이 우리에게 비전과 꿈을 허락하신 것은 인류를 향한 하나님의 꿈을 성취하기 위함입니다.

　20여 년 청와대와 공직사회 선교활동을 통해 많은 목회자와 교류하면서 김원태 목사님을 만나게 된 것은 제게 있어서 큰 축복입니다. 오랜 기간 영향력 있는 청년 사역자로 섬겨온 목사님을 통해 하나님을 향한 순전한 열정과 영적인 힘을 느낄 수 있었습니다.

　이 책에는 그러한 목사님의 '혼'이 녹아 있습니다. 독자들이 책에서 소개하는 12가지의 원칙을 생활에 적용해 나가면 삶 자체가 '반드시 이기는 인생'이 될 것을 확신합니다.

주대준 장로(카이스트 부총장)

| 프롤로그 |  이 세상을 어떻게 탁월하게 살 것인가?

　인생을 가장 탁월하게 사는 방법은 무엇일까? 시중에는 수많은 자기 계발서와 인생에 도움을 주는 책이 가득하다. 하지만 인생의 가장 중요한 답은 모두 성경에서 나온다. 인간의 지혜는 늘 부분적이거나 개인의 특별한 체험에 불과하다. 나는 '어떻게 탁월하게 살 것인가'라는 질문에 성경이 말하는 답을 찾아보았다.
　성경이야말로 최고의 인생사용 설명서다. 하나님께서 말씀하시는 삶은 고통이나 스트레스나 염려나 두려움이 아니라 기쁨과 감사와 축제의 삶이다. 하나님은 당신이 이 세상을 살 때 초라하거나 가난한 실패자로 살기를 원치 않으신다. 하나님은 당신이 비전의 삶을 넘어 위대한 삶을 살기 원하시고 위대함을 넘어 놀라운 최고의 인생을 살기 원하신다.
　이 책은 단순히 비전, 열정, 믿음만 강조하는 책이 아니다. 모든 사람이 비전과 열정을 말하지만, 인생은 그리 단순한 것이 아니다. 여기에 소개하는 12가지가 다 중요하다. 한 가지도 소홀히 할 수 없다. 이 책의 요점은 인생에 꼭 필요한 12가지를 다 연결하고 있다는 것이다. 구슬이

서 말이라도 꿰지 않으면 보석이 아니라는 속담이 있다. 여기에 소개된 12가지를 모두 다 소중하게 몸에 익히라. 그리하여 당신의 한 번뿐인 소중한 인생을 하나님께서 원래 계획하셨던 축제의 인생으로 살기 바란다.

이 책은 '비전'으로 시작하여 '축제'로 마치는 12단원으로 되어 있고, 각 단원은 5과로 이루어져 있다. 하루에 한 과씩, 월요일에서 금요일까지 한 단원을 읽을 수 있다. 한 주에 한 단원씩 읽고 팁에 나오는 대로 실습한다면 12주 후에 당신은 탁월한 삶으로 들어가고 있음을 알게 될 것이다. 12단원은 우리 삶을 탁월하게 살게 해주는 기둥이다. 이 책에 소개된 12개의 단원이 당신 삶을 탁월하게 이끌어 줄 것이다.

성경에 나오는 수많은 원리를 알고도 삶이 변화되지 않는 것은 그 원리대로 살지 않기 때문이다. 그래서 이 책은 원리와 함께 단원마다 팁을 준비하였다. 팁을 적용하는 석 달의 훈련이 당신의 삶을 놀랍게 변화시킬 것이다.

이 책을 혼자 읽지 말고 가족이나 그룹과 함께 읽고 함께 실행해 보라. 사람은 혼자 무엇을 시도하면 중간에 쉬기도 하고 포기하기도 하지만 여러 명이 같이한다면 큰 변화가 있을 것이다.

이 책은 단순히 노력해서 얻는 좋은 것을 넘어 결코 후회하지 않는 최고의 인생을 살도록 도와줄 것이다. 우리가 최고의 삶을 사는 것이 원래 하나님께서 계획하신 것이다. 이 책을 통해 평범한 자리에 갇혀 있는 자들이 모두 비범한 자리로 옮겨지길 바란다. '나는 특별한 재능도 없고 특별한 실력도 없다'는 생각은 바꾸어야 한다.

당신은 무능하지 않다. 당신에게는 전능하신 하나님이 계신다. 당신은 무지하지 않다. 당신에게는 전능하신 하나님의 지혜가 있다. 당신은 초라하지 않다. 당신에게는 하나님께서 주신 독특한 달란트가 있다. 하나님은 이 세상에서 당하는 모든 문제를 이기도록 당신을 창조하였다. 당신 안에는 아직 한 번도 드러나지 않은 보물과 잠재력이 있다.

하나님은 성경 전체를 통하여 우리에게 끝없이 '너는 소중한 자'라고 되풀이하여 말씀하신다. 「반드시 이기는 인생」을 읽는 모든 독자가 이 책을 통해 하나님께서 원래 계획하셨던 그 풍성한 삶을 살게 되길 소원한다. 하나님은 그 누구도 초라한 삶을 살길 원치 않으신다. 당신이 지금 이 시대에 태어난 것은 하나님의 특별한 전략이다. 이 책은 당신이 비전을 넘어 위대함으로, 위대함을 넘어 최고의 인생으로 살도록 도와줄 것이다.

글쓴이 김원태

C·O·N·T·E·N·T·S
## 차 례

추천의 글 _ 인생을 걸작으로 만드세요 / 005
프롤로그 _ 이 세상을 어떻게 탁월하게 살 것인가? / 013

## 〉〉 PART 1.
### 반드시 이기는 인생은 비전과 열정으로 시작된다

### 01. 풍성한 비전을 가지라 _ 023

하늘 자원을 소망하라 / 비전을 실현시킬 목표를 정하라
내 꿈 너머 하나님을 꿈꾸라 / 꿈을 포기하지 말라
과거에서 벗어나 더 넓게 보라

### 02. 열정으로 살라 _ 058

열정은 비전을 향해 나가게 하는 힘이다
비전을 분명히 하라 / 열정은 비저너리 옆에 있을 때 생긴다
열정을 가지려면 하나님을 가까이하라 / 게으름은 열정의 적이다

>> **PART 2.**
**반드시 이기는 인생은 긍정과 사랑, 감사로 이루어진다**

### 03. 긍정적인 생각과 말을 하라 _ 093

생각을 바꾸면 인생이 바뀐다 / 자신에 대해 긍정적인 생각을 하라
타인에 대해 좋은 생각을 하라 / 자기가 말한 대로 된다
어둠이 아니라 빛을 말하라

### 04. 사랑을 향해 나아가라 _ 122

사랑할 때 가장 빛나는 인생을 산다 / 최고의 삶을 살려면 자신을 사랑하라
최고의 삶을 살려면 이웃을 사랑하라 / 진심 어린 사랑의 말이 세상을 바꾼다
사랑하면 행동한다

### 05. 감사하는 마음을 유지하라 _ 146

감사로 마음을 가꾸라 / 지금, 불평을 버리고 감사를 선택하라
불평 없이 살아보라 / 모든 일에 감사하라
미리 감사기도를 드리라

## >>> PART 3.
### 반드시 이기는 인생은 하늘로부터(기도, 경청) 온다

**06. 기도로 하나님의 손을 붙잡으라 _ 181**

기도는 하나님의 손을 붙잡게 한다 / 모든 일에 기도하라
순간기도(화살기도)를 사용하라 / 더불어 함께 기도하라
응답받을 때까지 멈추지 말라

**07. 주의 깊게 경청하라 _ 204**

위대한 경청자로 살라 / 성경 말씀으로 하나님의 음성을 들으라
성령의 감동으로 하나님의 음성을 들으라 / 순종하는 종이 되어 들으라
사람의 말을 잘 경청하라

## >>> PART 4.
### 반드시 이기는 인생은 단순함과 좋은 습관으로 유지된다

**08. 단순하게 살라 _ 231**

단순함이 능력이다 / 탐심을 버리라 / 염려를 버리라
오늘을 최고로 살라 / 우선순위를 정하라

**09. 좋은 습관으로 살라 _ 256**

작은 습관이 쌓여 비전을 이룬다 /
새벽에 하나님과 대화하는 습관을 가지라 / 삶의 목적을 정하라
언제나 살리는 자로 살라 / 모든 일에 자신감을 가지라

10. 인내로 이기라 _ 280

위대한 작품은 인내로 만들어진다 / 인내는 어려움을 이겨낸다
인내는 기쁨으로 기다린다 / 인내는 포기하지 않고 다시 도전한다
인내는 하나님을 기대한다

>>> PART 5.
**반드시 이기는 인생은 기여와 축제로 완성된다**

11. 나누고 기여하라 _ 305

주면 부유해진다 / 주는 것은 낭비가 아니고 심는 것이다
최고의 인생은 나눌 때 펼쳐진다 / 기여하는 자로 살라
당신에게는 줄 수 있는 능력이 있다

12. 축제로 살라 _ 324

행복은 내가 선택하는 것이다 / 웃으면서 살라
기쁘게 살라 / 소망을 가지고 즐거워하라
가는 곳마다 축제를 일으키는 자로 살라

PART

01

# 반드시 이기는 인생은
## 비전과 열정으로 시작된다

하늘 자원을 소망하라 / 비전을 실현시킬 목표를 정하라
내 꿈 너머 하나님을 꿈꾸라 / 꿈을 포기하지 말라
과거에서 벗어나 더 넓게 보라 / 열정은 비전을 향해 나가게 하는 힘이다
비전을 분명히 하라 / 열정은 비저너리 옆에 있을 때 생긴다
열정을 가지려면 하나님을 가까이하라 / 게으름은 열정의 적이다

## CHAPTER 01
### 풍성한 비전을 가지라

"기록된 바 하나님이 자기를 사랑하는 자들을 위하여 예비하신 모든 것은 눈으로 보지 못하고 귀로 듣지 못하고 사람의 마음으로 생각하지도 못하였다 함과 같으니라. 오직 하나님이 성령으로 이것을 우리에게 보이셨으니 성령은 모든 것 곧 하나님의 깊은 것까지도 통달하시느니라"(고전 2:9-10).

## 하늘 자원을 소망하라

세상에서 가장 비싼 자원이 묻혀 있는 곳은 어디일까? 남아프리카의 다이아몬드 광산일까? 에콰도르의 황금 매장지? 사우디아라비아의 거대한 유전? 발칸 반도의 우라늄 매장지일까? 모두 아니다. 지구상에서 가장 비싼 자원이 묻혀 있는 곳은 바로 묘지다. 묘지 안에는 세상에 울려 퍼지지 못한 노래와 세상에 발표되지 못한 엄청나게 아름다운 시가 수없이 묻혀 있다. 잔디로 뒤덮인 그 조그만 땅은 한 도시 전체를 변화시킬 수도 있을 만큼 놀라운 아이디어로 넘친다(웨인 코데이로, 「꿈을 키워주는 사람」, 예수전도단, 65-66쪽).

자신에게 엄청난 능력이 있는 것도 모르고 그냥 아무렇게 살다가, 죽을 때 그 풍성한 능력을 함께 땅에 묻어 버리는 것은 정말 슬픈 일이다. 인생은 축제이다. 그런데 많은 사람이 인생을 축제로 살기보다 고통으로 살아간다. 인생은 정말 경이롭고 놀라운 것이다. 인생은 내가 계획한 것이 아니라 나를 만드신 하나님의 것이다. 인생을 성공적으로 살려면 나를 만드신 하나님의 원래 계획을 알아야 한다.

하나님께서 원래 우리를 위해 계획한 삶은 초라하거나 비참하거나 나약한 것이 아니라 풍성하고 놀랍고 부유한 것이다. 그래서 우리는 인생에 대한 풍성한 비전이 있어야 한다. 혹시 삶이 바빠 풍성한 비전을 내려놓은 채 하루하루 겨우 생존만을 위해 사는 사람이 있다면 하나님이 원래 계획하신 풍성한 비전을 품도록 하라.

세계적인 모험가인 존 고다드는 열다섯 살에 자신이 죽기 전에 이루고 싶은 127가지 목표를 작성했다. 거기에는 이집트 피라미드 탐사, 스쿠버 다이빙 배우기, 중국의 만리장성 여행, 킬리만자로 등정, 브리태니커 사전 독파 등이 포함되어 있었다. 그는 자신의 목표 중 109가지를 달성했다.

노트르담 팀의 전 풋볼 코치였던 루 홀츠는 20대 후반에 자신이 이루고 싶은 108가지 목표를 작성했다. 거기에는 세계 챔피언이 되는 것, 백악관에서의 저녁 식사, 교황 알현, 항공모함에 비행기로 착륙하기 등이 포함되어 있었다. 그 역시 70대인데 자신의 목표 중 102가지를 달성했다(잭 캔필드, 「잭 캔필드의 Key」, 이레, 91쪽).

하나님은 당신이 풍성한 비전을 가지고 살길 원하셨다. 태초의 에덴 동산을 한번 생각해보라. 모든 것이 풍성하였다. 모든 것이 부유하였다. 조금도 부족함이 없는 삶이었다. 하나님은 아담에게 이 모든 것을 다스리고 지키라고 말씀하셨다. 하나님께서 원래 아담에게 계획하신 삶은 초라한 삶이 아닌 풍성한 삶이었다. 당신을 향한 원래 하나님의 계획도 초라한 삶이 아니라 풍성한 삶이다.

"하나님이 그들에게 복을 주시며 하나님이 그들에게 이르시되 생육하고 번성하여 땅에 충만하라. 땅을 정복하라. 바다의 물고기와 하늘의 새와 땅에 움직이는 모든 생물을 다스리라 하시니라"(창 1:28).

아담이 받은 복은 땅에 번성할 것과 충만할 것, 땅을 정복하는 것, 모든 것을 다스리는 것이었다. 아담의 육체는 연약하지만, 땅을 정복하고 모든 것을 다스릴 수 있는 지혜와 창조력을 주셨다. 아담은 하나님께서 주신 그 풍성한 자연에 창조적인 아이디어를 사용하여 그 수많은 동물의 이름을 지었다. 아담에게는 하나님께서 가지고 계신 창조력이 있었다. 이는 아담이 창조주 하나님의 형상을 닮았기 때문이다.

에덴동산에서 모든 풍성함을 누리며 살던 아담은 죄를 범함으로 모든 풍성함이 가난함으로 바뀌고 말았다. 구약은 하나님과 관계가 깨어진 자들의 비참한 삶을 보여준다. 하나님은 비참한 삶을 사는 사람에게 예수님을 보내 주셔서 죄의 문제를 해결하시고 하나님과 사람과의 관계를 회복하신다.

예수님께서 이 땅에 오심은 우리에게 풍성함을 주시기 위함이라고 말씀하신다.

"내가 온 것은 양으로 생명을 얻게 하고 더 풍성히 얻게 하려는 것이라"(요 10:10).

예수 믿는 사람은 이제는 가난이나 초라함, 나약함에서 빠져나와 원래 하나님께서 우리에게 주신 풍성한 삶을 누리게 된다. 우리의 과거가 어떠했든지 간에 우리는 미래에 대해 풍성한 비전을 품어야 한다. 지금 가진 것이 없다고 미래에 대한 비전을 품지 못하는 자는 스스로 장래를 어둡게 만드는 것이다.

현대인은 만났다 하면 과거를 자꾸 말한다. 대부분의 대화가 과거이다. 잡지, 신문, 뉴스도 모두 과거를 말한다. 혹시 미래를 말한다면 다 걱정스러운 말뿐이다. 이것이 비전 없이 사는 자가 인생을 사는 법이다. 당신은 풍성한 비전을 바라보고 풍성한 삶을 기대하고 오늘을 살아야 한다.

과거에서는 교훈을 찾아내고 흘려보내라.
과거의 구정물을 오늘이라는 호수에 들어오게 하지 말고
오늘을 창조적으로 살고 내일을 기대하며 살아야 한다.

미국의 찰리 패덕이라는 유명한 올림픽 육상 선수가 오하이오주의 클리블랜드에 있는 한 기술 고등학교에서 강연했다.
그는 이렇게 말했다.

"여러분은 어떤 사람이 되기를 원하나요? 목표를 정하고 하나님께서 그것을 이루는 데 도움을 주실 것이라고 믿으면 이루어질 것입니다."

연설이 끝나자 한 흑인 소년이 찰리 패독의 개인코치를 찾아가서 이렇게 말했다.

"코치님 저는 꿈을 가졌어요, 찰리 패독처럼 꼭 올림픽 선수가 되고 싶습니다."

그러자 코치가 말했다. "그래 그것은 큰 꿈이다. 그 꿈을 이루기 위해서는 너의 꿈에 사다리를 놓아야 해. 그리고 그 사다리의 첫 번째 단은 결심이야. 절대로 포기하지 않겠다는 생각이란다. 그다음 두 번째는 헌신이고 세 번째는 훈련, 네 번째는 믿음이란다."

제시 오언스는 코치의 말 한마디에 인생의 전환점을 맞았다. 그는 꿈을 가지면 하나님께서 도와주신다는 말을 마음에 꼭 새겼다. 그는 코치의 말대로 세계에서 제일 빠른 선수가 되겠다는 꿈을 꾸고 그 꿈에 헌신하고 훈련하며 믿음을 가졌다.

흑인이라는 이유만으로도 천대받던 시기였다. 그러나 오언스는 열등감과 절망을 떨쳐 버리고 오히려 더 적극적, 소망적, 창조적인 사람이 되어 갔다. 그 결과 그는 1936년 독일에서 열린 베를린 올림픽에서 4개의 금메달을 땄으며 그의 이름이 '미국 체육 명예의 전당'에 새겨지게 되었다.

당신의 형편이 어떠하든지 간에 어제보다는 더 적극적이고 더 소망적이며 더 창조적인 생각으로 풍성한 비전을 품어야 한다. 온 세상은 다 하나님 아버지의 것이다. 하나님을 아버지로 모시는 당신은 하나님의 것을 모두 유산으로 물려받게 되어 있다.

　큰 산은 아버지의 것이다. 그래서 큰 산이 당신 것이다. 큰 바다가 아버지의 것이다. 그래서 큰 바다는 당신 것이다. 지구가 아버지의 것이다. 그래서 지구도 당신의 것이다. 당신은 더 이상 초라한 생각은 하지 말고 부유한 자로 풍성한 비전을 가져야 한다.

## 비전을 실현시킬 목표를 정하라

　　　　삶의 분명한 목표가 없는 사람은 인생의 가장 소중한 자산인 시간을 마치 하수구에 더러운 물을 버리듯 아무렇게나 써버린다. 그러나 삶의 분명한 목표가 있는 사람은 1초라도 아끼며 목표를 향해 최선을 다하며 살아간다. 분명한 목표가 있는 사람과 없는 사람은 너무나 다른 인생을 살게 된다. 목표가 분명할수록 이루어질 확률이 높다. 목표 없이 우연에 맡기며 사는 자는 그 목표가 이루어질 확률이 거의 없다.

　미국 중부에 토네이도가 지나간 마을을 조사하였는데 깜짝 놀랄 일이 생겼다. 토네이도가 지나간 강철판에 지푸라기가 꽂혀 있었다. 지푸라기같이 약한 물체가 어떻게 두꺼운 강철판을 뚫을 수 있었을까? 이것이 바로 집중의 힘이다. 집중은 분명한 비전을 말하는 것이다. 집중된 힘은 목표를 실현해 준다.

　성경에 나오는 인물 중에 비전의 사람을 하나 꼽으라면 요셉일 것이다. 요셉은 17세의 나이에 비전을 가졌다. 그는 형들이 자신에게 절하는 꿈을 꾸었고 나중에는 부모가 자신에게 절하는 꿈도 꾸었다. 그 후로 요셉은 형들에게 꿈쟁이로 통하였다. 요셉의 별명을 꿈꾸는 자였다. 세

겜으로 양 떼를 치러간 형들에게 요셉이 찾아갔을 때 형들은 요셉을 보고 이렇게 말했다.

"서로 이르되 꿈꾸는 자가 오는도다"(창 37:19).

요셉의 형제 중에 꿈꾸는 자라는 별명을 가진 사람은 요셉뿐이었다. 다른 형제들은 꿈꾸지 않았을까? 우리는 한평생 매일 밤하늘의 별보다도 더 많은 꿈을 꾼다. 그 꿈을 붙잡지도 않고 말하지도 않는 사람의 꿈은 그냥 허황한 꿈으로 끝난다. 그러나 꿈을 꾸고 그 꿈을 붙잡는 사람은 그 꿈을 말하고 그 꿈을 이루어 낸다. 요셉이 애굽 땅의 총리가 되었던 가장 큰 이유는 분명한 꿈이 있었다는 것이다. 꿈을 소유한 사람이 비전을 이룬다. 꿈이 없는 사람은 공허와 혼돈과 흑암 속에 산다. 꿈은 목표이자 방향이다.

아랍에미리트의 두바이는 세계에서 가장 높은 건물인 부르즈 칼리파를 2010년 1월 4일 개장하였다. 그 건물은 160층으로 되어 있으며 높이는 828m로 단연 세계 최고이다. 이런 빌딩을 짓기 위해서는 먼저 설계도가 있어야 한다. 설계도 없이는 그 어떤 빌딩도 세울 수 없다. 건물보다도 더 놀랍고 신비한 인생을 풍성하게 살려면 먼저 분명한 비전이 있어야 한다. 당신은 이 세상에서 시시하게 살라고 창조되지 않았다.

사람은 정말 신비한 존재이다. 세상의 어떤 첨단과학을 다 모아도 사람과 같은 능력을 갖추게 할 수 없다. 사람에게는 어마어마한 능력이 있다. 사람은 하나님의 최고 걸작품이다. 그렇게 오묘하고 신비한 걸작품은 그 누구도 초라하게 살라고 지음 받지 않았다. 정밀하고 정교한 물건일수록 그 물건을 만든 자의 기대가 큰 것처럼 하나님은 당신에 대한 기대가 크다. 그러므로 당신은 온 우주를 다스리고 온 우주를 누릴 풍성한 꿈을 꾸어야 한다.

오늘 당신이 몇 살이든지 어디에서 살든지 직업이 무엇이든지 상관없다. 당신 자신을 바라볼 때 지금 가진 돈이나 지금의 직업, 실력이나 능력을 보지 말고 당신이 태어나기 직전에 당신 인생을 보셨던 창조주 하나님, 바로 그분의 눈으로 당신의 인생을 바라보라. 하나님께서 태초에 아담에게 주신 그 무한한 가능성을 바라보라. 당신에게는 하나님께서 주신 비전이 있다. 당신에게는 놀라운 잠재력과 달란트가 있다. 당신에게는 이 땅에서 번성하게 될 지혜가 있다. 당신에게는 온 세상을 다스릴 창조력이 있다.

다윗은 이렇게 고백한다.

"주께서 내 내장을 지으시며 나의 모태에서 나를 만드셨나이다. 내가 주께 감사하옴은 나를 지으심이 심히 기묘하심이라. 주께서 하시는 일이 기이함을 내 영혼이 잘 아나이다"(시 139:13-14).

심히 '기묘하다'는 단어는 영어로 'wonderful, miracle'이다. 놀랍고 기적 같은 존재라는 말이다. 당신은 그냥 아무렇게 살도록 창조되지 않았다. 보석 인생을 만들기 원한다면 먼저 한 번도 생각해 본 적 없고 들어 본 적 없고 눈으로도 본 적이 없는 비전을 가지라. 그것이 당신을 위해 하나님께서 준비하신 것이다.

"기록된 바 하나님이 자기를 사랑하는 자들을 위하여 예비하신 모든 것은 눈으로 보지 못하고 귀로 듣지 못하고 사람의 마음으로 생각하지도 못하였다 함과 같으니라"(고전 2:9).

당신이 눈으로도 보지 못하고 귀로도 듣지 못하고 마음으로도 생각지도 못한 놀라운 비전을 하나님은 당신을 위해 준비해 놓으셨다. 그러므로 당신 인생에 하고 싶은 비전을 노트에 적어보라. 과거에 한 번도 본 적도 없고 들은 적도 없고, 생각지도 못한 것을 비전으로 품으라. 그냥 마음에 하고 싶은 것을 적어보라. 죄만 아니면 다 된다. 마음속에 피어오르는 거룩한 욕구를 적어보라. 생각으로만 하는 것과 글로 적는 것은 큰 차이가 있다.

1953년 미국 예일 대학교에서 졸업반 학생들에게 자신의 인생 목표를 종이에 적어 내도록 하였다. 3%의 학생만이 인생의 분명한 목표를 적어 제출하였다. 20년이 지난 1975년, 졸업생들을 추적한 결과 인생의 목표를 구체적으로 써냈던 3%의 학생들이 나머지 97% 학생들을 모두 합친 것보다 더 많은 목표를 성취했음이 밝혀졌다.

인류의 대부분인 95%의 사람이 자신의 목표를 글로 적어본 적이 없다. 오로지 5%의 사람만이 자신의 목표를 글로 적는다고 한다. 토머스 에디슨 같은 천재도 꿈과 목표를 항상 적었다. 꿈을 꾸고 이루는 자가 있는가 하면 한낮 백일몽으로 끝내는 자가 있다. 그 차이는 분명한 목표가 있느냐 없느냐의 차이다.

오늘 당신의 꿈을 적어보길 바란다. 1년 안에 할 일, 10년 후 목표, 20년 후 목표…. 먹고살기 바쁘다고 말하지 말라. 계획이 없다는 것은 실패를 계획하는 것이다. 짐승은 10년, 20년, 30년을 계획하지 않는다. 사람만 할 수 있다. 많은 사람이 하루하루 바쁘게 그냥 아무 생각 없이 닥치는 대로 살다가 죽음의 순간을 맞이한다. 목표를 적고 하루에 두 번

이상 그 꿈이 이루어질 것을 상상하며 살라. 당신에게는 당신의 마음을 흥분시킬 분명한 꿈이 있다.

"묵시가 없으면 백성이 방자히 행하거니와 율법을 지키는 자는 복이 있느니라"(잠 29:18).

묵시는 비전으로도 말한다. 비전 없는 자는 방자하게 시간을 다 낭비한다. 비전 없는 사람은 망하는 인생을 산다. 망한다는 것은 '쇠약해진다' '시든다' '죽게 된다' 는 것이다. 살기에 바빠서 비전도 없이 그냥 사는 사람은 이미 죽은 자이다.

태초에 하나님은 에덴동산에 있는 아담에게 광활한 지구를 주시면 '다스리고 지키라' 고 하셨다. 그냥 에덴동산만 지키라고 하신 것이 아니라 지구 전체를 주셨다. 하나님께서 아담에게 주신 비전은 한두 가지의 비전이 아니다. 풍성하고 큰 비전을 주셨다. 지금 우리의 문제는 비전이 너무 초라하다는 것이다.

한국의 뮤지컬 〈명성황후〉를 만든 윤호진 감독은 뉴욕에 가서 공연할 꿈을 꾸었다. 조그마한 한국에서 만든 뮤지컬을 뉴욕 한가운데서 공연한다는 것은 상상도 할 수 없는 일이나 그는 이렇게 말했다.

"꿈꾸는 데 돈 듭니까? 못 꿀 이유가 없잖아요. 저는 제 꿈에 대해 자꾸 말합니다. 처음에는 황당하게 들리지만 계속 말하면 나도 모르게 세뇌가 되어 그 약속을 지키기 위해 무언가를 하게 됩니다."

〈명성황후〉는 1997년 8월 뉴욕 브로드웨이 링컨 센터에서 첫 공연을 하게 된다. 비전은 꿈꾸는 자가 이루는 것이다. 처음에는 말도 안 되는 꿈인 것 같지만 꿈꾸면 이루어진다.

명성왕후의 주연으로 나오는 이태원 씨는 줄리아드를 나오고 그냥 평범한 주부로 살다가 〈명성황후〉의 주연을 뽑는다는 말을 듣고 무작정 윤호진 감독에게 전화해서 인터뷰하게 되었다. 미국 공연 15일을 앞두고 발탁되어 20곡을 외워 성공적인 공연을 하였다.

꿈이 있는 사람은 그 꿈을 이룬다. 당신 마음 안에 피어오르는 거룩한 욕구를 허용하라. 풍성한 꿈을 가지라. 사는 것에 너무 바빠 아무런 꿈도 없이 사는 자는 원래 하나님께서 그 사람에게 주시려고 계획하였던 수많은 축복을 감추고 사는 자이다.

오늘 당신의 비전을 한번 적어보라. 당신이 비전을 가지고 살면 인생의 방황도 공허함도 목마름도 모두 사라지게 될 것이다. "야! 이것만 생각하면 신난다" 하는 것이 있는가? 그것이 바로 하나님이 주신 비전이다.

## 내 꿈 너머 하나님을 꿈꾸라

큰 꿈을 꾸라. 혹시 내가 이루지 못하면 후손들이 이룰 큰 꿈을 꾸라. 마틴 루터 킹 목사가 유명한 것은 그의 꿈 때문이다. 그는 1963년 8월 28일 워싱턴 광장에서 수많은 청중 앞에서 "나에게는 꿈이 있다"라는 비전을 발표하였다.

"나에게는 꿈이 있다. 언젠가 우리 자녀들이 피부색이 아닌 인격으로 평가되는 그런 나라에 살게 되리라는 꿈이다."

마틴 루터 킹의 꿈은 2009년 1월 오바마가 미국 44대 대통령이 되는 날 이루어졌다. 마틴이 그 꿈을 말한 지 꼭 45년 만에 이루어진 것이다. 마틴 루터 킹은 이런 말을 하였다.

"올바른 일을 하기 위한 적당한 때는 없다. 지금이 바로 올바른 일을 할 때다."

큰 꿈을 꾸는 데 더 기다리지 말라. 오늘 큰 꿈을 꾸고 적으라. 그 꿈을 적고 입으로 말할 때 그 꿈이 이루어지기 시작한다.

하나님은 이 세상에 있는 모든 사람에게 풍성한 비전을 주셨다. 이 세상에 비전 없이 태어난 자는 없다. 이 세상에 태어난 사람은 모두 독특한 비전이 있다. 하나님은 비전을 버린 자에게도 찾아가서서 다시 비전을 주시는 분이다. 출애굽기 3장에 보면 모세에게 하나님께서 나타나신 장면이 나온다. 광야에서 40년 동안 아무런 꿈도 없이 비전도 없이 사는 80세 노인 모세에게 하나님이 나타나셔서 큰 꿈을 주었다.

"이제 내가 너를 바로에게 보내어 너에게 내 백성 이스라엘 자손을 애굽에서 인도하여 내게 하리라"(출 3:10).

모세는 80이라는 고령에도 "430년 동안 노예로 산 이스라엘 백성을 애굽에서 이끌어내 가나안 땅으로 데리고 가라"는 큰 꿈에 초대받았다. 애굽은 그 당시에 세계 최고의 강대국이다. 그 땅에 있는 노예들을 80세 노인이 혈혈단신 가서 구출해 낸다는 것은 불가능한 일이다. 그 당시 상식으로 생각할 때 말도 안 되는 너무 엄청난 꿈이었다.

하나님은 언제나 우리에게 큰 꿈을 꾸라고 말씀하신다. 우리가 믿는 하나님은 위대하신 분이기에 그분의 자녀인 우리도 위대한 꿈을 꾸어야 한다. 우리를 향한 하나님의 계획은 우리가 상상도 할 수 없을 만큼 너무나 크다

"기록된바 하나님이 자기를 사랑하는 자들을 위하여 예비하신 모든 것은 눈으로 보지 못하고 귀로 듣지 못하고 사람의 마음으로 생각하지도 못하였다 함과 같으니라"(고전 2:9).

참 놀라운 말씀이다. 우리를 위해 예비하신 하나님의 선물은 사람의 눈으로 보지 못하고 귀로도 듣지 못하고 마음으로도 생각지도 못하였다고 하신다. 우리를 향한 하나님의 계획은 엄청나다. 하나님은 이 조그마한 지구에 살 우리를 위해 온 우주를 만드신 분이다. 우리를 향한 하나님의 계획은 어마어마하다.

두바이의 지도자인 세이크 모하메드는 이런 말을 하였다.

"인간에게는 두 가지 선택이 놓여 있을 뿐이다. 남의 뒤를 따라갈 것인가, 아니면 창의적으로 주도할 것인가."

두바이 곳곳에는 이런 표어가 붙어 있다.

"한계란 없다. 다만 당신의 상상력에 한계가 있을 뿐이다."

예수를 믿지 않는 사람도 '한계란 없다. 단지 상상의 한계만 있을 뿐이다' 라며 큰 꿈을 가진다. 하물며 예수 믿는 우리는 더더욱 큰 꿈을 가져야 한다. 크게 상상하고 크게 꿈꾸어야 한다. 아인슈타인은 "상상은 지식보다 중요한 것이다"라고 말했다. 피카소는 "우리가 상상하는 모든 것은 현실이 된다"라고 말했다.

남들이 한 번도 생각하지 못한 큰 꿈을 꾸라. 과거에 '사람이 달 위

를 걷는 꿈'을 가졌을 때 다 비웃었다. 과거에 '사람이 새처럼 날게 될 것이라'고 말하였을 때 정신병자로 여겼다. 과거에 '사람이 물속에서도 한 달 이상 살게 될 것이다.'라고 말하였을 때 미쳤다고 했다. 그러나 이제는 다 이루어졌다. 큰 꿈을 꾸지 않고는 절대로 뛰어난 인생을 살 수 없다.

적의 왕궁에서 느헤미야는 150년 동안 무너져 있던 예루살렘성을 재건할 꿈을 꾸었다. 예수님은 로마의 식민지로 살던 어부들에게 "모든 족속을 제자 삼으라"는 엄청난 꿈을 주셨다. 이것은 난센스다. 그런 엄청난 꿈은 로마 원로원이나 로마 장군, 로마 지도자에게 주어야 한다. 그런데 왜 예수님은 초라한 제자들에게 주셨을까? 예수님이 크신 분이기에 그렇다.

지금 당신이 가진 작은 꿈에 만족하지 말라. 그저 생존을 위해 겨우 먹고 마시는 삶에 만족하지 말고 큰 꿈을 가지라. 하나님은 우리를 위해 우리가 한 번도 생각하지 않은 것을 준비해 놓고 계신다. 당신에게는 당신만이 이룰 수 있는 큰 꿈이 있다.

### 선한 꿈을 꾸라.

알바니아 태생인 아그네스 브약스히야는 대학에 다닌 적도 없고 결혼한 적도 없었으며 자기 차를 가져본 적도 없다. 그러나 그녀에게는 커다란 꿈이 있었다. 죽어가는 사람들, 이 세상에서 가장 가난한 사람들을 도와주면서 자신의 믿음을 실천하며 사는 것이었다. 그 아그네스가 바로 노벨 평화상을 받았고 우리 시대에 가장 존경받는 위인 마더 테레사다. 그녀는 죽어가는 가난한 사람들을 돌보며 콜카타에서 일생을 보냈다. '사랑의 선교회'를 통해 그녀의 꿈은 아직도 전 세계 수백만의 사람들을 돌보는 일로 이루어지고 있다(브루스 윌킨슨, 「꿈을 주시는 분」, 디모데, 107쪽).

케몬스 윌슨이라는 사람은 건축업을 하며 돈을 벌었다. 그는 어느 날 워싱턴으로 가족 여행을 가다가 호텔의 여러 문제점을 발견하였다. 어떤 호텔은 더럽고 어떤 호텔은 아이 숫자에 따라 돈을 더 받았다. 그는 자녀가 다섯이나 되어 호텔비가 3배로 늘어났다. 그는 가족을 위한 좋은 호텔 체인을 짓겠다는 선한 비전을 가졌다. 편안하고 쾌적한 호텔이 목표였다. 방마다 텔레비전을 두고 공용시설로 풀장을 만들고 가족에게 필요한 모든 것을 갖추게 하였다. 그리고 1년 후 멤피스 교외에 첫 번째 호텔을 열었다. 이 호텔이 바로 그 유명한 '홀리데이 인'이다(존 맥스웰, 「꿈이 이루어졌다」, 가치창조, 68쪽).

**나와 가정, 국가를 넘어 인류를 위한 큰 꿈을 꾸라.**
세상에서의 성공이 당신의 꿈이 되면 안 된다. 성공 너머에 있는, 인류를 위한 선한 꿈을 꾸라.

빌리 그레이엄은 수많은 사람이 대형 야구장에 모여 야구를 관람하는 것을 보고 자신이 앞으로 대형 야구장에서 부흥 집회를 할 꿈을 꾸었다. 그 당시에는 아무도 야구경기장에서 영적 집회를 할 생각을 못 했다. 빌리는 그 꿈을 꾸었기에 그 꿈이 이루어졌다. 사도 바울은 로마에도 복음을 전할 꿈을 꾸었다. 그래서 그는 로마인을 위해 로마서를 쓰고, 또 죄수의 몸이었지만 로마에 가서 복음을 전하게 되었다.

당신 자신의 욕심을 넘어 민족과 세계를 살릴 선한 꿈을 가지라. 평범한 것에서 나와 더 높고 더 큰 것을 꿈꾸라. 들판에서 양이나 치며 세월만 보내는 평범한 것에서 나오라. 갈릴리 호수에서 물고기나 잡으며 대충 살았던 베드로의 삶이 아니라 사람 낚는 어부가 된 사도 베드로처럼 살라.

익숙한 것으로부터, 게으름으로부터 결별하라. TV로부터 결별하라. 당신이 지금 지닌 것보다 큰 꿈을 꾸라. 큰 꿈을 가지라. 당신은 하나님의 자녀이기에 당신 마음속에는 큰 꿈을 이룰 수 있는 능력이 있다. 하나님은 평범하게 살도록 당신을 만들지 않았다. 단지 이 세상에서만 잘 먹고 잘사는 그런 평범한 비전을 버리고 영원과 관계된 큰 비전을 가져야 한다.

"하나님이 사람들에게는 영원을 사모하는 마음을 주셨느니라"(전 3:11).

우리 안에는 영원이라는 것이 들어 있다. 그러므로 이 땅뿐만 아니라 영원한 것을 향한 꿈을 꾸어야 한다.

**내 꿈 너머 하나님의 꿈을 꾸라.**

사람마다 꿈이 있다. 대부분의 사람은 꿈을 말하면 직업을 생각한다. 의사, 변호사, 목사, 교수, 회사 사장, 연예인, 예술가…. 그러나 단순히 직업으로만 끝나면 안 된다. 그 꿈이 이루어졌을 때 무엇을 하겠다는 꿈이 있어야 한다. 그것을 '꿈 너머의 꿈'이라고 한다.

바이올린을 전공하는 자가 있는가? 그냥 세계적인 바이올리니스트가 꿈이 되면 안 된다. 바이올린을 전공한 뒤의 꿈이 있어야 한다. 세계 곳곳에 예수님의 이름으로 음악학교를 세워 음악을 가르치면서 예수님을 전하겠다는 꿈을 가져야 한다. 최소한 6대륙에 한 곳 이상 학교를 세우겠다는 꿈 너머의 꿈을 가지라. 축구선수가 되고 싶은가? 그냥 유명한 축구선수가 되는 것이 꿈이 되면 안 된다. 축구선수가 되어 무엇을 할 것인가, 내 꿈 너머 하나님의 꿈이 있어야 한다.

에스더는 왕비가 꿈이 아니었다. 그녀는 왕비를 넘어 유대 민족을 살리겠다는 꿈이 있었다. 이스라엘에 수많은 왕비가 있었으나 우리는 그들의 이름조차도 모른다. 그녀들에게는 자신의 꿈 너머 하나님의 꿈이 없었기 때문이다.

우리는 우리 한 몸 잘 먹고 잘살려고 태어나지 않았다. 내 꿈 너머 하나님의 꿈이 있을 때 성공을 넘어 위대한 인생을 사는 것이다. 기업도 마찬가지다. 회사가 성공하는 것이 목표인 회사는 성공하기 어렵다. 성공을 넘어 위대한 꿈을 가져야 한다. 빌 게이츠 모든 사람의 집에 PC를 두게 하겠다는 꿈이 있었다. 그저 컴퓨터를 많이 팔겠다는 것이 아니었다.

〈나 홀로 집에〉라는 영화로 스타가 된 컬킨은 꿈 너머의 꿈이 없었기에 스타 이후의 삶이 너무나 비참하게 되었다. 마이클 잭슨은 팝의 황제라는 소리를 들었지만 꿈 너머의 꿈이 없었기에 마약, 아동성추행 논란에 시달리다 비참한 최후를 마쳤다.

> 하나님은 당신이 혼자 부유하게 되는 꿈을 주시지 않았다.
> 하나님은 당신 안에 이미 인류를 부유케 할
> 달란트와 재능을 주셨다. 당신에게는 인류를 부유케 할 수 있는
> '내 꿈 너머 하나님의 꿈'이 있다.

## 꿈을 포기하지 말라

　　　　　레나 마리아는 1968년 스웨덴의 중남부 하보 마을에서 두 팔이 없고 한쪽 다리가 짧은 중증 장애인으로 태어났다. 그녀는 세 살 때 수영을 시작해서 스웨덴 대표로 세계 장애인 수영 선수권 대회에서 4개의 금메달을 따기도 했다. 고등학교에서 음악을 시작하였으며 스톡홀름 음악대학 현대 음악과를 졸업했다. 그녀는 자신의 몸이 정상인과 다르다고 해서 삶을 비관하거나 무능하다고 생각하지 않았다. 그녀는 대학 졸업 후 본격적인 가스펠 가수로서의 음악 활동을 시작했다.

　그녀는 지금 프로 가스펠 가수로 전 세계를 다니며 자신을 인도하시는 주님의 사랑을 은혜로운 찬양과 간증으로 전하고 있다. 세계의 언론은 그녀의 노래를 '천상의 목소리'라고 격찬한다. 그녀는 지금까지 한 번도 자신의 장애를 '장애'로 여긴 적이 없다. 오히려 그 장애가 믿음과 더불어 오늘날 자신을 있게 했다고 고백하였다. 만약 레나 마리아가 자신의 장애를 보고 절망하고 삶을 비관하였다면 우리는 레나 마리아의 천상의 소리를 듣지 못하였을 것이다.

　루스벨트는 변호사 시절 39세 나이에 생각지도 않았던 소아마비에 걸렸지만 삶을 비관하지 않고 미래를 위해 투자하여 미국의 대통령까지 되었다. 너새니얼 호손은 직장에서 해고된 후에도 삶을 비관하지 않고 자신에게는 시간이 있다는 것을 깨닫고 2년 동안 글을 써서 세계적인 베스트셀러 「주홍글씨」를 썼다.

　존 번연은 감옥에 갇혔지만 삶을 비관하지 않고 글을 쓰는 기회로 삼아 불후의 명작 「천로역정」을 남겼다. 요셉은 부모조차도 자신에게 와서 절을 하는 큰 권력자가 되리라는 어린 시절 꿈을 포기하지 않았다. 애굽 땅에 노예로 팔려 가도 포기하지 않았다. 심지어 억울하게 감옥에 들어가서 2~3년 동안 죄수로 살았어도 포기하지 않았다.

하나님은 환경의 어려움 때문에 스스로 절망하고 비전을 잠재우는 것을 보시고 안타까워하신다. 하나님께서 허락하시는 고난은 꿈을 견고하게 세우는 시기이다. 큰 꿈일수록 고난을 통해 숙성하는 시간이 필요하다. 세상 최고의 적은 자기 자신에게 있다.

지금 처한 자신의 환경이 어렵다고 자신을 무능하게 생각하는 것은 어리석은 일이다. 지금 내게 부는 바람이 세다는 것은 내가 큰 나무가 되어간다는 것이고 내 골짜기가 깊다는 것은 내 산봉우리가 높다는 것이다.

열매 맺는 지도자라는 책에 나오는 정말 잊을 수 없는 한 예화가 있다. 전쟁 중에 군인인 남편을 따라 남부 캘리포니아 사막에 있는 군 주둔지로 이주했던 한 여인에 대한 글이다.

그녀는 남편을 따라 사막으로 갔다. 그곳에 유일한 생활 시설이라고는 인디언 마을 근처의 다 쓰러져가는 판잣집뿐이었다. 게다가 한낮 온도는 무려 46도까지 올라가고 끊임없이 바람이 불어치는 용광로 같은 날씨였다. 남편이 사막 기동작전을 떠나자 혼자 있기가 더 힘들어졌다. 그녀는 자신의 어머니에게 편지로 보내 다시 집으로 돌아가고 싶다고 하였다. 얼마 지나지 않아 어머니가 보내온 편지에는 이런 글이 적혀 있었다.

"감옥의 철장 밖을 내다보는 두 사람이 있다. 한 사람은 구질구질한 땅을 쳐다보고 또 한 사람은 하늘을 우러러 별을 바라본다."

그녀는 이 글을 읽고 또 읽으면서 처음으로 자신이 부끄럽게 여겨졌다. 바로 그날부터 그녀는 사막에 있는 인디언들과 친해졌다. 그녀는 인디언들의 문화와 역사를 익혔다. 그녀의 시각이 바뀌었고 그렇게 황량해 보이던 사막도 다르게 보였다. 사막의 고요한 아름다움, 억세지만 아름다운 식물들, 그녀는 사막의 경험을 글로 남기기 시작하였다. 그 후 그녀는 책을 쓰게 되었다(존 맥스웰, 「열매 맺는 지도자」, 두란노, 12쪽).

"마음은 다른 어떤 것도 갖지 못한 신비한 능력을 가졌다. 마음은 지옥을 천국으로 만들 수도 있고 천국을 지옥으로 만들 수도 있다." - 존 밀턴

당신이 어려운 환경에 처해 있는가? 더 좋은 일을 향한 기회이다. 삶을 비관적으로 보지 말라. 당신은 망하려고 태어나지 않았다. 하나님께서 당신을 이 세상에 보내심은 분명 하나님의 특별한 계획이 있다. 당신에게는 하나님께서 주신 비범한 능력이 있다.

내 아내가 자주 하는 말이 있다. "모든 어린아이에게는 어느 한 부분에 다 천재적인 능력이 있다." 그렇다. 모든 사람에게는 하나님이 주신 독특한 재능이 있다. 비관할 시간이 있으면 하나님께서 이루어주실 비전을 바라보고 전진하라. 비관은 '지금'이라는 시간을 죽인다. 당신이 아무리 오랫동안 사막 같은 실패의 삶 속에 있다 하더라도 하나님은 여전히 당신을 위해 큰 비전을 가지고 계신다. 그러므로 지금의 어려움 때문에 당신의 미래를 제한하지 말라.

몽상가와 비전가는 행동에 큰 차이가 있다. 몽상가는 꿈만 꾸고 아무것도 행동하지 않는다. 그러나 비전을 이루는 사람은 고난이 와도 포

기하지 않고 비전을 향해 나아간다.

　인생의 피해자로 살지 말고 비전을 향해 살라. 알렉산더 대왕이 비전을 가졌을 때 세계를 정복했다. 그러나 비전을 잃자 그는 술병 하나도 정복할 수가 없었다. 다윗이 비전을 가졌을 때 모든 사람이 두려워하는 골리앗을 정복하였다. 그러나 그가 비전을 잃자 자신의 정욕조차 정복할 수가 없었다. 엘리야가 비전을 가졌을 때 그는 하늘로부터 불이 내려오도록 기도하였고 850여 명의 거짓 선지자를 모두 죽이는 능력의 사람이었으나 그 비전을 잃었을 때 그는 이세벨을 피하여 도망하여 자신을 죽여 달라고 탄식하는 사람이 되고 말았다.

　　비전을 포기하지 말라. 비전의 사람은 고난이 오면 기도한다.
　　비전은 고통을 먹고 산다. 비전은 기도의 눈물을 먹고 자란다.
　　비전의 사람은 꿈을 포기하지 않는다.
　　비전의 사람은 목표를 달성하기까지 결코 포기하지 않는다.
　　당신이 살아 있다면 당신 안에는 포기할 수 없는 비전이 있다.

## 과거에서 벗어나 더 넓게 보라

　　　　큰 꿈을 꾸지 못하는 사람은 대부분 자신의 연약함을 본다. 토머스 에디슨은 너무 어리석어 우둔한 아이라는 평을 들었다. 그는 정규교육이라고는 석 달밖에 받지 못하였다. 조각가 로댕도 학교 성적은 항상 꼴찌였다. 예술학교 입학을 세 번이나 거부당했다. 아인슈타인의 수학 성적은 항상 낙제점이었다. 「전쟁과 평화」의 저자인 톨스토이는 대학에서 계속 낙제 점수를 받았다. 교수들은 배우기를 포기한 젊은이라고 평가했다. 토크쇼의 여왕인 오프라 윈프리는 혹독한 가난 속에서 성폭행을 당하고 사생아를 낳은 불행한 어린 시절을 보냈다.

세계적인 과학자나 예술가 중에서 어린 시절에 좋지 않은 평가를 받은 사람들이 많다. 하지만 그들이 보통 사람과 다른 점은 큰 꿈을 꿈꾸는 자였다는 것이다. 얼마나 재능이 있느냐, 얼마나 배웠느냐보다 더 중요한 것은 꿈이다. 왜냐하면 꿈이 그 인생을 이끌어가기 때문이다.

모세는 하나님에게서 큰 꿈에 초대되었지만 자신은 말을 잘 못 하기에 갈 수 없다고 하였다. "모세가 여호와께 고하되 주여 나는 본래 말에 능치 못한 자라 주께서 주의 종에게 명하신 후에도 그러하니 나는 입이 뻣뻣하고 혀가 둔한 자니이다"(출 4:10). 모세는 과거 때문에 위대한 꿈을 받아들일 수 없었다. 그는 하나님 앞에 자신의 연약한 과거를 말한다.

과거에 실패한 경력을 말하지 말라.
아브라함, 다윗, 요나, 다 실패자였다.
지금 가진 돈이 없다고 말하지 말라.
예수님도 돈이 없었다.
도와주는 사람이 없다고 말하지 말라.
느헤미야를 도와주는 자는 아무도 없었다.
가정환경이 너무 좋지 않다고 말하지 말라.
요셉은 태어나보니 엄마가 4명이나 있었다.
교육을 많이 받지 못했다고 말하지 말라.
베드로는 교육받지 못하였다.
건강이 좋지 않다고 말하지 말라.

바울은 눈이 거의 보이지 않았다.
너무 나이가 많다고 말하지 말라.
아브라함은 100세에 아들을 낳았다.
갈렙은 85세에 "저 산지를 내게 주소서" 하며 큰 비전을 품었다.

서커스단에서는 어린 코끼리의 목을 땅에 단단하게 박아 놓은 말뚝에 줄로 매어 놓고 훈련한다. 코끼리는 목에 묶여 있는 줄이 당겨지는 것을 느낄 때면 더 멀리 갈 수 없다는 점을 매우 빨리 배운다. 그 코끼리가 성장했을 때는 조금만 힘을 써도 뽑혀버릴 작은 기둥에 묶어 놓아도 그 기둥을 뽑아 버리고 멀리 가버리겠다는 시도도 하지 못한다. 목에 매어진 줄이 당겨지는 것이 느껴지면 더 이상 멀리 가서는 안 된다고 프로그래밍 되어 있기 때문이다(스티븐 스코트, 「세계에서 가장 성공한 사람들의 15가지 비밀」, 정보나라, 39쪽).

매우 슬픈 얘기지만 사실이다. 사람도 마찬가지다. 한 번 실패한 자는 그 실패에 자신을 묶어 놓는다. 초등학교부터 대학을 졸업한 사람들은 학교 성적이 뛰어나지 못하면 선생님, 부모, 친구에 의해 자신은 평범한 사람이라고 입력된다. 혹시 당신이 평범하다고 오랫동안 믿어온 사람이라면 오늘 하나님이 당신을 위해 비범한 계획을 가지고 계심을 믿기 바란다.

하나님의 계획 없이는 이 세상에 태어난 자가 아무도 없다. 하나님은 당신을 인생의 모든 분야에서 놀랍고도 비범한 성취를 이루도록 창조하셨다. 과거의 학교 성적이 여러분의 비범함을 가둘 수 없다. 지금의 수입이 당신의 비범함을 가둘 수 없다.

혹시 지금 큰 실수를 저질렀거나 큰 실패를 겪은 이가 있는가? 예수님의 보혈은 당신의 모든 연약함을 씻었다. 예수님의 십자가는 당신의 모든 실수를 덮었다. 예수님을 영접한 사람은 그 안에 예수님이 계신다. 예수님이 그 마음에 계신다는 것은 어마어마한 능력을 가졌다는 것이다.

당신의 통장에 100억을 입금하였다고 하자. 그런데 그 돈이 있는 것을 모르고 파산했다고 믿고 한 푼도 꺼내 쓰지 못한다면 참 엄청난 비극일 것이다. 하나님은 당신 안에 놀라운 잠재력의 씨앗을 심어 놓으셨다. 당신의 과거에 이룬 성공 정도가 당신의 미래를 결정하는 것이 아니다. 당신의 미래는 당신의 과거와 상관없이 당신을 위해 준비되어 있다. 과거에 갇혀 살지 말라. 하나님은 당신에게 새로운 일을 하시길 원하신다. 과거에 실수가 없는 사람은 아무도 없다.

모세는 자신이 너무 오랫동안, 40년 동안 광야에서 평범하게 살았기에 그런 엄청난 꿈을 가질 수 없다고 말하였다. 광야에 계속 머물러 있지 말라. 광야는 우리가 계속 머물러야 할 장소가 아니다. 하나님은 당신이 아무리 오랫동안 평범하게 살았다 할지라도 새로운 일을 행하길 원하신다. 당신이 예수를 믿었다면 이제 당신의 과거는 예수의 피로 다 깨끗하게 씻기고 완전히 사라졌다. 예수 안에 있는 자는 새로운 피조물이라고 하셨다. 더 이상 과거의 실수가 당신을 붙잡을 수 없다.

나는 13권 정도의 책을 썼고 앞으로도 계속 책을 쓸 것이다. 한 청년이 저에게 찾아와서 "목사님, 책을 쓰신다고요? 그렇다면 셰익스피어 작품을 하나 써 주시죠." 이런 말을 한다면 "아이고, 내가 어떻게 셰익스피어 작품을 쓰겠는가?" 할 것이다. 또 한 청년이 찾아와서 "목사님, 그림을 그리십니까? 저에게 피카소 그림 한 장 그려 주시죠?" 한다면 "아이고, 내가 어떻게 피카소 그림을 그리겠는가?"라고 말할 것이다.

그러나 만약 나에게 셰익스피어 작품을 쓸 수 있는 재능이 들어 왔다면, 나에게 피카소 그림을 그릴 수 있는 예술성이 들어 왔다면 분명 셰익스피어 작품을 쓰거나 피카소 그림을 그릴 수 있을 것이다. 마찬가지로 내가 예수님처럼 살려고 한다면 불가능할 것이다. 하지만 예수님이 내 안에 들어와 사신다면 나는 예수님처럼 살 수 있다.

이제 당신 안에는 예수님이 계신다. 그분은 죽음을 해결하신 분이다. 그분이 당신 안에 계시기에 당신에게 있는 죽음의 문제도 해결할 수 있는 것이다. 예수를 믿는 우리 안에는 부활하신 주님이 계신다. 그러므로 우린 죽음에서도 승리하게 되어 있다. 우리에게는 승리의 피, 죽음을 이긴 피가 흐르고 있다.

당신 자신이 하찮은 존재로 여겨지는가? 속지 말라. 우리에게 이김을 주시는 부활의 주님이 계신다. 실수 하나 했다고 죄 하나 지었다고 우리 피가 바뀌지 않는다. 하늘의 모든 신령한 축복이 우리 안에 감추어져 있다. 우리를 향한 하나님의 뜻은 우리 안에 있는 예수님 때문에 우리가 이기는 것이다. 죽음을 이기신 예수님이 우리 안에 있다.

혹시 당신에게 나쁜 소식이 들려왔는가? 그 나쁜 소식에 마음 쓰지 말고 이김을 주시는 예수님이 당신 안에 있음을 기억하라. 도무지 빛 하나도 없는 캄캄한 동굴에 갇혔는가? 그때도 당신 안에 빛의 근원이신 분이 계심을 기억하라. 건강에 빛이 보이지 않는가? 사업에 빛이 보이지 않는가? 주위 사람들이 이젠 끝이라고 말하는가? 모든 사람이 당신을 떠났는가? 절망과 죽음의 밑바닥에 떨어졌는가? 그 절망과 죽음을 이기신 예수님이 당신 안에 계신다. 그러므로 과거의 실수를 말하거나 과거의 실수 때문에 새로운 일을 할 수 없다고 말하면 안 된다.

나에겐 스마트폰이 있다. 전화 기능은 물론이고 인터넷으로 메일도 열어 볼 수 있으며 TV도 볼 수 있다. 카메라도 앞으로 찍을 수 있고 뒤로도 찍을 수 있는 여러 기능이 가득하다. 하지만 나는 전화 받고 문자 메시지를 쓰는 두 가지 용도로만 사용한다. 그 외 기능은 잘 모른다. 스마트폰을 사용하지만 그 기능을 다 모른다. 누가 이 스마트폰 기능을 다 알까? 스마트폰을 만든 사람이다.

많은 사람이 자신을 자기가 다 안다고 말하지만
그것은 거짓말이다. 당신을 정말 다 아는 분은
당신이 아니라 당신을 만드신 그분이다.

하나님은 당신을 하나님의 선한 일을 위해 지었다고 하셨다. 당신은 지금 실패하고 넘어져도 반드시 하나님의 선한 일을 하게 될 것이다. 당신에게는 그분의 능력이 심겨 있다. 과거의 실수로 당신을 제한하지 말라. 지금 환경의 어려움 때문에 당신을 제한하지 말라. 평범함에 갇혀 살지 말라. 당신에게는 당신도 모르는 하나님의 능력이 있다. 당신의 좁은 생각으로 당신의 마음에 숨겨진 하나님의 능력을 제한하지 말라.

하나님께서 함께하심을 믿으라.
영화 벤허를 촬영하는 동안 찰턴 헤스턴은 마차 타는 것을 배우는 데 매우 어려움을 겪었다고 한다. 그는 많은 연습을 거듭한 후 마침내 마차를 끌 수 있게 되었다. 그러나 그는 여전히 의심이 들었다. 그는 감독에게 이렇게 말했다.

"이제 나는 마차를 탈 수 있습니다. 하지만 내가 경주에서 이길지는 모르겠습니다."

그때 감독인 세실 드밀이 이렇게 대답했다.

"당신은 단지 경기를 하기만 하면 됩니다. 그러면 이기도록 해줄 겁니다."

우리 인생은 내 노력으로 이기는 것이 아니다. 우리를 이기게 해주시는 분이 계신다. 그분이 우리 인생의 감독이시다. 내 인생을 시작하도록 하신 분이, 지금 내 심장을 하루에 10만 번 뛰도록 하시는 분이 하나님이시다. 그분이 나를 이기도록 도우신다. 우리는 그분이 계시기에 늘 이기게 되어 있다.

우리 인생은 혼자서 사는 외로운 항해가 아니다. 우리 곁에는 늘 하나님께서 함께하신다. 세상 끝날까지 우리와 함께하겠다고 약속하셨다. 요셉은 하나님께서 자기와 늘 함께하심을 믿었다. 요셉이 어린 시절 때 가졌던 비전이 송두리째 깨어지는 날, 그 마른 우물 속에서도 하나님께서 함께하심을 믿었다. 우물에서 나와 외국 땅에 노예로 팔려 갔을 때도 하나님께서 자기와 함께하심을 믿었다. 그는 보디발의 집에서도 하나님께서 함께하심을 믿었다.

"여호와께서 요셉과 함께하시므로 그가 형통한 자가 되어 그의 주인 애굽 사람의 집에 있으니 그의 주인이 여호와께서 그와 함께하심을 보며 또 여호와께서 그의 범사에 형통하게 하심을 보았더라"(창 39:2-3).

요셉이 17세 나이에 부모를 떠나 외국 땅에 노예로 팔려 와서도 계속 비전을 꿈꿀 수 있었던 것은 하나님께서 자기와 함께하심을 믿었기 때문이다. 그는 억울하게 강간범이라는 누명을 뒤집어쓰고 감옥에 갇혔을 때도 하나님께서 함께하심을 믿었다.

"요셉이 옥에 갇혔으나 여호와께서 요셉과 함께하시고 그에게 인자를 더하사 간수장에게 은혜를 받게 하시매"(창 39:20-21).

비전을 이루는 비결이 있는가? 그것은 하나님에게 뿌리를 깊이 내리는 것이다. 샘 곁에 있는 나무는 아무리 가뭄이 와도 마르지 않는다. 요셉의 첫 번째 별명이 '꿈꾸는 자'였다면 요셉의 또 다른 별명은 '무성한 가지'다.

"요셉은 무성한 가지 곧 샘 곁의 무성한 가지라. 그 가지가 담을 넘었도다"(창 49:22).

요셉은 그냥 무성한 가지가 아니라 샘 곁의 무성한 가지이다. 이 말은 샘에 뿌리를 깊이 내렸다는 것이다. 하나님에게 깊이 뿌리 내리는 자는 언제나 풍성한 열매를 맺는 삶을 살게 된다.

하나님은 멀리 계시지 않는다. 지금 당신과 함께하신다. 왜 하나님이 당신과 함께하실까? 당신을 사랑하시기 때문이다. 우리 눈으로는 하나님을 볼 수도 없지만 하나님은 늘 우리 곁에 계신다. 그 하나님이 나와 함께하심을 믿는 자에게 못 이룰 비전이란 없다.

하나님께서 당신과 함께하심을 믿는가? 그렇다면 이제 문제점을 보지 말고 함께하시는 하나님을 바라보라. 당신의 능력을 바라보지 말고 하나님의 능력을 바라보라. 하나님을 바라보는 자는 실패를 기다리지 않고 좋은 미래를 믿고 기대해야 한다. 하나님은 당신 안에 새 일을 행하시길 원하신다.

> 우리 인생의 크기는
> 우리가 누구인가에 의해 결정되는 것이 아니다.
> 우리가 믿는 하나님의 크기에 달려 있다.

당신이 믿는 하나님은 어떤 분이신가? 대부분의 사람은 하나님이 온 우주를 창조하신 크신 분이라고 말하지만 위기가 오고 고난이 오면 능력의 하나님을 믿지 않는다. 정말 당신이 믿는 하나님의 크기는 위기가 올 때 알 수 있다. 위기가 왔을 때 크신 하나님을 믿고 두려워하지 않는다면 당신의 하나님은 크신 분이다. 그러나 위기가 왔을 때 염려하고 두려워하면 당신이 믿는 하나님은 작은 분이다.

하나님을 당신의 조그마한 생각 안에 가두지 말라. 하나님은 말씀 한마디로 천지를 창조하신 분이다. 하나님은 사막을 옥토로 만들고 길이 없는 홍해에 길을 내는 분이다. 하나님께서 자기와 함께하심을 믿는 자는 요셉처럼 담장을 넘는 풍성한 열매를 맺는 삶을 살게 될 것이다. 하나님께서 자기와 함께하심을 믿고 사는 자의 비전에는 한계란 있을 수 없다. 하나님은 하나님의 자녀인 당신이 이 땅에서 영적으로, 육적으로 번성하길 원하신다.

요셉의 인생을 보면서 한 가지 더 생각해보자. 요셉이 감옥 안의 죄수로 살다가 어떻게 애굽의 바로 왕 앞에 나타나는 천운을 가지게 되었는가? 그것은 요셉이 평소에 죄와 동행하지 않고 하나님과 동행하였기 때문이다. 그는 죄를 지을 수 있는 여러 번의 환경이 있었다. 어느 날 보디발의 부인이 요셉에게 다가와 아무도 보는 사람이 없다며 유혹할 때에 그는 "어찌 이 큰 악을 행하여 하나님께 죄를 지으리이까"(창 39:9) 하며 거절하였다.

당신에게도 이 요셉의 영성이 있길 바란다. 요셉은 보디발 부인의 고발로 억울하게 감옥에 들어갔을 때도 하나님을 향한 불평으로 죄지을 수 있었다. 불평도 큰 죄이다. 아무리 억울한 일을 당해도 불평하지 말라. 불평불만은 우리 미래를 어둡게 만든다.

이스라엘 백성이 가나안 땅을 눈앞에 두고 10명 정탐꾼의 절망적인 소식을 듣고 불평불만 하다가 광야로 되돌아가서 다 죽었던 것을 기억하는가? 그들은 가나안이라는 비전을 눈앞에 두고 불평불만으로 놓치고 말았다.

우리는 왜 좋은 비전을 가졌는데 이루지 못하는가? 시시콜콜한 죄로 뒤엉켜 있기 때문이다. 절망하거나 불평의 말을 하는 것은 죄이다. 절망이나 불평불만은 하나님을 불신하는 것이기 때문이다. 하나님은 절망하거나 불평불만을 하는 자와 함께 일하시지 않는다.

아무리 어려워도 절망하거나 불평하지 말라. 죄는 우리의 미래를 어둡게 만들고 인생을 꼬이게 만들고 비전을 녹슬게 한다. 죄는 보지도 말고 듣지도 말고 만지지도 말라. 죄에 길에는 서지도 앉지도 말라. 그 사람이 복 있는 사람이다. 우리가 아무리 좋은 비전을 가지고 애써 노력한다고 해도 죄를 범하면 모든 비전이 헛수고로 끝나버린다.

삼손은 민족을 살릴 비전을 가지고 태어났지만, 죄에 빠지자 비전은커녕 눈이 뽑히는 비참한 인생이 되었다. 사울은 나라를 이끄는 왕이 되었지만, 거짓과 위선에 빠져 자살로 인생을 마쳤다.

그러므로 우리는 날마다 단호하게 죄를 거절하고 하나님을 경외하며 살아야 한다. 하나님을 경외하는 것은 제일 먼저 말로 나타난다. 거짓말을 멈추어야 한다. 불평을 멈추어야 한다. 절망을 멈추어야 한다. 하나님을 경외하는 것은 하나님을 두려워하며 죄를 범하지 않는 것이다.

하나님을 경외하는 자에겐 하나님의 특별한 은혜가 부어진다.

"이는 하늘이 땅에서 높음 같이 그를 경외하는 자에게 그의 인자하심이 크심이로다"(시 103:11).
"높은 사람이나 낮은 사람을 막론하고 여호와를 경외하는 자들에게 복을 주시리로다(시 115:13).

당신의 미래에 좋은 일이 일어나길 원하는가? 죄를 버리라. 그러면 하나님께서 당신의 미래를 풍성하게 해주실 것이다. 우리 눈에 보이지 않는 하나님을 경외하라. 최고의 미래가 열릴 것이다.

죄와 동행하지 말고 하나님과 동행하라. 그러면 반드시 비전을 이루어주실 것이다. 죄를 가까이하는 사람은 자신의 미래를 어둡게 색칠하는 사람이다. 매 순간 죄를 버리고 하나님과 동행하는 사람에겐 하나님께서 최고의 미래를 열어주신다. 내 미래는 내가 여는 것이 아니라 그분이 하신다.

하나님의 비전은 무엇인가? 바로 당신이다. 하나님은 당신을 통해 하나님의 큰일을 행하길 원하신다.

| 소그룹 모임 / 가족 모임 1 |

## 풍성한 비전을 가지라

1. 나의 가슴을 뛰게 하는 나만의 비전을 써보자.

    10cm×15cm 정도의 두꺼운 카드를 30~40개 준비한다. 그리고 각자 자신이 원하는 비전을 적어본다. 카드 한 장에 비전 하나씩 적는다.

    \* 예들들어, 나의 비전은 이렇다.
    — 책 100권 쓰기. 그중 10권은 세계적인 베스트셀러 내기
    — 가족과 함께 전 세계 여행하기
    — 가족과 로키산맥 함께 가기
    — 평양에서 청년들을 대상으로 대형 집회 인도하기
    — 모슬렘 국가 지도자들에게 설교하기
    — 이스라엘 20번 가기
    — 선교사 300명 파송하기
    — 후배들 설교 가르치기
    — TV 설교로 천만 명에게 복음 전하기

    비전을 적을 때 성령의 도움을 구하라. 성령께서 주시는 생각을 신나게 적어보라. 하나님은 당신을 위해 상상도 못 할 어마어마한 일들을 계획하고 계신다. 당신이 꿈을 향해 주도적인 인생을 살 것인가, 아니면 평범함에 떠밀려 그럭저럭 살다 일생을 마칠 것인가 선택하라.

2. 인생라인을 그려보고 하나님의 인도하심을 구하라.

A4 용지 4장 정도를 붙인 커다란 전지 한 장을 준비한다. 그리고 각자 그 위에 자기 인생에서 일어난 중요한 일을 중심으로 인생라인 쓰기를 한다.

— 종이 중앙을 가로질러 가로선을 긋는다. 이것이 바로 인생라인이다.
— 선의 왼쪽에 점을 찍고 생일을 기록한다.
— 당신의 수명을 예측해 보고, 오른쪽 4/5 지점에 예측한 사망일을 적는다.
— 지금 현재의 나이에 점을 찍는다.
— 왼쪽 여백에 당신의 인생에 일어난 중요한 일이나 사건, 특별한 만남을 적는다. 예를 들면 졸업, 기억나는 사람, 군대, 결혼, 유학, 가까운 사람의 사망, 사고, 질병, 자녀 출생, 새 직장 등이 될 수 있다.
— 오늘과 사망일 사이에 비전을 적어본다. 하고 싶은 일, 되고 싶은 것 등.
— 마지막으로 사망 후에 일어날 일을 생각해본다. 자녀들에게 원하는 것, 당신의 꿈이 전달될 사람 등을 적어보라.
— 인생라인을 작성하면서 얻은 통찰력과 깨달은 점, 교훈 등을 적어보라. 그리고 다시 비전을 수정해보라. 다 끝나면 행복선도 그어보고 비전선도 그어보라. 행복선은 까만색, 비전선은 빨간색이다. 행복선은 왼쪽 라인에 1-100을 적고 오른쪽으로 가면서 그어보면 된다. 비전선도 행복선과 같이

[ 소그룹 모임 / 가족 모임 1 ]

# 풍성한 비전을 가지라

왼쪽에 1-100을 적고 오른쪽으로 가면서 그어보면 된다. 가족과 함께해도 좋고 소그룹으로 함께해도 좋다.

3. 당신의 비전 종이를 땅에 심은 후, 10년 후에 꺼내 보라(비전 캡슐 심기).
   ― 노아는 큰 배를 지을 때 처음에 큰 뼈대를 세웠다. 그리고 차츰차츰 그 뼈대 위에 살을 붙이고, 나중에 칠을 하고, 제일 마지막에 문을 닫았다.
   ― 10년 단위로 비전을 정하라. 10년 후 무엇이 되겠다는 것과 20년 후, 30년 후를 정해 보라. 그리고 그 10년 후 비전을 적어 땅에 묻어 두고 10년 후에 꺼내 보라.

"여호와께서 요셉과 함께하시므로 그가 형통한 자가 되어
그의 주인 애굽 사람의 집에 있으니
그의 주인이 여호와께서 그와 함께하심을 보며
또 여호와께서 그의 범사에 형통하게
하심을 보았더라" (창 39:2-3).

CHAPTER 02

열정으로 살라

"상한 갈대를 꺾지 아니하며 꺼져가는 심지를 끄지 아니하기를…"
(마 12:20).

## 열정은 비전을 향해 나가게 하는 힘이다

연어는 강에서 태어나 태평양으로 가서 3~4년을 산다. 연어는 어미가 되면 자기가 태어난 강 상류로 이동한다. 그때 연어는 온갖 난관을 만나게 된다. 연어의 대이동 시점에 배를 불리려는 바다표범, 강을 넘어 험난한 폭포수 앞에서 폭포를 거슬러 오르려 몸짓할 때 낚아채는 곰, 새…. 연어는 바다에서 강으로 올라가는 순간부터 아무것도 먹지 않는다. 그에게는 분명한 목적이 있기 때문이다.

강에서부터 내륙으로 1,500km를 올라가는 연어도 있다. 그렇게 오른 연어의 몸 상태는 이미 정상이 아니다. 지느러미는 다 해져 있고 몸에 성한 곳이 하나 없다. 바다에서 은색이었던 연어는 이미 갈색이나, 붉은색, 심지어 곰팡이에 감염되거나 다 해어져 하얀 속살을 드러낸 연어도 있다.

그렇게 연어는 강을 거슬러 올라간다. 폭포수를 만나면 폭포수를 뛰어넘어 그 어떤 난관에도 포기하지 않고 마침내 자신이 태어난 곳에 도착한다. 연어에게는 그 어떤 환경도, 그 누구도 막을 수 없는 열정이 있다. 하나님께서 연어에게 주신 열정은 당신에게도 주셨다.

**열정은 재능의 한계를 뛰어넘게 해준다.**

당신은 이 세상을 다스릴 자로 태어났다. 이 세상에 태어난 자는 그 누구도 쓸데없이 자리만 차지하는 사람은 없다. 당신이 자신에 대해 어떻게 생각하든지 상관없이 하나님은 당신을 통해 세상을 다스리길 원하신다. 그러므로 당신 자체를 과소평가하지 말라. 당신에게는 이 세상을 다스릴 무한한 능력과 잠재력이 있다. "나에게 무슨 특별한 잠재력이 있어, 나는 그냥 평범한 사람이야"라고 말하지 말라.

지금은 작아 보이지만 온 세상을 바꿀 바로 그 한 사람이다. 작은 씨앗 안에 큰 숲이 숨어 있다. 작은 새 한 마리 안에 군무를 추는 거대한 새 떼가 있다. 작은 물고기 한 마리 안에 온 바다를 휘젓고 다닐 물고기 떼가 있다. 어린 양 한 마리 안에 온 들판을 다 희게 물들일 양 떼가 있다.

당신이 지금 작아 보여도 당신이 열정을 가지고 살 때 놀라운 미래가 펼쳐진다. 당신은 대충 평범하게 만들어진 존재가 아니다. 당신에게는 다른 사람이 절대 갖지 못한, 오로지 당신만이 가진 독특한 은사와 달란트가 있다.

당신은 신묘막측하게 만들어진 하나님의 걸작품이다. 세계 최고의 장인이 만든 작품은 그 어떤 것도 평범한 것이 없다. 마찬가지로 당신은 세계의 어떤 위대한 장인보다도 몇천만 배나 뛰어나신 하나님의 걸작품이다. 하나님은 당신을 지금의 모습으로 지으시기 위해 태초부터 구상하고 계획하였다.

> 당신에게는 당신이 생각한 것보다 훨씬 더 큰 것이 있다.
> 지금까지 당신이 성취한 것보다 훨씬 더 큰 성공이
> 당신을 기다린다.
> 당신의 마음 안에는 아직 한 번도 드러내지 않은 보물과
> 잠재력이 있다.

그 잠재력을 그냥 마음에 가지고 다니다가 죽을 때 땅에 묻히게 두지 말라. 그 잠재력을 풀어 놓으라. 그 숨겨진 잠재력을 풀어 놓게 하는 것이 바로 열정이다.

열정은 비전과는 다르다. 비전은 목표며 방향이다. 그 목표를 향해 가게 하는 힘이 바로 열정이다. 자동차로 비유한다면 자동차가 가고자 하는 목적지는 비전이고 자동차를 목적지까지 가도록 움직이는 엔진이 바로 열정이다. 아무리 비전이 커도 열정이 없다면 그 비전은 한낱 망상에 불과하다.

위험에도 불구하고 물불 안 가리고 계속 앞으로 나아가게 만드는 것이 무엇인가? 바로 열정이다. 열정은 비전보다 더 중요하다. 열정은 수없이 실패해도 다시 또 일어나게 만든다. 열정은 주위 사람이 다 반대해도 계속 나아가게 한다. 열정은 비전을 향해 나아갈 때 아드레날린이 분비되게 하고 춤을 추게 하며 계속 앞으로 나아가게 만든다.

만약 열정 없이 산다면 살았지만 죽은 사람이다. 이런 말이 있다. "30세에 죽고 예순 살에 묻혔다." 이 말은 30세 때 삶의 열정이 죽고 아무런 열정도 없이 그럭저럭 살다가 예순 살에 무덤에 들어갔다는 말이다.

열정은 무엇인가? 내면세계 깊은 곳에서 타오르는 '하겠다' 는 불이다. 이 세상을 누가 움직이는가? 이와 관련해서 미국의 철학자이자 작가이며 시인인 랄프 왈도 에머슨 이렇게 말했다. "세상은 에너지 넘치는 사람들의 것이다."

당신은 어떤 가수를 좋아하는가? 열정이 넘치는 가수다. 당신은 어떤 선수를 좋아하는가? 열정이 넘치는 선수다. 당신은 어떤 연주자를 좋아하는가? 열정이 넘치는 연주자다. 열정을 가진 자는 불가능의 벽을 깨뜨린다. 열정은 어떤 목표를 추진하도록 하는 강력한 에너지를 말한다.

위대한 인생을 산 자들은 목표를 향해 가다가 장애물이 있다고 포기하지 않는다. 마틴 루터 킹은 비폭력 인권운동을 하다 수차례 협박을 받았으며 집이 불타고 법에 항거하였다는 이유로 19차례나 투옥이 되었다. 하지만 그는 중간에 포기하지 않았다. 심지어 죽음에 대한 무시무시한 예감을 느꼈을 때도 포기하지 않았다.

**열정을 가진 사람은 쉽게 좌절하거나 절망하지 않는다.**

영국의 유명한 소설가인 찰스 디킨스는 그가 열두 살 되던 해 영국 해군 경리국 사무원이었던 아버지가 감옥에 가는 바람에 학교를 중퇴할 수밖에 없었다. 그러나 그는 삶을 원망하거나 포기하지 않고 용기 내어 구두닦이를 시작했다. 그는 노래를 부르면서 구두를 닦았다. 사람들은 흥얼거리는 그에게 구두 닦는 일이 좋으냐고 물으면 그는 구두를 닦는 것이 아니라 희망을 닦는다고 대답하였다. 나중에 디킨스는 소설가가 되어 「위대한 유산」, 「올리버 트위스트」, 「크리스마스 캐럴」 등의 유명한 작품을 남겼다.

　에이브러햄 링컨은 문맹인 무능한 아버지 밑에서 자랐고 어머니는 그가 아홉 살 때 세상을 떠났다. 링컨은 열두 살 때 집을 떠나 뱃사공, 가게 점원, 장사꾼, 우체국장, 측량기사 등으로 열심히 일하였다. 그는 책 한 권을 빌리기 위하여 수 마일을 걷기도 하였다. 그는 늘 이런 다짐을 하였다. "나는 공부할 것이며 준비할 것이다. 그러면 기회가 올 것이다." 링컨의 마음에는 포기하지 않는, 열정이 넘치는 마음이 있었다. 결국 그는 수많은 어려움에도 불구하고 그 열정으로 미국의 16대 대통령이 되었다.

　열정은 환경이 "포기하라, 중단하라" 할 때 "포기하지 마, 중단하지 마"라고 가슴 깊은 곳에서 계속 들려오는 소리다. 열정을 가진 사람은 쉽게 좌절하거나 절망하지 않는다. 열정을 가진 사람은 예상하지 못한 장애를 만나도 낙심하거나 좌절하지 않는다. 열정을 가진 사람은 장애물을 기회로 바꾼다. 열정을 가진 사람은 걸림돌을 디딤돌로 바꾼다. 열정을 가진 사람은 좌절을 수확으로 바꾼다. 열정을 가진 사람은 적을 친구로 바꾼다. 열정을 가지면 넘을 수 없는 산이란 없고 건너지 못할 강이란 없다. 그 어떤 것도 열정을 가진 그를 멈추게 할 수 없다.

　열정은 열악한 환경을 최선으로 바꾸어 놓는 힘이 있다. 열정이 없는 사람은 항상 핑계를 앞세운다. 그는 늘 환경이 나빠서, 사람들이 도와주지 않아서, 시간이 없어서라고 변명한다. 하지만 열정이 있는 사람은 아무리 열악한 상황이어도 비전을 이루어낸다. 열정을 가진 사람은 불 속에도 들어간다. 열정을 가진 사람은 시간이 없어도 책을 쓴다. 열정을 가진 사람은 길이 막히면 길을 만들어서라도 계속 앞으로 나아간다. 열정을 가진 사람은 지금에 만족하지 않고 높은 곳을 향해 도전한다.

열정은 당신 안에 감추어진 엄청난 능력이다. 그것이 당신에게 가장 큰 자산이다. 열정은 마치 태양과도 같다. 태양이 지면 세상 모든 것이 어두워진다. 다시 태양이 떠오르면 온 세상이 다 밝아진다. 모든 생물이 살아 움직이고 모든 식물이 살아난다. 열정은 태양처럼 잠자는 사람을 일으키고 시들었던 비전이 살아나게 한다.

열정을 가지면 당신 몸의 모든 세포가 살아 움직인다. 인생이 짧다는 것이 비극이 아니다. 열정도 없이 대충 살다가 죽는 것이 비극이다. 이 세상에 가장 불쌍한 사람이 열정이 없는 사람이다. 이 세상에서 가장 가난한 사람은 자신에게 열정이 있음에도 불구하고 그 열정을 모르고 사는 자이다.

열정이 없는 사람은 아무리 젊어도 늙은 사람이다. 열정의 크기가 그 사람의 크기이다. 열정이 있는 만큼 큰일을 할 수 있다. 영국의 정치가인 제임스 벨푸어는 "열정이 세상을 움직인다"고 말하였다.

회사를 이끌어 가는 사람을 CEO라고 말한다. Chief Executive Officer(최고경영자)이다. 그런데 Chief Energy Officer라는 말도 된다. '에너지를 주는 사람' 이라는 뜻이다. 마음에 열정을 가지고 주위 사람에게 에너지를 주는 사람이 진짜 리더다. 세상의 성공한 사람들의 공통점은 모두 마음에 열정이 있었다는 것이다. 성공한 사람의 마음에는 상황과 상관없이 꺼지지 않는 불이 있다. 그 중요한 열정을 가지려면 어떻게 하면 되는가?

## 비전을 분명히 하라

　　2001년 초에 신문마다 화려하게 등장한 화제의 여인이 있다. 그녀의 이름은 조앤 롤링이다. 그녀는 1965년 7월에 영국 웨일즈 시골에서 태어났다. 영국 남부에 있는 엑시터대학에서 불문과를 졸업하고 첫 직장에서 임시직으로 일하면서 글을 쓰겠다는 비전이 있었다. 그녀는 런던과 맨체스터를 오가는 기차 안에서 창문을 바라보면서 해리 포터 이름을 생각하였고 틈틈이 이야기를 메모하였다.

　하지만 어머니가 돌아가시자 롤링은 꿈을 접고 포르투갈에 가서 영어 교사로 일하였다. 1992년에 현지 기자와 결혼하여 딸 제시카를 낳았지만 폭력을 휘두르는 남편과 갈등하다 결혼 생활 3년도 채 못 되어 이혼하고 생후 4개월 된 딸과 가방 한 개를 들고 영국으로 돌아와야 했다. 그녀는 우울증을 앓기도 하고 병원에도 다녔다. 글을 쓰는 꿈은 내려놓은 지 오래였다.

　그녀는 여동생이 사는 에든버러에 와서 방 한 칸짜리 아파트를 얻어 정착하였다. 일자리를 구하지 못해 한화로 주당 12만 원 정도의 국가 보조금을 받아 생활했다. 퀴퀴한 방에서 혹한과 찜통을 견뎌야 했고 보조금이 떨어져 보채는 아이에게 우유 대신 물을 줄 때는 죽고만 싶었다. 가난의 긴 터널이 언제 끝날지 알 수도 없었다. 자살도 생각했던 그녀가 살아야 했던 이유는 딸 때문이었다.

　그녀는 옛날 런던과 맨체스터를 오가며 메모했던 해리 포터 이야기를 쓰기로 결심하고 미친 듯이 글쓰기에 매달렸다. 매일 아침 딸 제시카를 유모차에 태워 춥고 초라한 아파트를 나와 공원으로 갔고 해리 포터 이야기의 줄거리를 구상하며 이리저리 걸어 다니곤 했다. 아이가 잠들면 탁자와 의자가 가장 가까운 곳으로 달려갔다. 아이가 잠들 동안만 글을 쓸 수 있었기에 일분일초가 소중했다. 집으로 돌아와 딸이 잠들면 지쳐 쓰러질 때까지 글을 썼다.

1996년 6월에 마침내 원고를 완성하였지만, 복사비가 없었다. 그녀는 낡은 타자기로 원고를 두 벌 쳐서 출판사 두 곳에 보냈다. 첫 번째 출판사는 실망스럽게도 어린이 도서로 너무 길다며 원고를 돌려보냈다. 그러나 두 번째로 시도한 블룸즈버리 출판사는 독점계약을 바란다는 반가운 답장을 보내왔다. 이 책이 바로 그 유명한 해리 포터 시리즈다.

이 책은 영국에서 2년 동안 베스트셀러였고 출판된 지 3년 만에 세계적으로 유명한 책이 되었다. 그 책은 63개 언어로 200개국에서 출간되어 성경 다음 가장 많이 팔린 책이 되었다. 조앤 롤링은 2000년에 영국 최고 문학상인 올해의 작가상을 받아 문학성을 인정받았다. 영국 왕실에서 작위도 받았다. 이 책은 세계 최우수 아동도서로 선정되었다. 조앤 롤링은 극심한 가난 속에서도 열정을 가지고 비전을 이룬 대표적인 사람이 되었다(지금 그녀의 재산은 약 1조 130억 원이나 된다).

모세는 40세 때 이스라엘 백성을 출애굽 시킬 비전이 있었지만, 살인자가 되어 광야로 도망가서 나이 80이 되기까지 숨어 살면서 모든 비전을 다 버렸다. 그러다가 나이 80에 이스라엘 백성을 출애굽 시키라는 비전을 하나님께 듣고 잠자던 열정이 살아났다. 한두 번의 실수로 버린 비전을 다시 일으켜 세우는 것이 하나님의 뜻이다.

이 세상에 실수하지 않는 사람은 없다. 한두 번의 실수로 비전을 버리는 것은 어리석다. 비전을 버린 지 아무리 오래되었어도 다시 비전을 가지면 열정이 생긴다. 열정은 비전이 분명해지면 다시 생긴다. 열정 없이 살던 총각도 결혼할 자매가 나타나면 열정이 생긴다. 그 자매를 만나기 위해 직장을 마치고 자정이 넘더라도 자매 집까지 데려다주고 새벽에 출근한다. 어디에서 그런 힘이 나오는지….

지금 삶에 열정이 없다는 것은 분명한 비전이 없다는 것이다. 하나님은 비전을 버린 자에게 다가오셔서 다시 비전을 주시는 분이다.

열정을 가지려면 비전을 다시 세우는 것이 중요하다. 하나님이 주신 비전을 다시 붙잡으라. 잠자는 비전을 깨우라. 덮어둔 비전을 다시 펼치라. 묻어 둔 비전을 다시 꺼내라. 열정이 살아날 것이다. 처녀·총각 때 가진 비전이 결혼해서 살다 보니 다 사라졌는가? 다시 비전을 붙잡으라. 당신은 사나 마나 한 삶을 살도록 창조되지 않았다. 당신은 하나님의 놀라운 일을 할 자로 창조되었다.

언제부터 삶의 열정이 시들해졌는가? 비전을 포기한 지 오래되었나? 좋은 소식이 있다. 당신이 살아 있다면 아직도 여전히 열정의 불씨가 남아 있다는 것이다. 당신은 창공을 날아오르는 독수리다. 독수리임에도 불구하고 닭처럼 땅만 쳐다보고 날개를 접고 사는 자가 있다면 다시 창공을 바라보고 접었던 날개를 펴기 바란다.

## 열정은 비저너리 옆에 있을 때 생긴다

세상 최고의 비전가를 뽑으라면 예수님이다. 예수님은 비전 메이커다. 예수님은 가는 곳마다 비전을 주고 열정을 일으키셨다. 병든 자에게 치유를 주시고 비전을 주셨다. 귀신 들린 자에게서 귀신을 쫓아 주시고 비전을 주셨다. 예수님은 간음한 여인이 옛 생활을 청산하고 열정적인 인생을 살게 해주셨다. 예수님 옆에 온 사람들은 다 비전을 가졌다.

예수님은 갈릴리 어촌에서 학력도 없고 촌스럽고 무능해 보이는 허름한 어부 베드로에게 '사람 낚는 어부가 되라'는 비전을 주셨다. 예수님을 만난 제자는 모두 예수님을 위해 목숨도 내어놓는 열정의 사람이 되었다. 열정은 비전이 있는 사람 옆에 갈 때 전염된다.

사도 바울도 다메섹에서 예수님을 만난 후 열정의 사람이 되었다. 그는 잠시도 쉬지 않고 1, 2, 3차 전도여행을 하면서 가는 곳마다 교회를 세웠다. 사도 바울이 가진 열정을 아무도 끄게 할 수 없었다. 심지어 사도 바울은 1~2평밖에 안 되는 작은 감옥 안에 갇혔어도 신약 성경 절반을 쓰는 열정이 있었다. 감옥도 사도 바울의 열정을 가둘 수 없었.

사도 바울을 만나는 사람은 모두 열정을 가지게 되었다. 어린 마가는 바울 곁에 있다가 마가복음을 쓸 수 있는 열정을 가졌다. 바울의 주치의인 누가는 바울 곁에서 도와주다가 누가복음과 사도행전을 쓰는 열정을 가졌다. 빌립보 간수장은 감옥 바깥문에서 죄수인 바울을 지키다가 바울의 영향을 받아 이방 땅인 빌립보 교회를 개척하는 열정의 사람이 되었다.

사람은 누구를 만나느냐가 아주 중요하다. 열정을 주는 사람을 만나야 열정이 생긴다. 열정을 빼앗는 사람을 만나면 가지고 있던 열정마저 빼앗긴다. 열정은 전염된다. 열정을 가지려면 좋은 무리에 속해야 한다. 혼자 계속 열정을 유지하기는 어렵다. 숯불이 숯불 속에 있어야 계속 불을 유지하듯 열정은 열정이 있는 곳에 있어야 유지된다.

추운 겨울이 다가오면 기러기는 따뜻한 곳을 찾아 V자형으로, 남쪽으로 날아간다. 기러기가 혼자 날아가면 8,000km 정도 날아가는데 같이 날아가면 40,000km를 날아갈 수 있다고 한다. 이것을 '무리의 법칙'이라고 한다. 좋은 무리에 속해 있으면 자신도 좋은 사람이 된다는 것이다. 열정이 있는 곳에 가야 열정이 더 많이 생긴다.

미국의 캘리포니아주의 태평양 연안에는 세계에서 가장 큰 레드우드가 군락을 이루며 서 있다. 큰 레드우드 나무의 둘레는 어른 열 명이 손을 뻗어 잡아도 잡히지 않을 만큼 넓고 높이는 100m 정도까지 큰다. 수령이 2,000년이 넘은 것도 있다. 미국은 땅이 비옥하고 기름지기에 나무가 뿌리를 땅속 깊이 내리지 않고 옆으로 뻗어 나간다. 그래서 태풍이 오면 쉽게 넘어간다. 그런데 레드우드는 태풍이 불어도 넘어가지 않는다. 레드우드는 뿌리를 뻗을 때 옆에 있는 어린 레드우드의 뿌리를 다섯 개 정도 엉키게 한다는 것이다. 레드우드가 군집한 곳은 산 전체가 레드우드 뿌리로 다 연결되어 있다. 그러니 아무리 센 태풍이 불어도 넘어가지 않는 것이다. 자연이 우리에게 주는 큰 교훈이다.

사람은 혼자 있으면 넘어진다. 그러나 서로를 붙잡아 주는 끈이 있는 사람은 결코 넘어질 수 없다. 초대교회 교인들은 서로서로 붙잡아 주고 세워주는 공동체에 속해 있었다. 그래서 로마 황제의 불같은 시험도 견딜 수 있었다.

당신도 열정을 회복하고 싶은가? 그렇다면 서로 도와줄 수 있는 무리에 속하라. 영적으로 고립된 자는 열정이 곧 식는다. 혼자서는 참된 그리스도인으로 살 수 없다. 예수님은 이 세상을 떠나시면서 성령과 교회를 남겨두고 가셨다. 좋은 그리스도인은 교회에서 좋은 멤버들과 서로 연결되어야 한다. 그리스도인은 불붙은 장작과 같아서 불 속에서 장작을 꺼내면 어느 정도 깜박거리다가 곧 소멸되고 만다.

"철이 철을 날카롭게 하는 것 같이 사람이 그의 친구의 얼굴을 빛나게 하느니라"(잠 27:17).

하나님은 그 누구도 혼자만의 힘으로 살도록 하지 않으셨다. 어떤 사람은 공동체에 들어갔다가 상처를 받았기에 이제 더 이상 공동체에 들어가지 않겠다고 말한다. 좋은 점보다 부정적인 것에 집중하는 실수를 범하는 것이다. 세상에 완벽한 사람은 없고 완벽한 공동체도 없다. 내가 낮아지고 겸손해지면 어떤 공동체든지 배울 것이 있고 도움받을 것이 있다. 어린아이에게도 배울 것이 있고 열정을 얻을 것이 있다.

사람은 사람을 사랑해야 힘이 난다. 사람을 사랑하지 않고 행복할 사람은 아무도 없다. 세상에 믿을 사람 없다고 말하지 말라. 세상에 좋은 사람이 더 많다. 하나님은 사람이 혼자 있는 것이 좋지 않다고 하셨다. 사람은 죽는 날까지 사람과 좋은 관계를 맺으며 살게 되어 있다. 그것이 하나님의 디자인이다.

인생의 피해자로 살지 말고 창조자로 살라.
당신이 만나는 모든 사람에게서 열정을 얻고 열정을 주는
자로 살라. 살아 있는 자는 모두에게 열정이 있다.

## 열정을 가지려면 하나님을 가까이하라

젖은 성냥으로는 불을 지피지 못한다는 것이 자연의 순리다. 열정을 가지지 않으면 그 어떤 일도 할 수 없다. 그러면 그 중요한 열정을 어떻게 하면 가지는가? 열정을 가지려면 열정의 근원이신 하나님에게 가까이 나아가면 된다. 영어에서 '열정'이라는 단어인 'Enthusiasm'은 'en theos'(하나님 안에서)라는 말에서 나왔다. 하나님 안에 들어가면 다시 열정이 생긴다.

하나님은 열정으로 이 우주를 만드셨다. 우주에 있는 별의 숫자는 이 세상에 있는 모든 해변의 모래와 사막의 모래를 다 합친 것의 10배나 많다고 한다. 약 2,000억 개의 별이 은하계 안에 있고 이런 은하계가 천억 개가 된다고 한다. 이것은 감탄을 넘어 감동이다. 이런 엄청난 숫자의 별을 만드신 것은 하나님의 열정이다. 하나님은 열정으로 우주를 만드시고 또 열정으로 지구를 만드셨다.

이 지구 안에는 우리가 상상도 할 수 없는 동물과 식물과 물고기와 곤충이 있다. 이름도 알 수 없는 물고기와 곤충이 가득하다. 이것은 다 하나님의 열정이다. 하나님은 사람의 몸도 엄청난 열정으로 만드셨다. 사람의 몸은 정말 신묘막측하다.

사람의 몸에는 우리가 상상도 할 수 없는 엄청난 정교함과 복잡함과 완전함이 있다. 사람 몸에 있는 세포 수가 60조~100조이다. 그 작은 세포 하나하나에는 약 30억 개의 유전자 정보가 들어 있다. 그 30억 개의 유전자 정보는 1,000쪽짜리 책 3,000권 분량의 정보량과 같은 어마어마한 양이다.

이렇게 엄청난 세밀한 유전자 정보를 가진 당신의 몸은 아무렇게나 만들어진 것이 아니다. 하나님의 놀라운 간섭이며 하나님의 놀라운 열정이다. 당신 몸은 모두 하나님의 열정으로 만들어진 것이다. 하나님 안에는 열정이 있다. 열정의 하나님은 자신의 최고의 걸작품인 사람에게도 열정을 주셨다. 온 세상을 다스리고 지킬 열정을 주셨다. 그러나 하나님께서 주신 열정이 마음에 있음에도 불구하고 그 열정의 불씨를 돌보지 않고 내버려 두면 꺼지고 만다. 불은 가만히 두면 꺼지는 습성이 있다. 불이 계속 타오려면 계속 연료를 공급하고 보호해야 한다.

성경에 불이 꺼진 두 사람에게 하나님께서 불로 다가선 기록이 두 곳 나온다. 첫 번째 사람이 모세다. 모세는 비전의 사람이고 열정의 사람이다. 그는 나이 40에 자신이 히브리인인 것을 알고 이스라엘 백성을 애굽에서 이끌어낼 비전을 가졌다. 그에게는 열정이 있었다. 그러나 그 열정이 히브리인을 괴롭히던 애굽인을 죽이고 말았다. 그는 살인자가 되어 미디안 광야로 도망갔다. 그는 미디안 광야에서 거칠게 불어오는 사막 바람에 모래와 함께 열정을 다 날려버렸다. 광야에서 보낸 40년의 세월은 그의 마음에 불붙었던 열정을 꺼 버렸다.

하루하루 지겹게 살아가는 나이 80이 된 노인 모세에게 하나님은 불꽃으로 나타나셨다. 인생을 그저 지루하게 살아가는 모세에게 하나님은 아직도 기대를 가지고 계신 것이다. 하나님은 살아 있는 자는 그 누구도 포기하지 않으신다. 하나님은 모세에게 왜 하필 불꽃으로 나타나셨는가? 모세의 마음에 불을 주길 원하셨기 때문이다. 모세에게 불을 주기 원하셨던 하나님은 우리에게도 열정을 주기 원하신다.

모세는 나이 80의 노인이었지만 불꽃으로 나타난 하나님의 음성을 듣고, 430년 동안 애굽의 노예로 비참하게 살아가는 이스라엘 백성을 구하는 열정이 생겼다. 그 후 모세는 엄청난 열정으로 인생을 살았다.

또 한 사람은 베드로다. 예수님께서 십자가에 달려 돌아가시자 그의 모든 비전과 열정이 사라졌다. 예수님은 그의 비전이었고 그의 미래였고 그의 전부였다. 그런데 그 예수님이 아무 힘도 없이 그냥 죽어버리자 예수를 위해 죽겠다던 그 열정을 버리고 갈릴리 바다로 돌아가 패잔병처럼 물고기를 잡고 있었다.

그에게는 더 이상 부를 노래가 없어져 버렸다. 더 이상 열정을 불태울 대상이 없어져 버렸다. 더 이상 그릴 그림이 사라져 버렸다. 그런 그에게 예수님께서 나타나셔서 모닥불을 피워놓고 베드로를 부르셨다. 밤새 고기 잡느라 추위에 떨던 베드로는 따뜻한 모닥불을 보면서 몸과 마음이 따뜻해졌다. 예수님을 모른다고 세 번이나 부인한 베드로에게 나타나신 주님은 다시 어린양을 먹이라는 사명을 주셨다. 예수님은 모닥불 곁에서 베드로 마음의 꺼진 불에 다시 불을 지피신 것이다.

예수님은 우리 마음에 꺼진 불을 다시 지피길 원하신다.
예수님은 실패한 자에게 오셔서 다시 열정을 주길 원하신다.
자기 스스로 자학하고 포기하고 다시는 일어나지 않겠다는 자에게 예수님은 오셔서 열정의 불을 지피길 원하신다.

예수님은 엄마 아빠의 자리에서 지친 부모에게 불을 지피길 원하신다. 예수님은 일터에서 지친 자들에게 불을 지피길 원하신다. 예수님은 공부에 지친 자에게 불을 지피길 원하신다. 비전을 땅에 묻어 버리고 대충 사는 자에게 예수님은 오셔서 다시 열정을 갖게 하신다.

베드로는 예수님이 주시는 불꽃을 가지고 초대교회를 이끄는 영적 거장이 되었다. 로마 황제들은 초대교회를 불처럼 핍박하였다. 예수 믿는다는 이유로 사자 밥이 되게 하고 칼로 베기도 하고 톱으로 썰기도 하고 불로 태우기도 하였다. 이런 엄청난 핍박이 몰려올 때 베드로는 불굴의 용기로 초대교회를 이끌어 갔다. 감옥에도 수차례 들어가고 숱한 고문을 받았지만, 그에게는 꺼지지 않는 열정이 있었다. 그는 그 열정으로 초대교회 교인들에게 용기와 힘을 주는 베드로전서와 베드로후서를 기록하였다.

모세가 본 떨기나무 불꽃과 베드로가 본 모닥불은 모두 불을 가지고 있다. 불은 열정을 상징한다. 하나님에게 나아가는 자, 예수님에게 나아가는 자는 열정을 가지게 된다. 어린아이의 힘은 자신을 낳은 어머니에게 가면 생긴다. 식물의 힘은 땅에 뿌리를 내리면 생긴다. 물고기의 힘은 물속에 들어가면 생긴다. 사람의 힘은 사람을 지으신 하나님 곁에 가면 생긴다.

**하나님께 가까이 가는 것은 말씀을 가까이하는 것이다.**
틈만 나면 말씀의 숲속을 거닐라. 성경 말씀을 읽으면 하나님을 만난다. 성경 말씀 안에는 하나님의 열정이 있다. 성경 전체를 읽기 어려우면 신약 성경이라도 한번 죽 읽어보라. 성경을 처음 읽는다면 요한복음을 한자리에 앉아 한 번에 다 읽어보라. 열정을 가지게 될 것이다. 성경 말씀을 읽고 그 말씀이 마음판에 살아 있는 자는 언제나 열정을 가지게 되어 있다.

**하나님에게 가까이 간다는 것은 그분께 기도한다는 것이다.**
기도하는 자는 그분의 음성을 듣게 된다. 그분의 음성을 들으면 다시 열정이 생긴다. 말씀과 기도는 우리를 열정의 사람으로 만들어준다. 모세와 베드로는 실패한 사람이었지만 하나님이 주시는 열정으로 시대를 이끄는 인물이 되었다. 그들은 한 시대를 넘어 역사를 바꾸는 위대한 삶을 살았다. 당신이 과거에 실패했다 하더라도 다시 하나님께로 나아간다면 이 시대뿐만 아니라 인류를 부유케 하는 영적 거장이 될 것이다.

열정은 실력이나 학력이나 외모로 불붙지 않는다. 바로 우리 안에 있는 열정은 그분께 나아갈 때 불 지펴진다. 열정으로 살고 싶은가? 그분 가까이 나아가라. 당신이 열정을 가지고 사는 것이 정상이다. 당신은 열정을 가지고 살도록 창조되었다. 당신에게는 하나님이 주신 열정이 있다.

## 게으름은 열정의 적이다

게으른 사람은 하루가 시작되어도 아무런 기대도 흥분도 없다. 게으른 사람은 자신을 하찮은 존재로 여긴다. 그의 마음에는 자존감도 없고 자신감도 없다. 마치 죽지 못해 억지로 사는 자 같다. 게으름은 인간의 원초적 본능이기도 하다. 뛰기보다 걷고 싶고 걷기보다 서고 싶고 서기보다 앉고 싶고 앉기보다 눕고 싶은 것이 본능이다. 이런 나태한 본능을 이겨야 한다. 사람은 편해지고자 하면 끝없이 편한 쪽으로만 가려고 한다.

게으름은 자신 안에 있는 가능성과 잠재력을 죽이는 죄이다. 게으름은 자신 안에 있는 위대성을 차단하는 어두운 벽이다. 게으름은 주위 사람과의 모든 관계를 깨어버리는 나쁜 버릇이다. 게으름은 자신 안에 있는 열정을 서서히 죽이는 독약이다. 게으른 사람은 행동하기보다 염려가 많다.

"게으른 자는 말하기를 사자가 밖에 있은즉 내가 나가면 거리에서 찢기겠다 하느니라"(잠 22:13).

게으른 사람은 행동도 하지 않고 미리 최악을 생각한다. 그의 입에는 늘 안 된다는 부정적인 말이 가득하다. 게으른 사람은 변명이 많다. 무엇을 말해도 행동하지 않고 변명만 늘어놓는다. 위대한 인생을 산 사람은 아무도 게으르지 않았다. 성경은 게으른 자에겐 가난이 강도처럼 임할 것이라고 경고한다.

게으름을 버리고 죽을 때까지 열정을 가진 대표적인 사람은 에디슨이다. 그는 특허만 2,000개를 가지고 있다. 한 번은 기자가 "당신의 좌우명이 무엇입니까?" 하고 물었다. 그는 "앞으로 어떤 일이 있더라도 절대로 시계를 보지 않을 것입니다. 열심히 일하기 위해서죠. 나는 보수가 얼마인지, 칭찬을 받을지는 따지지 않습니다. 다만 열심히 일할 뿐입니다"라고 대답했다. 다시 팔순이 된 에디슨에게 근황을 묻자 "요즈음은 다섯 시간 자고 나머지는 연구에 몰두합니다. 장례식 3일 전까지는 이렇게 살 것입니다"라고 대답했다. 참 도전이 된다.

게으름은 한 번 허락하면 처음에는 손님처럼
오다가 곧 주인이 되어 그 사람을 완전히 지배해 버린다.
게으름은 절대 허락하면 안 되는 손님이다.
당신은 이 세상에서 할 일 없이

시간을 낭비하는 자로 태어나지 않았다.

동물원에서 우리에 갇혀 하품만 하는 사자를 본 적이 있다. 포효하며 초원을 뛰어다녀야 할 사자가 던져주는 먹이만 먹고 누워 있는 모습을 보면서 왠지 마음이 서글펐다. 혹시 당신이 게으른 사자처럼 하루하루를 아무렇게나 살고 있다면 잠자는 열정을 깨워야 한다. 당신은 세상의 모든 초원을 다스릴 사자로 태어났다. 당신은 초원을 다스리는 사자이다. 당신 안에는 엄청난 능력과 놀라운 잠재력이 있다. 당신 스스로가 한계의 우리를 정하고 게으름에 파묻혀 소중한 시간을 낭비하지 않기를 바란다. 게으름은 파멸로 이끄는 나쁜 습관이다.

혹시 당신이 늦게 일어나거나 모임에 늦는 버릇이 있다면 고쳐야 한다. 게으른 사람은 아무도 좋아하지 않는다. 게으른 사람은 삶에 흥분이 없다. 게으른 사람은 자기 스스로 열정의 불을 끈 사람이다. 당신 안의 열정은 태어날 때부터 저절로 내면에 있는 것이다. 열정을 가지고 사는 것이 정상이다. 살아 있는 사람에게는 다 열정이 있다. 당신의 게으름으로 열정을 가두었다면 다시 열정의 문을 열면 된다.

인생은 짧다. 이 짧은 인생을 게으름으로 아무것도 하지 않은 채 마칠 수는 없다. 무슨 일을 하기 전에 당신 스스로가 먼저 열정을 가진 사람이 되라. 그러면 놀라운 일이 펼쳐질 것이다. 하루를 열정적으로 시작하는 사람에게는 좋은 일이 꼬리에 꼬리를 물고 계속 나타난다. 좋은 일이 나타나는 사람은 운이 좋다고 말하기보다 스스로 좋은 운을 만들어내는 것이다. 하루가 시작되어도 아무런 열정이 없는 자는 좋은 일이 나타나도 보지도 못하고 쓰레기처럼 내버리게 된다.

어제까지 게으름에 빠져 있었다면
그 게으름을 날려 버리고 오늘 열정으로 하루를 맞이하자.
열정을 가지는 순간 위대한 삶이 시작된다.
열정이 있는 사람이 가장 위대한 인생을 산다.

당신은 게으름에 빠져 실패의 자리에 있기 위해 태어난 것이 아니고 하나님이 주신 비전을 향해 걸어가기 위해 태어났다. 당신은 실패하기 위해 태어난 자가 아니다. 당신은 그저 하품이나 하며 아무렇게나 시간만 보내는 평범한 자로 태어나지 않았다. 평범하게 사는 것을 당연하게 여기지 말라. 당신은 하나님의 놀라운 일을 행하기 위해 태어났다.

게으른 자에게는 부와 명예가 따라오지 않는다. 게으른 자가 성공했다는 예는 거의 찾아볼 수 없다. 무엇인가 이루어 낸 자는 모두 열정적인 사람이었다. 늘 달리는 사람에게는 주위에 있는 사람들이 길을 비켜 주고 가는 길을 잘 가게 도와준다. 하나님은 새에게 먹을 것을 주시지만 새 둥지 안으로 벌레를 던져주시지는 않는다. 그러므로 우린 게으름을 버리고 부지런히 움직이는 사람이 되어야 한다. 내일로 일을 미루기보다 오늘에 최선을 다하는 열심이 우리의 삶을 부유하게 만들어준다.

### 헝그리 정신을 가지라.

스티브 잡스는 미혼모의 아들로 태어났다. 그를 입양한 사람은 가난한 노동자였다. 스티브 잡스는 부모가 평생 모은 돈이 자기 대학 학비로 지출되는 것을 보고 대학을 중퇴하였다. 학교를 그만둔 스티브 잡스는 친구 집을 전전하며 바닥에서 잤고, 5센트짜리 빈 콜라병을 모아 끼니를 해결하기도 했다. 힘들었지만 그에겐 귀중한 시간이었다. 학교 내에 머물며 흥미 있는 과목만 수강했다. 특히 누구도 눈여겨보지 않았던 서체 강의에 큰 매력을 느꼈다. 그 경험은 10년 후 빛을 발했다. 그가 만든 매킨토시 컴퓨터를 디자인할 때 다양한 서체를 활용했다.

스티브 잡스가 스무 살 때 차고에서 동업자 워즈와 시작한 애플은 10년 후 20억 매출에 4천 명의 직원을 거느리는 회사로 성장했다. 그때 전문경영인을 고용했지만, 의견이 갈렸다. 이사회가 전문경영인 편을 들며 스티브는 해고되었다. 황당하고 망연자실한 일이었다.

몇 달간 방황의 세월을 거쳤다. 실리콘 밸리에서 도망치고 싶은 생각도 들었지만 스티브 잡스는 다시 일을 시작했다. 일에 대한 열정 때문이었다. 그의 마음에는 꺼지지 않는 열정이 있었다. 그는 픽사를 설립해 세계 최고의 애니메이션 스튜디오로 만들었고 다시 애플을 인수해 CEO의 자리를 되찾았다. 그는 이렇게 말한다.

"타인의 인생을 사느라 삶을 낭비하지 마십시오. 다른 사람의 의견이 여러분 내부의 목소리를 잠식하도록 놔두지 마세요. 그리고 가장 중요한 것은 자신의 가슴과 직관을 따르는 용기를 가지라는 것입니다. Stay Hungry. Stay Foolish(배고픔과 함께, 미련함과 함께)."

"Stay Hungry"라는 말은 늘 배가 고픈 사람처럼 열정을 가지고 살라는 것이다. 열정이 있는 사람을 만나면 같이 신이 난다. 요즈음 곳곳에 탈진하였다는 사람이 가득하다. 그래서 좀 쉬어야겠다는 이가 많다. 그런 사람도 다시 마음에 열정을 가져야 한다.

바울은 지친 자들을 위해 이렇게 말한다.

"우리가 선을 행하되 낙심하지 말지니 포기하지 아니하면 때가 이르매 거두리라"(갈 6:9).

열정을 가지고 사는 자는 지금 힘들어도 반드시 열매를 맺게 되어 있다.

한 사람을 소개하고자 한다. 미국에서 서핑 기대주였던 베서니 해밀턴은 열세 살 때 엄청난 사고를 당한다. 2003년 10월 31일 카우아이에서 서핑 도중 상어의 공격으로 왼쪽 팔을 잃게 된 것이다. 그날 이후 해밀턴은 인생의 모든 것이 달라졌다. 서핑은 물론이고 좋아하던 기타도 칠 수 없게 되었고 옷도 자유롭게 입지 못하고 음식도 자유롭게 먹지 못하게 되었다. 실의에 빠졌던 해밀턴은 교회 친구들과 함께 태국 단기선교를 가서 용기를 얻고 돌아와 사고가 난 지 한 달 만에 다시 서핑에 도전하였다.

처음에는 보드 위에서 중심도 잡지 못하고 물에 빠졌다. 그러나 모든 역경을 열정으로 극복하며 계속 도전해서 사고 이후 첫 시합에서 5위를 한다. 그리고 2년 후 2005년 서퍼 세계 대회에서 2위를 차지하는 인간 승리의 주인공이 된다. 다음 해엔 전국 서핑에서 1위를 차지하였다. 그녀에게는 포기하지 않는 열정이 있었다.

그 후 그녀는 책을 쓰고 전 세계를 다니면서 어려운 처지에 있는 사람들에게 꿈과 희망을 주는 일을 시작하였다. 바다에 들어갈 때 다시 상어가 오면 어떻게 하겠느냐는 질문에는 상어를 두려워하지 않고 파도 탈 때는 파도만 생각한다고 말하였다. 열정의 사람은 최악을 생각하지 않고 최고를 기대하며 오늘을 산다. 해밀턴의 이야기는 전국적으로 화제가 되었고 그녀의 이야기를 다룬 영화도 나왔다. 영화 제목은 〈Soul Surfer〉다.

개신교 최초의 선교사인 윌리엄 캐리는 1793년에 인도로 떠났다. 그는 최초로 인도 신문을 발간하였다. 인도어로 성경을 출판하였고 1810년에는 인도 최초로 세람포레 대학을 설립하였다.

그가 인도어로 성경을 번역할 때 일이다. 8년 동안 온 힘을 기울여 성경을 번역하였는데 그만 불이 나서 애써 번역한 모든 원고가 타버리고 말았다.

대형 화재로 인해 수년간 작업하여 완역한 성경 원고와 두 권의 문법책, 다국어 사전들이 소실되었다. 캐리는 그의 편지에 "잃어버린 것들이 굉장히 많다. 그러나 똑같은 길을 두 번 가는 것이 비록 고통스럽기는 하겠지만, 처음보다 훨씬 더 충실한 결과를 낳아 더 유익이 될 것으로 확신한다. 우리는 벌써 다시 시작했다"고 전했다. 그는 믿음으로 낙망치 않고 열정을 가지고 다시 도전하여 결국 수많은 인도 방언과 중국어, 버마어, 말레이어 등 44개의 언어로 성경을 번역 출판했다.

윌리엄 캐리는 이처럼 그 일생을 통해 끊임없이 하나님으로부터 위대한 일을 기대하고 위대한 일을 시도함으로써 인도 선교의 기초를 쌓았다. 캐리는 1834년 73세의 일기로 그토록 사랑했던 인도 땅에 묻혔다. 윌리엄 캐리는 그의 지칠 줄 모르는 열정으로 선교의 아버지가 되었다. 윌리엄 캐리는 말했다. "하나님으로부터 위대한 일을 기대하라. 하나님을 위하여 위대한 일을 시도하라(Expect Great Things from God. Attempt Great Things for God).

하나님은 당신을 통해 세상을 변화시키시길 원하신다. 당신은 하나님의 능력을 나타낼 사람이다. 세상 사람은 당신을 보고 하나님을 발견하게 될 것이다. 당신 안에는 예수님이 계신다. 예수님께서 이 세상에 오셔서 십자가를 지신 것은 열정이다. 예수님께서 당하신 고난을 'Passion'이라고 한다. '수난'이라는 뜻도 있지만 '열정'이라는 뜻도 있다. 예수님께서 인류를 구원하시기 위해 당하신 그 수난은 인류를 구원하고자 하는 죽음도 막을 수 없는 엄청난 열정이기도 하다.

당신 안에 예수님이 계신다는 것은 예수님의 열정이 당신에게도 있다는 것이다. 예수님의 열정은 바로 당신의 것이 되었다. 매일 열정을 가지고 살라. 삶을 기대하라. 단 하루도 열정 없이 살지 않겠노라 결심하라.

> 매일 가슴 벅찬 마음으로 하루를 맞이하라.
> 당신이 열정을 가지고 살면 최고의 일이
> 꼬리에 꼬리를 물고 일어날 것이다.
> 열정을 가지고 살 때 최고의 삶을 사는 것이다.

열정을 잃는 것은 하나님께서 우리를 이 세상에 보내신 사명을 잊는 것이다. 당신은 세상을 변화시킬 탁월한 사람이다. 당신에게는 당신의 가정을 천국으로 만들 열정이 있다. 당신의 심장이 뛰고 있다면 당신에게는 지칠 줄 모르는 열정이 있다는 것이다. 단 하루도 단 일 초도 열정 없이 살지 말라. 아침에 일어나면 이불을 박차고 일어나 커튼을 걷고 창문을 활짝 열고 "오늘 하루는 내 인생 최고의 날이다"라고 말하고 열정으로 하루를 시작하라.

영화감독 스필버그는 "나는 매일 아침 가슴이 너무 두근거려서 도저히 식사도 할 수 없을 정도다"라고 말했다. 당신이 열정을 가지고 사는 것은 하나님의 뜻이다. 하나님께서 주신 시간을 단 일 초도 낭비하지 말

라. 우리는 대충 살려고 지어진 자가 아니다. 당신은 열정적으로 살도록 창조된 자이다. 당신 안에는 열정이 있다.

"걱정을 품지 말고 열정을 품으라."

### 열정에 도움을 주는 것들

넘치는 열정은 우연히 되는 것이 아니다. 끊임없이 열정을 키워야 하고 보존해야 한다. 열정에 도움을 주는 것을 소개한다.

- 사랑하라.

주위에 있는 사람들을 사랑하면 열정이 생긴다. 사람은 사랑하며 살도록 창조되었다. 사랑할 때 가장 하나님다워지고 미워할 때 가장 짐승다워진다. 사람이 하나님을 닮을 때 하나님에게 있는 열정이 저절로 생긴다.

어머니가 아이들을 사랑하면 열정이 생긴다. 남자가 여자를 사랑하면 열정이 생긴다. 친구를 사랑하면 열정이 생긴다. 군인이 전우를 사랑하면 열정이 생긴다. 선생님이 학생을 사랑하면 열정이 생긴다. 사람이 사람을 사랑하면 열정이 생기는 것은 당연한 얘기이다. 하지만 누구를 미워하거나 싫어하면 마음에 있는 열정이 식고 몸이 병든다. 사람은 사랑하며 살도록 창조되었기 때문이다.

- 감사하라.

모든 일에 감사하면 열정이 생긴다. 호흡할 때 걱정을 내뱉고 감사를 마시라. 그러면 열정이 생긴다. 감사는 우리 몸 안에 있는 모든 세포를 힘 있게 만든다. 잠자기 전에 오늘 일어난 모든 일에 감사하면 잠들기 직전에 몸에 열정을 주게 된다.

### - 햇볕을 만끽하라.

어두움은 우울하게 만들고 햇빛은 열정을 가지게 한다. 집안의 분위기를 환하게 만들어야 한다. 밤새 쳐놓은 커튼을 확 열고 아침 햇살을 받아들이면 열정이 생긴다. 어두운 삶을 사는 자들은 집안 분위기도 어둡다. 햇빛은 비타민 D를 만들어주어 뼈와 치아를 건강하게 해준다.

낮에는 빛 가운데 사는 것이 원래 하나님이 창조하신 자연의 질서이다. 현대인은 건물에 갇혀 살기 때문에 의도적으로 햇빛을 보는 시간을 가져야 한다. 햇빛을 보면서 주위에 있는 자연의 아름다움을 보면 열정이 생긴다. 자연 속에는 하나님의 열정이 흠뻑 담겨 있기 때문이다.

### - 웃으라.

아이들 하루에 400번 웃지만, 어른은 하루에 25번도 안 웃는다. 많이 웃으면 저절로 열정이 생긴다. 웃음 안에는 많은 에너지가 있다. 아기를 낳은 산모들이 산고를 이기는 것은 엔돌핀의 힘이라고 한다. 그 엔돌핀이 웃을 때 생기는 것이다. 웃을 때 생기는 엔돌핀은 진짜 웃음이나 가짜 웃음이나 상관없이 똑같이 생긴다. 그러니 지금 잠깐 한 번 웃으라. 자주 웃을수록 열정이 생긴다.

### - 긍정적인 사람을 만나라.

긍정적인 사람을 만나면 열정이 생기고 부정적인 사람을 만나면 안에 있는 열정마저 빼앗기고 만다. 의도적으로 긍정적인 사람을 하루에 한 번 이상 만나서 마음에 열정을 키우라.

- 자연식을 먹으라.

　패스트푸드는 우리의 몸 안에 있는 열정을 빼앗아 가고 하나님이 주신 자연 음식은 우리 몸에 열정을 더해준다. 할 수만 있다면 인스턴트 음식은 삼가라. 사람은 흙으로 만들어졌기에 흙에서 난 자연 음식을 먹을 때 몸에 열정이 생긴다. 당신이 하루 동안 선택해서 먹는 음식이 육체적, 감정적, 정신적 에너지에 영향을 끼친다. 나이가 들수록 먹는 것이 더 중요해진다. 좋은 소식은 당신이 음식을 결정할 수 있다는 것이다.

- 운동하라.

　운동은 우리 육체를 건강하게 만든다. 할 수만 있다면 유산소 운동을 하라. 하루가 아니라 일주일, 한 달, 일 년 내내 계속 운동하는 것이 중요하다. "걸으면 살고 누우면 죽는다"는 말이 있다. 나이가 들면 근육의 수가 작아지고 지방만 남게 된다. 그러면 자연히 힘이 없어지고 약해진다. 젊을 때보다 나이가 들수록 운동을 더 많이 해야 한다. 몸이 약해지면 젊은 시절에 가졌던 모든 열정을 다 앗아가 버린다.

　세계적인 동기부여 강연자로 알려진 지그 지글러의 제자로 10년간 일한 존 파피의 인생을 소개하고자 한다. 존 파피는 두 팔 없이 태어났다. 그는 동생이 옷을 입혀 주지 않으면 학교조차 갈 수 없을 정도로 모든 일을 가족에게 의지하였다. 그가 열 살 때 어머니는 가족회의를 열고 형제들에게 더 이상 존을 도와주면 안 된다고 결정하였다. 존은 갑작스런운 변화에 입을 툭 내밀고 소란을 피웠다.
　이튿날 아침 존은 오전 내내 바지 단추를 잠그기 위해 안간힘을 쓰다가 쓰러지고 말았다. 부모로서 너무도 모진 결정을 내린 어머니는 당장이라도 달려가서 도와주고 싶었지만 참고 또 참았다. 지금 아들을 도와주면 그 어떤 발전도 없을 것을 알았기 때문이다. 대신 어머니는 아무 말 없이 신문에 실린 칼럼을 아들 앞에 내밀었다. 존은 그날부터 그에게 없는 것 대신에 있는 것을 보기 시작하였다. 그 순간부터 존 파피의 성장과 성숙은 시작되었다.

그는 열여섯 살에 또래 친구들처럼 면허를 땄다. 그는 왼발로 운전대를 잡고 자동차를 운전한다. 그는 바이올린이나 클라리넷을 연주할 수 없지만 인공팔로 트롬본을 연주한다. 발가락으로 핫도그와 빵을 집거나 캔을 딸 수도 있다. 발가락으로 면도하고 머리도 빗는다. 그는 이제 뭐든지 혼자 다 처리한다고 말한다.

1990년에는 콜로라도 스프링스에서 나이 스무 살에 세계적인 대기업의 수장들 앞에서 열정적으로 강의하였다. 그리고 1993년, 미국 주니어 상공회의소가 선정하는 훌륭한 미국 청년 10인에 뽑혔다. 존은 그의 부모가 선택한 처사에 부정적으로 반응할 수도 있고 모든 것을 포기할 수도 있었다. 그러나 그는 열정을 선택하였다.

도와주는 사람이 없다고 포기하는 것은 어리석은 일이다. 포기하지 않는다면 무엇이든지 할 수 있다. 아무리 어려워도 열정만 있다면 다시 일어날 수 있다. 열정을 가진 자는 시간이 없다고 말하지 않는다. 열정을 가진 자가 역사도 바꾸어 놓는다. 그림 한 장에도 열정이 있어야 하고 책 한 권을 쓰는 데도 열정이 있어야 한다.

열정을 가지면 모든 두려움을 이겨낸다. 나는 이 책을 읽는 모든 독자가 하나님의 열정을 회복하길 기도한다. 캘빈 밀러는 자신의 잡동사니를 오래된 다이너마이트 상자에 넣어 두었다. 그 통은 원래 다이너마이트가 들어 있는 통이었는데 지금은 온통 잡동사니뿐이다. 우리는 원래 세상을 뒤바꿀 다이너마이트다. 그런데 우리 능력을 다 상실하고 세상의 잡동사니로 가득 차 있으면 우스운 그리스도인이 된다.

우리는 다시 강력한 그리스도의 군사가 되어야 한다. 하나님 앞에 무릎 꿇고 성경을 펼치라. 그리고 성령의 감동을 받으라. 자신에게 불을 붙여 달라고 기도하라.

열정에 대한 글을 마치면서 무엇보다 중요한 영적인 열정을 가지라고 덧붙이고 싶다. 돈을 버는 열정이나 세상의 성공을 위한 열정이 아니라 주님을 사랑하는 열정을 가지라. 우선순위를 분명히 하라. 돈 버는 데는 그렇게 열정이 있으면서 주님을 사랑하는 데는 아무런 열정도 없는가? 우선순위가 잘못되었다. 주님을 먼저 열정적으로 사랑하라. 그러면 다른 것은 저절로 열정을 갖게 될 것이다. 주님을 뜨겁게 사랑하는 자가 가정을 사랑하게 되고 교회를 사랑하게 되고 직장도 사랑하게 된다.

하나님은 다윗을 왜 그렇게 좋아하셔서 왕으로 세우시고 그의 후손에게서 예수님이 태어나게 하시고 다윗 가문 자자손손 복을 받게 하셨는가? 다윗에게는 영적인 열정이 있었다. 그는 예배가 너무 좋아서 법궤가 돌아오는 날 바지가 다 내려올 정도로 춤을 추었다. 당신도 다윗처럼 예배에 열정이 생기기 바란다. 예배가 기다려지기 바란다. 기도가 가장 큰 즐거움이 되기 바란다. 찬양이 행복이 되기 바란다.

영국의 신학자이자 설교가인 조지 휘트필드는 이런 말을 했다.

"나는 녹슬어 죽고 싶지 않고 주를 위해 내 몸이 다 닳아 없어질 정도로 살다가 죽고 싶다."

다른 어떤 열정보다도 영적인 열정이 불붙길 축원한다. 그러면 당신의 삶에 모든 열정의 불이 붙을 것이다. 나무는 햇빛을 봐야 살아난다. 만약 나무가 햇빛을 보지 않고 옆의 나무를 본다면 결국 죽고 말 것이다. 마찬가지로 우리는 하나님을 바라보아야 한다. 그러면 가정도 자녀도 직장도 건강도 다른 모든 것도 다 살아날 것이다.

[ 소그룹 모임 / 가족 모임 2 ]
## 열정으로 살라

1. 당신이 가진 열정의 온도를 적어보라.

   0　열정이 없음 (지친 상태)
   50　열정이 생기고 있음
   100　열정이 넘치고 있음

   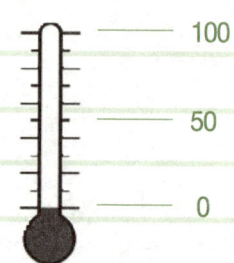

   — 이러한 온도를 갖게 된 이유를 나눠보자.

   — 열정 온도를 더 높이려면 어떻게 해야 할지 나누어보라.

2. 나에게 열정을 주는 단어를 풍성한 비전 카드에 적어보라.

   예) 김원태 : 설교, 책 쓰기, 청년, 다음세대, 가정 회복 등

   — 이러한 단어에 주목하게 된 이유를 말해보자. 나는 무엇을 할 때 가장 몰입이 잘 되고 신나는가? 이것이 나의 비전과는 어떻게 연결되는가?

3. 열정을 불태우는 방법은 늘 새로운 목표를 세우는 것이다. 하나의 목표가 이루어지고 나면 또 다른 목표를 세우라. 꼭 거창한 목표가 아니어도 된다. 계속 전진하며 나아갈 도전 거리를 찾으면 된다. 올해에 할 10가지 목표를 다시 세우라.

— 가정에 열정 갖기

— 직장에 열정 갖기

— 교회에 열정 갖기

— 복음에 열정 갖기

## PART 02

# 반드시 이기는 인생은
## 긍정과 사랑, 감사로 이루어진다

생각을 바꾸면 인생이 바뀐다 / 자신에 대해 긍정적인 생각을 하라
타인에 대해 좋은 생각을 하라 / 자기가 말한 대로 된다
어둠이 아니라 빛을 말하라 / 사랑할 때 가장 빛나는 인생을 산다
최고의 삶을 살려면 자신을 사랑하라 / 최고의 삶을 살려면 이웃을 사랑하라
진심어린 사랑의 말이 세상을 바꾼다 / 사랑하면 행동한다
감사로 마음을 가꾸라 / 지금, 불평을 버리고 감사를 선택하라
불평 없이 살아보라 / 모든 일에 감사하라 / 미리 감사기도를 드리라

CHAPTER 03
긍정적인 생각과 말을 하라

"죽고 사는 것이 혀의 힘에 달렸나니"(잠 18:21).

## 생각을 바꾸면 인생이 바뀐다

놀라운 삶을 살기를 원하는가? 수많은 비전을 이루길 원하는가? 그렇다면 무엇보다도 생각과 말이 달라져야 한다. 어제와 똑같은 생각, 똑같은 말을 하면서 인생이 달라질 수는 없다. 삶의 변화를 원한다면 무엇보다도 생각이 달라져야 한다.

성공하는 사람들은 어떤 상황이 닥쳐도 늘 긍정적으로 생각한다. 일본에 '기업경영의 신'이라고 불리는 '마쓰시타 고노스케'라는 사람이 있다. 그는 내셔널, 파나소닉, 케크닉스, 빅터 등의 히트 브랜드를 창업하였고 직원이 19만 명이나 되는 마쓰시타 기업의 회장이다.

어느 날 그에게 한 직원이 어떻게 이렇게 큰 성공을 이루었는지 물었다. 그러자 마쓰시타는 자신이 하늘의 세 가지 큰 은혜를 입었다고 대답했다. 그 세 가지는 가난한 것, 허약한 것, 그리고 못 배운 것이라고 말했다. 그러자 직원은 "회장님, 그런 것은 은혜가 아니라 오히려 약점이지 않습니까?"라고 물었다.

마쓰시다는 이렇게 대답했다. "가난하였기에 부지런히 일하였네. 약하게 태어났기에 늘 건강에 힘써서 90이 넘게 살았지. 초등학교 4학년 때 중퇴하였기에 이 세상 모든 사람을 자신의 스승으로 삼고 배웠다네." 그는 덧붙여 이렇게 말하였다. "타고난 약점은 약점이 아니야. 오히려 삶을 더 강하게 해주는 삶의 밑천이라네."

**삶이 긍정적인 사람은 자신의 약점조차도
장점으로 바꿔버린다.**

하나님은 아담에게 "이 세상을 다스리고 지키라"고 말씀하셨다. 아담은 분명 사자보다 연약하고 독수리보다 느리고 코끼리보다 작다. 이런 연약한 육체를 가지고 어떻게 온 세상을 다스리고 지킬 수 있을까? 사람에게는 동물에게 없는 생각하는 힘이 있기 때문이다. 하나님은 사람에게 모든 것을 이길 수 있는 생각을 주셨다. 이 세상을 다스릴 힘은 눈에 보이는 육체에 있는 것이 아니라 눈에 보이지 않는 생각에 있다.

**생각은 눈에 보이지 않는 강력한 힘이다.
긍정적인 생각을 하는 사람은 긍정적인 일이 나타나고
부정적인 생각을 하는 사람은 부정적인 일이 나타난다.**

실패를 생각하는 사람은 실패하고 성공을 생각하는 사람은 성공한다. 행복을 생각하는 사람은 행복해지고 불행을 생각하는 사람은 불행해진다. 미래에 대해 무서운 생각을 하는 사람에게는 무서움이 임하고 즐거운 일을 생각하는 사람에게는 즐거운 일이 생긴다. 생각에는 강력한 힘이 있다. 인생을 지배하는 것은 운명도 환경도 아니다. 바로 생각이 우리의 인생을 지배한다.

생각은 참으로 중요하다. 성공하는 사람의 공통점은 아무리 상황이 어려워도 긍정적으로 생각한다는 것이다. 오늘은 어제 생각한 결과이고 내일은 오늘 무슨 생각을 하느냐로 결정된다.

> "모든 지킬 만한 것 중에 더욱 네 마음을 지키라. 생명의 근원이 이에서 남이니라"(잠 4:23).

'마음'은 생각의 밭이다. '마음'은 생각의 창고이다. '마음을 지키라'는 것은 머리에 피어오르는 수많은 작은 생각을 지키라는 것이다. 그러므로 아무렇게나 생각하면 안 된다. 되는대로 생각하면 안 된다. 멋대로 생각하면 안 된다. 의도적으로 긍정적인 생각을 해야 한다. 상황에 따라 쉽게 비관적인 생각을 하는 사람은 초라한 인생을 살고 상황이 아무리 어려워도 긍정적인 생각을 하는 사람은 탁월한 인생을 산다.

베토벤은 스물여덟 살부터 앓게 된 귓병이 심해져서 서른두 살에 청력을 완전히 잃었다. 음악가로서 가장 치명적인 상황이었다. 죽고 싶은 마음에 유서도 남겼다. 그러나 그는 비관적인 생각을 버리고 작곡에 뛰어들었다. 그래서 38세에 우리가 다 아는 그 유명한 〈운명 교향곡〉을 썼다. 만약 베토벤이 자신의 초라한 환경을 계속 바라보고 비관적인 생각에 빠져 있었다면 〈운명 교향곡〉은 세상에 없었을 것이다. 당신은 상황 따라 쉽게 부정적인 생각을 하는 사람이 아니라 의도적으로 긍정적인 생각을 하는 것이 버릇되길 바란다.

출애굽기 13장에 보면 출애굽한 이스라엘 백성이 가나안 땅 입구에서 정탐꾼 12명을 뽑아 가나안 땅을 정탐하는 장면이 나온다. 10명의 정탐꾼은 가나안 땅을 정탐한 뒤 "그 성은 견고하고 그 성에 거하는 자는 키가 크고 장대하여 우리는 스스로 보기에도 메뚜기 같다"며 부정적인 보고를 하였다. 430년 동안 노예로 살았던 그들이 오랫동안 기름진 가나안 땅을 지켜온 그들과 싸워 이길 확률이 없다고 생각하였다. 그러나 여호수아와 갈렙은 "그들은 우리의 밥이다"라고 생각하였다.

누가 정상일까? 10명의 정탐꾼이 정상적인 사람이다. 그들은 상황을 정확하게 보았다. 그들은 이성적인 생각을 하였다. 평범한 사람은 누구나 다 이들과 비슷한 생각을 하게 되어 있다. 그러면 여호수아와 갈렙은 어떻게 그런 긍정적인 말을 할 수 있었을까? 그들은 상황을 보지 않고 하나님께서 가나안 땅을 이스라엘 백성들에게 주겠다고 하신 말씀을 믿은 것이다. 이것은 긍정의 말이 아니라 믿음의 말이다.

언젠가 비행기를 타고 가는데 비행기가 검은 구름에 갇혀 아무것도 보이지 않았다. 계속 어두운 구름 속을 가는데 두려운 생각이 들었다. 그때 조종사는 무엇을 보고 날아가는지 생각해보니 조종사는 구름을 보지 않고 계기판을 보고 있을 것이라는 확신이 들었다. 마찬가지로 상황이 어려울 때 상황을 보며 절망하지 말고 우리 인생의 계기판인 하나님 말씀을 보고 긍정적으로 생각해야 한다.

생각은 중요하다. 생각이 부정적인 사람은 가나안 땅 근처에 왔어도 가나안에 들어가는 축복을 누릴 수 없었다. 생각이 긍정적인 사람은 아무리 거친 광야에 살아도 가나안 축복을 누리게 된다.

**타락한 인간은 언제나 부정적인 생각으로 가득 차 있다.**

아담이 하나님과 분리된 순간부터 열등감, 외로움, 자원 고갈, 두려움이 가득하게 되었다. 하나님을 떠나 자기가 주인이 되어 세상을 따라 살면 저절로 부정적인 생각을 하게 되고 염려와 두려움이 많은 사람으로 살게 되어 있다. 아담이 하나님과 함께할 때는 모든 것이 풍요로웠다. 에덴동산에 모든 것이 다 준비되어 있었다. 모든 자원이 하나님에게서 나왔다. 그러나 그가 하나님을 떠나 자기가 주인이 되어 사니 모든 것이 부족해졌다. 부정적인 생각은 불신이다. 불신은 죄다. 그래서 부정적인 생각이 죄라는 것이다.

> "육신의 생각은 사망이요 영의 생각은 생명과 평안이니라. 육신의 생각은 하나님과 원수가 되나니 이는 하나님의 법에 굴복하지 아니할 뿐 아니라 할 수도 없음이라"(롬 8:6-7).

육신의 생각은 부정적이고 어두움이며 사망이다. 그러나 성령의 생각은 긍정적이고 살리는 것이며 생명이다. 믿음의 사람은 죽을 생각을 하지 않고 살 생각을 한다. 미리 염려하지 말라. 미리 두려워하지 말라. 미리 하는 염려는 자신에게 독을 먹이는 것이다. 부정적인 생각만 하는 자는 자기가 주인이 되어 사는 세상 사람의 생각대로 살기 때문이다.

어떤 상황에 처해도 긍정적인 생각을 해야 한다. 그 긍정적인 생각이 바로 믿음이다. 하나님을 믿는 자는 언제나 긍정적이다. 왜냐하면 하나님께서 언제나 긍정적인 분이라서 그렇다.

이스라엘 백성 앞을 홍해가 막고 애굽 군이 뒤에서 쳐들어왔을 때도 하나님은 긍정적이셨다. 하나님은 다니엘이 사자 굴에 있을 때도 긍정적이셨다. 하나님은 나사로가 죽었어도 긍정적이셨다. 하나님은 베드로가 감옥에 갇혔을 때도 긍정적이셨다. 하나님은 전능하신 분이시기에 언제나 긍정적이시다. 당신이 예수 믿는 자라면 생각이 언제나 긍정적이어야 한다. 한 사람의 미래는 무엇으로 아는가? 생각으로 안다.

"대저 그 마음의 생각이 어떠하면 그 위인도 그러한즉"(잠 23:7).

생각이 바로 그 사람이라는 것이다. 최고의 인생을 살려면 먼저 생각부터 바꾸어야 한다.

미국에 황소 타기 아마추어 선수가 프로선수가 되고 싶어서 역대 황소 타기 챔피언인 게리 레퓨를 만나서 도움을 구했다. 그는 황소 타기에 관한 책이 아닌 생각의 중요성에 관한 책을 수십 권 주면서 다 읽고 오라고 하였다. 다음에 찾아갔더니 생각의 중요성에 대한 테이프를 주면서 다 수십 번씩 들으라고 하였다.

그 후에 게리는 그에게 "자네가 함께 다니는 사람이 자네 생각에 영향을 줄 수 있네"라고 말하면서 이제부터는 프로 황소 타기에서 우승한 사람만 만나서 밥도 사주고 그들의 심부름도 해주면서 그들과 이야기하라고 하였다. 경기 우승자를 찾지 못하면 황소 타기 아마추어들과 다니지 말고 차라리 혼자 다니라고 말했다. 황소를 타면 위험하다거나 잘못하면 죽게 된다고 말하는 부정적인 사람은 절대로 만나지 말고 황소 타기에 긍정적인 말만 하는 사람을 가까이하라고 하였다. 그는 결국 프로 황소 타기에서 우승하였다(존 맥스웰, 「생각의 법칙」, 청림출판, 23-24쪽).

냉전 시대에 소련이 우주 경쟁에서 앞서는 듯 보이자 케네디 대통령은 1962년 "10년 이내에 인간이 달 위를 걷게 하겠다"고 선언하였다. 수많은 과학자가 케네디 대통령에게 달에 가는 것은 불가능하다고 하자 케네디 대통령은 그 명확한 근거를 요구하였다. 그러고는 달에 가는 것이 불가능하다고 말한 과학자는 만나지 않고 가능하다고 말한 과학자들만 만났다. 불가능하다는 근거에 대한 해결책을 찾고 달에 갈 준비를 계속하였다. 결국 케네디 대통령의 비전은 그가 말한 대로 1969년 7월 20일 암스트롱이 아폴로 11호를 타고 달에 도착함으로 이루어졌다.

평소 어떤 사람과 만나 무슨 말을 듣고 무슨 생각을 하느냐는 정말 중요한 것이다. 당신 주위에 당신의 비전을 무시하고 공격하는 자는 당신의 에너지를 빼앗는 자들이다.

생각이 승리한 자는 이미 승리한 것이다.
생각이 부정적인 사람은 이미 실패한 것이다.
그래서 우리는 매사에 긍정적인 생각을 하는 사람을 만나야 한다.

혹시 당신 주위에 부정적인 사람이 있다면 거리를 두라. 그들은 당신의 긍정적인 생각을 좀먹는다. 그들은 당신의 마음의 불붙는 열정을 빼앗는 에너지 뱀파이어다. 그래서 그들을 멀리해야 한다. 생각이 당신의 미래를 이끌어 간다.

## 자신에 대해 긍정적인 생각을 하라

어느 날 두 마리의 개구리가 사고로 우유 양동이에 빠지고 말았다. 평소에 늘 부정적이고 비관적인 개구리 패시는 세상이 공평하지 않다고 늘 불평하고 뭐 하나 제대로 되는 일이 없다며 자신은 운이 없어서 이렇게 초라하게 산다고 짜증을 냈다. 패시는 우유 양동이에 빠지자 운이 없어서 이곳에 빠졌다며 온갖 불평을 다 늘어놓다가 힘이 빠져 죽고 말았다.

반면에 평소에 늘 긍정적이고 낙관적이고 자신은 하는 일마다 다 잘된다고 말하는 개구리 옵티는 우유에 빠지자 누구를 원망하거나 불평하지 않고 계속 뛰어오르고 또 뛰어올랐다. 옵티는 단 한 번도 우유에 빠져 죽는다고 생각하지 않았다. 옵티는 절대 포기하지 않고 계속 뛰어올랐다. 그렇게 계속 뛰어오르기를 되풀이하자 발끝에 있는 우유가 크림이 되고 크림이 버터가 되었다. 마침내 우유는 굳어져서 옵티는 무사히 양동이에서 빠져나왔다(카라니 라오, 「위너의 선택」, 생각의 날개, 38-39쪽).

이 개구리 우화는 우리에게 많은 것을 생각하게 해준다. 자기 인생을 좋아하고 자신에게는 좋은 일이 생긴다고 긍정적인 생각을 하는 자는 언제나 이기는 인생을 산다. 하지만 자신에 대해 부정적인 생각으로 가득 찬 사람은 망하는 길로 가는 것이다.

고난 때문에 망한 사람은 없다.
단지 고난을 어떻게 대하느냐가 중요하다.
당신 자신을 좋아하라.
하나님이 당신을 만드셨다는 것을 기억하라.

당신의 가정을 긍정적으로 생각하라. 당신의 부모를 긍정적으로 생각하라. 당신의 미래에 대해 긍정적으로 생각하라. 날마다 최고의 날이라고 생각하라. 좋은 일이 오고 있다고 생각하라. 비전이 이루어지고 있다고 생각하라.

아담과 하와가 에덴동산에서 쫓겨난 이후 사람은 언제나 열등감을 가지게 되었다. 낙원에서 쫓겨난 후 사람은 영원한 거절감과 패배감을 느끼며 산다. 사탄은 에덴에서 쫓겨난 사람에게 미움과 분노, 공포와 불안, 슬픔과 좌절을 가져다주었다.

평범한 사람은 자신을 가치 있는 존재로 생각하지 않는다. 어린아이는 무슨 일을 하다가 조금만 어려우면 "난 못해"라고 말한다. 어른이 되어서도 "난 못해, 난 자격이 없어, 난 절대로 할 수 없어"라고 말한다.

예수 믿는 우리는 "내게 능력 주시는 자 안에서 무엇이든지 할 수 있다"라고 생각해야 한다. 자신을 무능한 자로 생각하면 안 된다. 우리는 하나님의 선한 일을 위해 창조된 존귀한 자다(엡 2:10). 당신은 하나님의 선한 일을 위해 창조되었다.

자신을 시시한 사람으로 생각하는 사람은 시시한 인생을 살고 자신을 행복한 사람으로 생각하는 사람은 행복한 인생을 산다. 세계적인 장인이 만드는 작품은 시시한 것이 없다. 하나님은 세계적인 장인과는 비교도 할 수 없는 위대하신 창조주다.

하나님이 시시하지 않은 분이기에
하나님이 만드신 당신도 시시하지 않다.
당신 자신을 시시한 자로 생각하지 말라.
열등감과 거절감과 패배감은 당신 것이 아니다.

내가 실수해서 만든 나쁜 자화상은 예수님의 십자가에서 못 박혀 버렸다. 자신에 대한 잘못된 생각은 버려야 한다. 성경은 당신을 존귀한 자라고 말씀하신다.

"땅에 있는 성도들은 존귀한 자들이니 나의 모든 즐거움이 그들에게 있도다"(시 16:3).

불평불만은 당신의 운명이 아니다. 평생 허구한 날 걱정만 하며 살았다 해도 이제 생각을 바꾸면 된다. 다리가 부러진 사람은 '나는 이제 다리가 부러졌으니 평생 절룩거리며 살 거야'라고 생각하지 않고 곧바로 병원에 가서 다리를 치료한다. 마찬가지로 매사에 걱정하며 살던 사람도 생각을 바꾸어 하나님이 원래 계획하신 대로 존귀한 인생을 살아야 한다. 당신이 평생 열등감 속에 살았다고 계속 열등한 자로 살다가 죽을 이유는 없다. 어제는 이미 지나갔다.

'나는 성질이 못됐어.' '나는 되는 일이 없어.' '나는 패배자야.' 이런 생각은 어디서 온 것인가? 도대체 누가 그런 말을 하는가? 거짓의 아비인 사탄이 준 말이다. 자신을 향한 생각을 바꾸라. 열등감과 패배감의 생각은 버려야 한다. 그것은 당신의 원래 모습이 아니다.

당신은 하나님의 걸작품이다. 당신은 하나님의 존귀한 자녀다. 많은 사람이 '나는 내가 싫어'라고 말한다. 이것은 사탄에게 속은 것이다. 누구든지 자신을 바라보는 자아상을 바꿀 수 있다. 자아상을 바꾸면 미래가 바뀐다. 매 순간 자신이 하나님의 자녀라고 생각하라. 우리는 이 세상 왕의 자녀가 아니라 천국 황제의 자녀다. 천국 황제의 자녀는 옷 한 벌 없다고 열등감을 갖거나 사귀던 사람이 떠났다고 자학하지 않는다.

당신은 자신을 어떻게 보는가? 메뚜기같이 아무런 힘도 없는, 바람에 날려 도망 다니는 연약한 존재로 생각하는가? 이 땅을 다스리고 지키는 하나님의 존귀한 자녀로 생각하는가? 당신의 미래를 좋게 만들려면 먼저 자신에 대해 건강한 자아상을 가져야 한다. 당신은 아무렇게나 살도록 지음 받은 존재가 아니다. 실패와 병마와 패배에 허덕이라고 하나님이 우리를 창조하신 것이 아니다.

당신은 하나님의 동역자다(고전 3:9). 당신은 그리스도의 사신이다(고후 5:20). 당신은 천국의 대사이다. 천국의 대사답게 자존감이 있어야 한다. 하나님은 당신을 천국 대사로 보신다. 그러므로 결코 당신 자신을 자학하거나 패배자라고 여기면 안 된다. 하나님이 당신을 결코 포기하지 않으시기 때문에 당신 스스로 포기하면 안 된다.

당신은 자신을 천국 황제의 대사처럼 행복한 자로 생각하라. 나중에 행복해지겠지. 말하지 말고 지금 행복하게 살라. 단 하루라도 단 일 초라도 당신 자신을 자학하거나 불행하다고 생각하지 말고 행복한 자라고 생각하라.

### 하나님에 대해 긍정적으로 생각하라.

'세상은 공평하지 않다'라거나 '인생이 공평하지 않다'라고 계속 말하고 다니는 사람은 패배주의자다. 머리에 부정적인 생각이 가득한 사람에게는 결코 긍정적인 미래가 나타나지 않는다. 당신이 어제와 다른 인생을 살고 싶다면 오늘부터 생각을 완전히 바꾸어야 한다.

하나님은 언제나 옳다.
하나님의 타이밍은 언제나 정확하다.

무슨 일을 만나도 하나님을 원망하지 말고 하나님이 옳다고 인정하라. 모든 것이 합력하여 선을 이루실 하나님을 믿으라. 사망의 음침한 골짜기를 지나도 함께하실 하나님을 믿으라. 원수의 목전에서도 식탁을 베푸실 하나님을 믿으라.

골리앗이 앞에 나타났을 때 다른 모든 사람은 두려워 떨었지만, 다윗은 하나님께서 함께하실 것을 믿고 골리앗을 향해 나아갔다. 다윗은 이미 생각이 평범한 자와 달랐다. 그는 언제나 긍정적인 생각을 하였다. 이런 믿음의 생각을 하는 자에게 하나님은 그 믿음의 생각을 보시고 크게 역사하신다.

한 장로님이 교회를 열심히 섬기면서 큰 공장을 운영하였는데 주일 새벽에 공장에 불이 나 평생 모은 재산이 불타버렸다. 잿더미가 된 공장을 보며 그의 마음에 불평이 생겼다. '하나님 어찌하여 제 공장에 불이 났습니까? 제가 얼마나 교회를 열심히 섬겼는데 이럴 수가 있습니까?'

그 장로님은 하나님에 대한 불편한 마음을 가지고 교회로 왔다. 교회에 도착하니 예배당 안에서부터 "신실하신 하나님 실수가 없으신 좋으신 나의 주." 찬양이 흘러나왔다. 갑자기 장로님 마음 안에 짧은 시간이지만 하나님을 원망했던 것이 생각나면서 눈물이 흘렀다. "맞습니다. 하나님, 하나님은 실수가 없으신 분이십니다" 하며 두 손을 들고 찬양에 빠져들었다. 얼마 후 하나님께서 그 장로님에게 새로운 장을 열어주셨다. 스리랑카에 큰 공장을 주셔서 사업을 계속할 수 있는 문이 열린 것이다.

우리는 미래를 다 알지 못한다. 지금 내 눈에 다 보이지 않아도 지금 내 귀에 다 들리지 않아도 하나님은 언제나 지금보다 더 좋으신 것을 준비하고 계신다. 하나님은 언제나 옳다.

## 타인에 대해 좋은 생각을 하라

자기 자신을 좋게 생각하는 사람은 주위에 있는 다른 사람들도 좋게 생각한다. 자기 주위에 있는 사람들을 좋게 생각하고 그들을 도와주며 살면 늘 좋은 일이 나타난다. 자기 주위에 있는 사람을 다 의심하고 불신한다면 그는 자기 스스로 지옥을 만들며 사는 자다. 반면에 자기 주위에 있는 자들을 다 좋게 생각하고 그들을 긍정적으로 생각하며 산다면 스스로 천국을 만들며 사는 자다.

내가 먼저 남에게 호의를 가지고 대하면 남들도 호의를 가지고 다가온다. 인간관계를 잘하는 비결은 내가 먼저 상대방을 귀히 여기고 좋게 생각하는 것이다. 내가 선하게 대접받기를 원한다면 내 주위에 있는 자들을 선하게 생각하고 선하게 대해야 한다(마 7:12). 기업에서는 돈을 벌려고 하기보다 소비자의 마음을 얻어야 한다고 말한다. 대접받으려면 먼저 대접해야 하는 것이 예수님께서 말씀하신 진리이다.

요셉은 억울하게 감옥에 들어갔지만 세상을 비관하거나 보디발을 험담하지 않았다. 그는 그 힘든 감옥에서 다른 사람의 꿈을 도와주었는데 그 사람이 자기 꿈을 이루는 중요한 계기가 되었다. 룻은 과부 된 시어머니를 도와줄 생각을 하다가 다윗 왕가의 할머니가 되었다. 남을 좋게 생각해 주는 사람에겐 좋은 일이 기다리고 있다. 반면 가룟 유다는 예수님을 팔 생각을 하다가 자기도 죽고 말았다.

"마귀가 벌써 시몬의 아들 가룟 유다의 마음에 예수를 팔려는 생각을 넣었더라"(요 13:2).

가룟 유다는 온 세상을 창조하신 하나님이신 예수님을 바로 옆에 두고서도 사탄의 부정적인 생각에 동의하였다. 사탄의 최고 공격 장소는 생각이다. 부정적인 생각은 사탄이 활동하기 가장 쉬운 환경을 만든다. 남을 죽이려는 생각을 가지면 자기도 죽는다는 것을 알아야 한다.

에스더서에 나오는 하만은 페르시아 왕국의 이인자로 권력과 부를 다 가진 사람이다. 그는 모르드개라는 문지기가 자신에게 절하지 않는다는 이유로 그를 높은 장대에 매달아 죽이려다 자신이 그 장대에 매달려 죽게 된다.

어떤 이유에서든지 남을 좋지 않게 생각하고 쉽게 화내는 것은 자기 인생을 어렵게 만든다. 상대방을 좋게 생각하려고 하면 상대방의 실수에 대해 화를 내기보다 너그러워진다. 만약 주위에 있는 사람에 대해 좋게 생각하여 주었는데 그가 힘들게 하였다면 복수하려고 하지 말고 하나님께 맡기라.

내 주위에 있는 사람에 대해 나쁘게 생각하는 순간
긴장하게 되고 내 속에 있는 기쁨이 사라진다.
가장 큰 손해는 내가 받는 것이다.

당신이 상대방에게 좋은 말을 듣기를 원하는가? 그렇다면 상대방을 좋게 생각하고 좋은 말을 하라. 말은 부메랑이 되어 반드시 돌아온다. 당신이 상대방의 장점을 보는 버릇을 가지면 사람들은 당신을 좋아하게 되고 당신은 더 사랑받는 존귀한 사람이 된다. 모든 사람은 '자기'를 좋아하는 사람을 좋아한다.

그럼, 단점이 보이면 어떻게 해야 할까? 단점을 지적할 수 있는 사람은 그 사람을 정말 사랑하는 사람만 가능하다. 사랑하지 않는데 단점을 말하면 적이 된다. 장점을 백번 말하다가 한 번 단점을 말할 때 그 의견은 수용된다. 사람은 사랑 없이 변하지 않는다.

하나님은 우리가 타인에 대해 좋은 말을 하려는 그 동기를 기뻐하신다. 상대방을 좋게 생각하는 것은 참 좋은 습관이다. 사람은 좋은 습관보다 나쁜 습관이 더 쉽게 몸에 밴다. 아름다운 정원이 우연히 생기지 않듯이 좋은 습관도 우연히, 저절로 되는 것 아니다. 상대방의 장점을 보려고 노력해야 한다. 상대방의 장점을 보고 빛을 말하는 것이 습관이 되어야 한다.

아무리 이런 글을 읽어도 부정적인 생각을 하고 비판적인 생각을 하는 사람은 오늘 깊은 고민이 있어야 한다. 타인을 부정적으로 보는 자에게는 어두움만 밀려온다. 생각을 바꾸면 인생이 바뀐다. 상대방을 부정적으로 생각하면서 복 받기를 바라는 것은 어리석은 일이다.

부정적인 생각은 우리 안의 좋은 에너지를 고갈시킨다. 불평불만과 절망 속에 살기에는 인생이 너무나 짧다.

우리는 원래 불평불만, 낙심, 절망, 패배 속에 살도록
창조되지 않았다.
하나님은 우리를 이기는 자, 다스리는 자로 창조하셨다.
살다 보면 인생에 고난이 올 때도 있다.
그때 두려워하거나 낙심하지 말고 하나님을 바라보고
긍정적인 생각을 하라.

하나님을 바라보면 생각지 않은 놀라운 일이 일어난다. 생각이 긍정

적이어야 미래가 바뀌고 환경이 바뀌고 인생이 바뀐다.

## 자기가 말한 대로 된다

　　　　　스펄전 목사님이 어느 가난한 할머니가 돌아가시기 전에 그 집에 심방을 갔다. 추위에 창문은 숭숭 뚫려있고 집안에는 온기도 없이 비참하게 죽어가고 있었다. 목사님은 예배드리고 나서 벽에 붙은 개인 수표를 보고 깜짝 놀랐다. 수억이나 되는 돈이 그냥 벽에 붙어 있었다. 그 할머니는 한 자선가가 찾아와서 준 그 수표가 큰돈인 줄 모르고 그냥 벽에 메모지로 붙여 놓았던 것이다.
　이 할머니의 이야기가 바로 우리 이야기다. 우리는 말에 어마어마한 능력이 있다는 것을 모르고 그냥 의사소통에만 쓰는 줄 알고 함부로 말하고 아무렇게나 말을 하여 비참한 인생을 사는 것이다.

　　"죽고 사는 것이 혀의 힘에 달렸나니 혀를 쓰기 좋아하는 자는 혀의 열매를 먹으리라"(잠 18:21).

　성경은 죽고 사는 것이 말에 달렸다고 기록한다. 말에는 엄청난 힘이 있다. 말의 힘을 모르는 자는 어리석은 자다. 누에고치가 입에서 실이 나와 자신의 집을 짓듯이 사람은 자신의 입으로 하는 말에 의해 자기 인생의 집을 짓게 되어 있다.
　믿음의 말을 하는 사람은 믿음의 집을 짓게 된다. 소망의 말을 하는 사람은 소망의 집을 짓게 된다. 긍정적인 말을 하는 사람은 긍정적인 집을 짓게 된다. 부정적인 말을 하는 사람은 부정적인 집을 짓게 된다. 걱정하는 말을 하는 사람은 걱정의 집을 짓게 된다. 아무리 고난이 밀려와도 절망을 말하지 말고 희망을 말하라.

다윗은 아무리 사망의 음침한 골짜기에 빠져도 하나님께서 함께하신다고 말하여 나중에 왕의 자리에까지 올라갔다. 상황이 나쁠수록 긍정적인 생각을 하고 긍정적인 말을 하여야 좋은 미래가 나타난다. 생각은 말로 표현된다.

하나님은 말씀으로 천지를 창조하셨다. 하나님은 천지를 창조하실 때 다른 어떤 재료도 사용하지 않고 오로지 말씀으로만 하셨다.

> "땅이 혼돈하고 공허하며 흑암이 깊음 위에 있고 하나님의 영은 수면 위에 운행하시니라. 하나님이 이르시되 빛이 있으라 하시니 빛이 있었고"(창 1:2-3).

하나님께서 "빛이 있으라" 하시자 빛이 생겼다. 하나님의 형상을 닮은 사람에게도 말의 힘이 있다. 우리의 인생을 좋게 하는 최고의 재료는 말이다.

말이 긍정적인 사람은 긍정적인 인생을 살고 말이 부정적인 사람은 부정적인 인생을 산다. 부목사로 섬겼던 교회에 계시던 권사님에게 일어난 일이다. 김 권사님은 날마다 입에서 나오는 말이 "나는 60에 죽을 거야"였다. 권사님이 정말 나이가 60이 되자 주위에 있는 권사님들이 "김 권사, 나이 60이 되어도 죽지 않았구먼, 이제 60에 죽는다는 말 하지 말아요." 그때 김 권사의 대답은 "그럴까?"였다.

며칠 후 미국에 있는 딸이 아이를 낳았으니 도와달라는 연락이 와서 비행기를 타고 날아갔다. 비행기 안에서 머리가 무척 아파 고통을 당하다가 비행기가 LA 공항에 내리자마자 앰뷸런스에 실려서 응급실로 들어갔으나 곧바로 소천하였다. 김 권사님이 늘 말하던 대로 나이 60에 돌아가셨다. 말에는 힘이 있다. 말은 그 사람의 미래를 이끌어준다.

당신이 풍성한 비전을 가졌는가? 그 비전을 이루려면 오늘부터 말의 힘을 사용하기 바란다. 그 말의 힘이 당신의 인생을 풍성한 비전으로 이끌어 갈 것이다.

"사람은 입의 열매로 인하여 복록을 누리거니와"(잠 13:2).

즉 입술의 말대로 복을 받고 저주를 받는다는 것이다. "나는 가난이 내 팔자야" 하면 가난이 밀려온다. 아무리 가난한 가정에 태어났어도 "예수님께서 내 가난을 다 가져가셨기에 나는 부유하게 살 거야"라고 말하면 부유함이 다가온다.

스킵 로스 목사님은 자기 아버지에 대해 이렇게 썼다.

"우리 아버지는 정년퇴직하시고 주식에 손을 댔다. 아버지가 일생 번 돈보다도 퇴직 후 6개월 동안 주식으로 번 돈이 더 많았다. 그다음 8개월 동안 아버지는 번 돈을 다 날려 버리더니 또 수백만 원을 빌리고 그것도 잃어버리고 곧 세상을 떠나셨다. 아버지는 평소에 늘 이런 말을 하셨다. '내 인생에 가장 두려운 것은 내가 가난뱅이로 죽는 것이다.' 아버지는 여러 분야에서 뛰어난 재능이 있었지만, 세상을 떠날 때는 평소에 늘 하시던 말씀대로 한 푼의 돈도 없이 빚더미 속에서 세상을 떠났다"(스킵 로스, 「당신의 능력을 최대한으로 개발시켜 주는 10가지 생활

원리」, 나침반, 114-115쪽).

잘 아는 한 자매가 있다. 그 자매는 대학 시절에 과에서 미팅하자고 해도 가지 않았다. 자기는 미팅에 안 나가도 좋은 형제 만나서 쉽게 결혼할 거라고 말했다. 과 친구들이 그러다가 영영 처녀 귀신 된다고 핀잔을 주어도 웃어넘겼다. 주위에서는 숨겨놓은 애인이 있는 거 아니냐고 놀렸다. 그 자매의 말은 언제나 똑같았다. "나는 좋은 형제 만나서 결혼할 거다." 정말 그 자매는 좋은 형제를 만나 결혼하여 누구보다도 행복한 가정생활을 하고 있다. 그 자매가 바로 내 아내다.

왜 사람이 말한 대로 다 이루어지는가? 하나님께서 우리의 말을 들으시기 때문이다.

> "원망하는바 그 원망하는 말을 내가 들었노라. 그들에게 이르기를 여호와의 말씀에 내 삶을 두고 맹세하노라. 너희 말이 내 귀에 들린 대로 내가 너희에게 행하리니"(민 14:27-28).
> "여호와께서 너희의 말소리를 들으시고 노하사 맹세하여 이르시되"(신 1:34).

이스라엘 백성이 가나안 땅에 들어가지 못한 가장 큰 이유는 그들이 부정적인 말을 하며 광야에서 죽는 것이 낫겠다고 했기 때문이다. 그래서 그들의 말대로 광야에서 다 죽었다. 광야에 있을 때는 특히 말을 조심해야 한다. 광야에 있을 때 부정적인 말을 너무나 쉽게 할 수 있기 때문이다. 그때 긍정적인 말을 해야 한다.

어려울 때 "하나님께서 더 좋은 것을 예비해 두셨다"고 말하라. "지금 비록 광야에 있지만, 곧 축복의 땅 가나안에 들어갈 것이다"라고 말하라. 그 말을 하나님께서 들으시고 가나안에 들어가게 해주신다. 여호수아와 갈렙이 가나안에 들어간 것은 그들의 지혜나 능력 때문이 아니다. 여호수아와 갈렙이 '저들은 우리의 밥이라'고 한 말을 하나님이 들으시고 가나안에 들어가게 하신 것이다.

비전은 당신의 능력으로 이루는 것이 아니다. 당신이 그 비전을 믿고 기도하고 긍정적인 말을 하면 하나님께서 이루어주신다. 지금 광야에 있는가? 지금 있는 고난을 말하지 말고 하나님께서 데려다주실 축복의 땅을 말하라. 지금 당신이 광야에 머물고 있다면 광야는 당신이 영원히 머물 곳이 아니다. 광야는 잠시 머물다 지나가는 곳이다.

오늘 당신의 입술에 부정적인 말이 완전히 사라지길 바란다. 부정적인 말만 사라지면 인생이 확 달라질 것이다. 죽고 사는 것은 실력이 아니라 말에 있다고 했다. 세상을 이기는 힘은 말이다. "세상에 믿을 사람 하나도 없다"고 말하는 자는 정말 주위에 믿을 사람 하나도 없게 된다. "세상에 믿을 사람 많다"라고 말하는 자는 주위에 믿을 수 있는 사람이 많아진다. "세상은 살수록 어렵다"고 말하는 자는 살수록 어려워지고 "세상은 살수록 재미있다"고 말하는 자는 살수록 재미있는 일이 생긴다. 자신에게 좋은 말, 타인에게 좋은 말을 하여야 한다.

당신은 당신 옆에 있는 사람의 가치를
높이는 말을 하라. 그 말이 당신의 가치를 높이다.

## 어둠이 아니라 빛을 말하라

하나님께서 최초로 하신 말씀은 바로 "빛이 있으라"였다. 하나님은 혼돈하고 공허하고 흑암이 가득한 곳에 빛을 말씀하셨다. 당신 삶이 혼돈과 공허와 흑암이 가득한 것은 이상한 일이 아니다. 그곳에 빛을 말해야 할 사람이 바로 하나님의 자녀인 당신이다. 하나님의 자녀인 당신이 가는 장소마다 최초로 해야 할 말은 빛이다. 당신이 만나는 사람마다 최초로 해야 할 말은 어둠이 아니라 빛이다.

세상 사람들은 가는 데마다, 만나는 사람마다, 혼돈하고 공허하고 어둡다고 한다. 그러나 우리는 어둠을 말하지 말고 빛을 말해야 한다. 아무리 어두워도 빛을 말해야 한다. 어두움을 확대하지 말고 빛을 확대하라. 과거의 어두움을 말하지 말고 미래의 소망을 말하라. 절망을 확대하지 말고 하나님을 확대하라. 주위가 모두 어두움이 깔릴 때 빛을 생각하고 빛을 말하는 사람이 반드시 이기는 인생을 산다.

하나님은 어떤 특별한 일을 하기 전에 먼저 말을 바꾸어 놓으신다. 하나님께서 예레미야에게 선지자로 세우겠다고 말씀하자 예레미야가 자신은 '아이'라 말을 할 수 없다고 하였다. 자신은 입술이 부정한 자라고 하였다. 하나님은 '아이'라 말하지 말라고 하셨다. 하나님은 성령의 불로 이사야의 입술을 깨끗하게 하시고 그를 선지자로 세우셨다. 하나님은 예레미야에게 부정적인 말을 하지 말라고 하시며 이사야에게서 부정적인 말을 없애 버리셨다.

하나님은 우리가 혼돈하고 공허하고 어두운 곳에서 빛을 말하는 자가 되길 원하신다. 하나님의 자녀인 우리는 언제나 말이 긍정적이어야 한다. 왜냐하면 하나님께서 언제나 긍정적인 분이라서 그렇다. 반면에 사탄의 생각과 말은 언제나 부정적이고 파괴적이다.

하나님은 아담에게 '땅의 모든 것을 다스리고 지키는 자로 살라'고 하셨다. 그러나 사탄은 아담에게 와서 "이 모든 것은 먹지 말라 하더냐?" 하고 부정적인 것을 과장하고 확대하였다. 하나님은 단 한 번도 이 동산의 모든 것을 먹지 말라 하신 적이 없었다. 단지 딱 한 가지 선악과만 먹지 말라 하셨다. 그러나 사탄은 한 가지를 전체로 만들어 부정적인 것을 확대하는 능력이 있다.

당신은 부정적인 것을 확대하는 자가 아니라 어둠이 깊은 곳에서도 빛을 보고 긍정적인 것을 확대하는 자가 되라. 당신은 세상의 빛이다. 빛이 될 것이 아니라 이미 빛이다. 예수님은 믿는 자들을 향해 너희는 세상의 빛이라고 말씀하셨다. 빛은 빛을 말해야 한다. 어두움을 말하지 말라. 그것은 당신 것이 아니다.

**특별히 당신의 권위자에 대해서 좋게 말하라.**

당신의 직장 상사는 직원들이 하는 말을 다 듣게 되어 있다. 당신이 직장 상사의 부족한 부분을 알고도 그를 존경한다면 그는 당신을 등용할 것이다. 다윗은 사울의 악함과 부족함을 너무나 잘 알았지만 한 번도 사울을 향해 창을 들지 않았다.

하나님은 때때로 당신의 인생에 사울을 두시고 당신의 태도를 보신다. 당신의 인생에 사울이 나타날 때 어떻게 말하고 행동하느냐에 따라 당신의 미래가 결정된다. 아부하라는 말이 아니라 더러운 말을 입 밖에 내지 말라는 것이며 권위에 도전하지 말라는 것이다. 모든 권위는 하나님한테서 나온다. 당신이 당신 위에 있는 자들에 대해 함부로 하는 말을 하나님이 다 듣고 계신다.

당신이 직장에서 우뚝 서길 원하는가? 그렇다면 당신의 직장 상사에 대해 좋게 말하라. 당신의 부모에 대해 좋게 말하라. 당신의 남편에 대해 좋게 말하라. 당신의 목회자에 대해 좋게 말하라.

**계속 긍정적인 말을 하라.**
죽고 사는 것이 혀의 권세에 달려 있다는 말씀을 깊이 인식하고 매일 긍정적인 말을 하라. 어떤 사람은 한 걸음 앞으로 나갔다가 두 걸음 물러선다. 하루는 긍정적으로 살다가 이틀은 부정적으로 사는 자가 있다. 믿음의 사람인 우리는 두려움과 걱정과 근심이 밀려오는 부정적인 생각을 제거하고 오직 믿음으로 승리를 생각하고 앞으로 나가야 한다. 정말 이해할 수 없는 어려운 상황이 오면 부정적인 말을 하기보다 차라리 침묵하라.

"무릇 더러운 말은 너희 입 밖에도 내지 말고 오직 덕을 세우는 데 소용되는 대로 선한 말을 하여 듣는 자들에게 은혜를 끼치게 하라"(엡 4:29).

하나님은 여리고성을 돌 때 아무 말도 하지 말라 하셨다. 이스라엘 백성이 여리고성을 돌면서 "뭐 이렇게 성을 돈다고 무슨 일이 일어나나?" "전쟁 전술에 관한 책을 다 읽어 보았지만 그냥 성을 도는 전술은 동서고금에 없어." "성 위에서 뜨거운 물이라도 부으면 다 죽는 것 아냐?" 이렇게 불평할 것을 아시고 차라리 부정적인 말을 하느니 그냥 침묵하며 전진하라고 하셨다.

하나님이 사가랴의 노년에 아들을 주시겠다고 하셨으나 그가 믿지 못하자 하나님은 하나님의 놀라운 역사를 방해하지 말고 차라리 말 못하는 자가 되라고 하셨다.

목적지를 향해 운전하는 사람은 10분은 전진 기어로 가다가 10분은 후진기어로 가지 않는다. 계속 전진기어를 넣어야만 목적지에 도착할 수 있다. 인생은 비전을 향해 가야 한다. 그러므로 매일 매 순간 긍정적인 말을 해야 한다.

질병이 있는가? 매일 조금씩 낫고 있다고 말하라. 말은 씨앗이다. 씨앗을 뿌려야 열매를 맺는 것은 당연한 이치다.

"너희는 보습을 쳐서 칼을 만들지어다. 낫을 쳐서 창을 만들지어다. 약한 자도 이르기를 나는 강하다 할지어다"(욜 3:10).

몸이 약한가? 강하다고 말하라. 그렇게 말하라고 성경이 말씀하고 있다. 지금 살기가 어려운가? 투덜거리거나 짜증 내지 말고 계속 좋아진다고 말하라.

오프라 윈프리는 결혼하지 않은 부모 밑에서 흑인으로 태어났고 할렘가에서 비참한 가난 속에서 자랐다. 그녀는 열네 살 때 원치 않는 임신을 하였는데 아기는 태어난 지 2주 만에 죽고 말았다. 그녀는 아기를 죽인 범죄자 취급을 받았다. 그녀의 인생은 불행 그 자체였다. 이렇게 비참했던 오프라 윈프리가 지금은 토크의 여왕이 되었고 미국인이 존경하는 인물 3위에 뽑히고 세계 10대 여성 중의 한 명으로 지목되었다. 지금 그녀는 9천 억 정도의 재산을 가진 부유한 사람이 되었다.

어떻게 그녀는 어린 시절의 큰 산을 이겼을까? 그녀는 자신의 불행에 대해 이렇게 말했다. "남보다 아파하는 것은 고통이 아니라 하나님이 주신 사명이다." 그녀는 자신의 삶을 긍정적으로 보았다. 그녀는 언제나 긍정적인 말을 한다. "안 돼"라고 말하지 않고 "노력해 보겠다"라고 말한다. "틀렸다"라고 말하지 않고 "다시 생각해 볼 여지가 있다"라고 말한다. "나쁘다"라고 말하지 않고 "좋지는 않아요"라고 말한다. 그녀는 언제나 긍정적인 말을 하였다.

자신을 바라보고 불행하다, 약하다, 초라하다고 말하는 자는 그렇게 된다. 말은 자기 자신을 향한 예언이다. 날마다 좋은 날이 올 것이라고 말하라. 그냥 무의식중에 나오는 말이라도 긍정적인 말을 하라. 그때 하는 부정적인 말은 자신을 향한 저주이다. 어려울 때 자신도 모르게 무심결에 나오는 "어휴, 이게 뭐야", "어휴, 되는 일이 없어", "어휴, 미치겠네." 이런 말 하지 말라. 그것은 평범한 사람이 아무 생각 없이 내뱉는 말버릇이다. 이런 말버릇은 인생을 피해자로 살게 한다. 당신은 피해자가 아니라 이기는 자다.

물이 한 방울씩 계속 떨어지면 바위를 뚫듯이 매일 계속되는 긍정적인 말이 비전을 이루게 한다.

### 축복을 말하라.

예수님은 산상수훈에서 팔복을 말씀하셨다. 예수님은 늘 사람들을 축복하는 말씀을 하셨다. 예수님은 만나는 사람마다 "낫기를 원하느냐?" 물으시며 긍정적인 것을 부추기셨다. 유대인 아버지는 자녀에게 축복을 말한다. 이스라엘 제사장은 제사드릴 때마다 축복을 말하였다. 이스라엘 사람들은 만날 때마다 하나님께서 행하신 놀라운 일들을 말하며 즐거워하였고 또 앞으로 오실 메시아를 말하고 기다렸다.

친구나 이웃을 만나면 자신의 서글픈 처지를 하소연하고 힘들었던 것을 말하지 말고 하나님의 선하심을 말하고 축복을 말하라. 좋은 미래가 나타나길 원하는가? 그렇다면 좋은 말을 던지기 바란다.

"내게 능력을 주시는 자 안에서 나는 무엇이든지 할 수 있다."

"내 안에 계신 그분과 함께 능치 못할 일이 없다."

"나는 반드시 하나님의 선하신 일을 이룰 자다."

"하나님은 선하신 분이다. 그래서 나에게 좋은 일이 계속 일어날 것이다."

"하나님의 선하심과 인자하심이 영원히 나를 따를 것이다."

"오늘도 하나님은 나를 도우신다."

"어제보다 오늘은 더 좋은 날이 된다."

당신의 미래는 실력이나 돈이 아니라 당신의 말에 달려 있다. 말로 기적을 불러 모으라. 말로 어두움을 물리치라.

1952년 에드먼드 힐러리는 세계 최고봉인 8,850m 높이의 에베레스트에 도전했으나 자신과 함께한 사람이 죽고 자신은 도중에 겨우 내려오고 말았다. 원정에 실패한 힐러리는 영국의 런던에서 기자회견을 하였다. 그 옆에는 에베레스트산의 큰 사진이 걸려 있었다. 그는 사진을 보며 말했다.

"에베레스트야, 처음엔 네가 날 이겼다. 하지만 다음엔 내가 널 이기겠다. 왜냐하면 넌 이미 성장을 멈췄지만 난 계속해서 성장하고 있기 때문이다."

그는 불과 1년 뒤 1953년 5월 29일 11시 30분 에베레스트산을 최초로 등반한 자로 역사에 기록되었다.

당신 인생에 가장 큰 산이 무엇인가? 그 산이 오늘 해결되기 바란다. 예수님은 공생애 마지막 한 주간을 보내시면서 제자들에게 산이 나타날 때 바다에 던져지라 말하면 그 말하는 대로 된다고 하셨다.

> "내가 진실로 너희에게 이르노니 누구든지 이 산더러 들리어 바다에 던져지라 하며 그 말하는 것이 이루어질 줄 믿고 마음에 의심하지 아니하면 그대로 되리라"(막 11:23).

예수님은 우리 인생에 나타나는 산에 대해 염려하거나 두려워하여 부정적인 말을 하지 말고 오히려 산을 향해 "바다로 던져지라" 하고 긍정적인 말을 하면 그대로 된다고 말씀하셨다. 당신 인생에 가장 큰 산은 무엇인가? 당신 인생에서 부정적인 말을 하게 하는 것은 무엇인가? 그 산이 오늘 바다에 던져지기 바란다. 말에는 힘이 있다. 말로 당신의 미래를 지배하라. 비전을 말로 선포하라. 말로 선포한 것은 다 이루어진다. 하나님께서 그 말을 들으시기 때문이다.

비전을 가졌는가? 말이 바뀌지 않으면 그 비전을 이룰 수 없다. 그냥 아무렇게 하는 평범한 말을 하지 말고 비범한 말을 하기 바란다. 당신은 긍정적인 말을 할 수 있다. 당신 안에 언제나 긍정적인 하나님이 계시기 때문이다.

다윗은 "천만인이 나를 에워싸 진 친다 하여도 나는 두려워하지 아니하리이다"(시 3:6). 이런 믿음을 가졌다. 절대 긍정의 비결은 하나님을 꽉 붙잡는 것이다. 하나님을 붙잡는 자는 언제나 미래가 긍정적이다. 말의 힘을 아는 당신이 이 세상을 다스릴 것이다. 원더풀 라이프는 말의 힘을 아는 당신의 것이다.

[ 소그룹 모임 / 가족 모임 3 ]
## 긍정적인 생각과 말을 하라

1. 인터넷에서 MBC방송국에 들어가서 특집 〈실험다큐-말의 힘〉(2009)를 함께 청취하라. 느낀 바를 서로 나누고, 이번 장과 연관해서 자신의 언어습관을 점검해 보자.

    — 인생은 말대로 된다. 송대관이라는 가수는 '쨍하고 해 뜰 날 돌아온단다'라는 노래를 불러서 쨍하고 해 뜰 날이 왔다. 노사연은 '만남' 이라는 노래 덕에 이무송과 결혼했다.

    — 다윗과 골리앗이 싸울 때 다윗은 "나는 만군의 하나님의 이름으로 싸운다"라고 말하였고, 골리앗은 지팡이를 들고 있는 다윗을 보고 "네가 막대기를 가지고 나오니 나를 개로 아느냐" 라고 말했다. 그래서 그는 개처럼 죽었다. 말에는 힘이 있다. 죽고 사는 것이 말에 달렸다.

2. 요즘 나의 언어습관을 살펴본 후 주로 어떤 이야기를 하는지, 그 이유와 해결책을 나눠보자.

A4 용지를 4등분으로 나누어 선을 그으라.

― 첫 번째 왼쪽 위에는 '나' 라고 쓰고, 그 밑에 요즘 자신에 대해 무엇을 말하고 있는지, 내 미래에 대해 무엇을 말하는지 써보라.

― 두 번째 오른쪽 위에는 '가족' 이라고 쓰고 그 밑에 자기가 요즘 가족들(아내, 남편, 아이들)에게 무슨 말을 하고 있는지 써보라. 잘 모르겠으면 가족들에게 물어보라.

― 세 번째 왼쪽 밑에는 '직장(이웃)' 이라고 쓰고 그 밑에 자기가 요즘 직장에서 무슨 말을 하고 있는지 써보라. 직장 상사에 대해, 회사에 대해, 동료에 대해 등.

― 마지막으로 오른쪽 밑에는 '교회' 와 '구역' 에 대해 무엇을 말하고 있는지 써보라.

그리고 나서 자신의 부정적인 말에 X, 긍정적인 말에 O를 써보라.
무엇에 가장 부정적인지 살펴본 후 그룹원들과 나누고 기도하며 결심하는 시간을 갖자.

CHAPTER 04

사랑을 향해 나아가라

"그런즉 믿음, 소망, 사랑, 이 세 가지는 항상 있을 것인데 그 중의 제일은 사랑이라"(고전 13:13).

## 사랑할 때 가장 빛나는 인생을 산다

인생은 사랑이다. 삶은 사랑이다. 삶을 가장 잘 사용하는 것은 사랑하는 것이다. 사랑하지 않고 행복한 사람은 아무도 없다. 사도 요한은 사랑하지 않는 사람은 살아 있지만 죽은 사람이라고 말했다.

"사랑하지 아니하는 자는 사망에 머물러 있느니라"(요일 3:14).

만약 우리 삶에 사랑이 부족하다면 요한이 말한 것처럼 이미 죽은 자와 다를 바 없다. 사도 바울은 고린도전서 13장 1~2절에서 사랑이 없다면 모든 비밀을 아는 능력이 있다고 해도, 세상의 모든 지식을 알아도, 산을 옮길 만한 믿음이 있어도 아무것도 아니라고 말한다.

모든 비밀을 다 아는 예언하는 능력은 얼마나 대단한가? 만약 내일 주식이 어떻게 될 것을 미리 아는 사람이 있다면 세상에서 제일 큰 부자가 될 것이다. 모든 지식을 아는 사람은 얼마나 엄청난 사람인가? 만약 신약을 개발하여 암을 치유하는 지식을 가졌다면 온 세상이 떠들썩할 것이다.

산을 옮길만한 믿음은 또 얼마나 엄청나겠는가? 어떤 사람이 큰 믿음으로 거대한 산을 옮겼다면 세상이 얼마나 요란하겠는가? 어떤 병이든지 기도만 하면 다 낫는다면 그는 정말 세계적인 인물이 될 것이다. 그러나 성경은 그런 능력을 가진 사람이라 하더라도 사랑이 없으면 아무 쓸모없는 사람이라고 말한다.

결론적으로 말하면 사랑이 없는 삶은 가치가 없는 삶이라는 것이다. 대부분의 사람은 자기 주위 사람들에게 사랑을 표현하는 것을 별것 아닌 것처럼 생각한다. 하지만 성경은 사랑하며 사는 것이 삶의 전부라고 말씀하신다.

하나님은 우리가 모두 풍성한 삶을 살기를 원하신다. 어떻게 살면 가장 풍성한 삶이 될까? 온 세상을 다 살릴 큰 비전을 가지면 될까? 물론 비전도 있어야 한다. 하지만 비전보다 더 중요한 것은 사랑이다. 최고의 삶을 원하는가? 그렇다면 비전과 함께 사랑을 향해 나아가기 바란다. 그 길이 better than good이다. 좋은 것보다 더 나은 길, 즉 최고의 삶이다.

사람이 죽어갈 때 가장 후회하는 것은 무엇일까? 아버지는 죽어가면서 자녀들에게 "내가 너희들을 조금 더 사랑하지 못한 것을 후회한다"고 말하고 남편은 아내에게 "내가 당신을 좀 더 사랑하지 못한 것을 후회하오"라고 말한다. 사람에게 가장 큰 영향을 주는 것은 지식이나 돈이 아니라 사랑이다.

똑똑한 사람이나 멋있는 사람보다 사랑의 사람으로 살라. 그것이 예수님을 닮은 삶이다. 삶의 종착역에 도착한 사람은 대부분 충분히 사랑하지 못한 것을 후회한다. 풍성한 사랑을 베푸는 사람은 후회 없는 삶을 살게 된다.

## 최고의 삶을 살려면 자신을 사랑하라

남을 사랑하기 전에 먼저 자신을 사랑해야 한다.

"예수께서 이르시되 네 마음을 다하고 목숨을 다하고 뜻을 다하여 주 너의 하나님을 사랑하라 하셨으니 이것이 크고 첫째 되는 계명이요 둘째도 그와 같으니 네 이웃을 네 자신 같이 사랑하라 하셨으니 이 두 계명이 온 율법과 선지자의 강령이니라"(마 22:37-40).

예수님은 인생 최고의 삶은 하나님을 사랑하는 것이고 그다음은 이웃을 자기 몸과 같이 사랑하는 것이라고 하셨다. 여기에 이웃을 사랑하기 전에 자신을 사랑할 것을 전제로 하고 있다. 자신을 초라하게 보는 자는 남을 사랑할 힘이 없다. 자기 우물에 물이 가득한 사람이 이웃에게 물을 나누어 줄 수 있다. 자기 마음에 사랑이 가득한 사람은 이웃에게 사랑을 나누어 줄 수 있지만, 마음에 사랑이 다 말라 버린 사람은 주위 사람들에게 사랑은커녕 상처만 주는 자가 된다.

남편이 마음에 안 드는가? 내 속에 사랑이 없는 것이다. 주위 사람들에게 짜증이 나는가? 내 속에 사랑이 없는 것이다. 자신을 사랑하지 못하는 자는 이런 말을 자주 한다.

"하나님은 내게 관심이 없으시다."

"나는 사랑스럽지도 않고 쓸데없는 사람이다."

"아무도 날 사랑하지 않는다."

"나는 하는 일마다 안된다. 나는 내가 봐도 매력이 없다. 누가 날 좋아하겠어."

하나님은 당신이 일을 잘하고 못하고 상관없이 그냥 사랑한다.

만약 나에게 한두 살 된 아들이 있다고 하자. 밖에 나가서 조금 전에 입혀놓은 옷을 엉망으로 만들어 놓고 입에 모래를 묻히고 있다면 내가 그 아들을 사랑하지 않고 버리겠는가? 아니다. 그 아들을 껴안고 집으로 와서 씻기고 깨끗한 옷을 입힐 것이다.

하나님은 당신이 잘못하였을 때도 여전히 사랑한다. 하나님은 당신의 약점 지적하길 좋아하시는 분이 아니다. 하나님은 당신의 죄 때문에 당황하시지 않는다. 하나님은 당신의 실수에 집착하지 않는다. 당신의 모든 실수와 허물은 예수님이 십자가에서 다 해결하셨다.

하나님은 당신이 무엇을 했든 간에 당신이 하나님의 자녀이기에 그 행위와 상관없이 여전히 사랑하신다. 하나님은 우리를 한 번 사랑하시면 끝까지 사랑하시는 분이다.

"자기 사람들을 사랑하시되 끝까지 사랑하시니라"(요 13:1).

하나님이 우리를 사랑하신다는 것은 성경의 진리이다. 이 진리를 믿고 자신을 사랑하면 최고의 길이 열릴 것이다.

브라이언 하버의 책 「Rising above the Crowd」(사람들 위로 우뚝 솟다)에 보면 벤 후퍼의 이야기가 실려 있다. 미국 테네시 산속 마을에서 미혼모의 아들로 태어난 벤 후퍼는 주위 친구들에게 따돌림을 받으며 자랐다. 벤의 어머니는 주말이면 아들을 데리고 한 주 동안의 생필품을 사기 위해 슈퍼마켓에 갔다. 그럴 때면 동네 사람들이 저 애는 누구 아이일까 하며 모진 말을 하였다.

어린 벤은 여섯 살이 되어 초등학교에 들어갔으나 친구 없이 혼자 공부하고 혼자 도시락을 먹었다. 벤이 열두 살 때 그 마을에 새로운 목사님이 부임하였다. 그 목사님은 참 좋은 사람이라고 소문이 났다. 벤은 교회에 가 본 적이 없었지만, 호기심이 생겨 다른 사람의 이목을 피해 예배 시간에 늦게 조용히 들어갔다가 예배 끝나기 전에 일찍 나오곤 하였다.

시간이 흘러 어느 날 벤이 주일 예배를 드리는데 하나님께서 "너에게도 희망이 있단다" 말씀하시는 것 같았다. 문득 정신을 차리고 보니 예배가 벌써 끝났고 통로에는 이미 사람이 가득 차 있었다. 문 곁에 있던 목사님은 벤에게 "너는 누구의 아들이냐" 하고 물었다.

교회 안이 순식간에 조용해졌다. 몸 둘 바를 몰라 하는 벤에게 목사님은 이렇게 말하였다.

"나는 네가 누구의 아들인지 알고 있단다. 가족은 서로 닮는 법이니까. 너는 하나님의 아들이구나."

목사님은 벤의 등을 만지며 "아주 훌륭한 집안에서 태어났구나. 그분께 부끄럽지 않게 살아라." 벤은 이제 아버지 없는 아들이 아니라 하나님의 아들이 되었다. 자신이 누구인지 대한 그림이 바뀌자 벤의 삶은 모든 면에서 달라졌다. 오랜 세월이 흐른 뒤 벤 후퍼는 자신은 그날 테네시 주지사로 선출되고 재선출까지 되었다고 말하였다.

당신은 하나님의 자녀다. 혹시 열등감이나 우울감에 빠진 사람이 있다면 오늘 당신이 하나님의 자녀라는 말씀을 붙잡고 하나님의 자녀다운 자존감을 가지기 바란다. 자신을 멸시하거나 비난하는 것은 하나님을 비난하는 것이다. 하나님이 당신을 만드셨기 때문이다. 당신이 하나님의 작품이라는 것을 정말 믿는다면 자신을 사랑하라.

"난 내가 참 좋다"고 말하라. 나는 매일 산에 올라가는데 목적지에 오르면 "난 내가 참 좋다"라고 외친다. 얼마나 행복해지는지 모른다.

"난 내가 참 좋다."

"난 하나님의 사랑을 받는 자다."

"나는 하나님의 사랑을 많이 받는 행복한 사람이다."

하나님께서 내게 주신 최고의 선물은 바로 '나'다. 선물을 자꾸만 다른 곳에서 찾으려고 하지 말라. 내가 나를 사랑하지 않으면 누가 나를 사랑하겠는가? '난 내가 참 좋다'는 말을 하루에 10번씩만 해보라. 인생이 달라질 것이다. 내 마음의 사랑은 타인이 아닌 내가 채우는 것이다. 하나님께서 당신 때문에 기쁨을 이기지 못하신다는 것을 믿으라.

"너의 하나님 여호와가 너의 가운데에 계시니 그는 구원을 베푸실 전능자이시라. 그가 너로 말미암아 기쁨을 이기지 못하시며 너를 잠잠히 사랑하시며 너로 말미암아 즐거이 부르며 기뻐하시리라 하리라" (습 3:17).

"여호와께서는 자기 백성을 기뻐하시며"(시 149:4).

혹시 지금 마음이 좋지 않은가? 어린아이가 울다가 다시 엄마를 보고 행복해하듯이 하나님을 보고 행복한 마음을 가지라. 마음에 하나님을 가득 채우라. 그러면 사랑이 가득 찰 것이다. 하나님은 사랑이시다. 당신 때문에 기쁨을 이기지 못하시는 하나님을 바라보고 행복의 옷을 입으라. 그 옷이 최고의 옷이다. 그리고 지금 환하게 웃어보자.

최악을 기다리지 말고 최고를 기대하라.
자기 자신이 먼저 천국이 되어 살라.
온 세상이 다 천국으로 보일 것이다.
자기 안에 사랑이 넘치는 사람이 사랑이 넘치는 세상을 살아간다.

자기 자신을 사랑하는 자는 자기만족이 있다. 자기만족이 있는 사람은 주위 사람에게 여유롭게 대한다. 주위 사람을 비판하지 않고 사랑으로 대한다. 연애할 때는 세상이 아름답게 보였다. 입술에 노래가 있었다. 누군가 발을 밟아도 씩 웃었다. 그 이유는 그 마음 안에 사랑이 가득하였기 때문이다. 마음에 사랑이 가득할 때 온 세상이 다 천국으로 보이고 주위 사람들에게 여유로워진다. 하나님과 연애하라. 그리고 하나님께서 당신을 사랑하신다는 것을 느끼라.

하나님께서 당신을 소중하게 여기심을 깨달으라. 하나님께서 당신을 얼마나 귀히 여기시는가? 예수님을 죽게 하여 당신을 살릴 만큼. 하나님께서 소중히 여기는 당신을 귀히 여기라. 당신 자신을 사랑하라. 당신 안에 사랑을 가득 채우라.

최고의 인생을 살고 싶은가? 당신 안에 사랑을 풍성히 채우라. 당신에게 있는 최고의 잠재력은 그 풍성한 사랑이다. 풍성한 사랑이 넘치는 자에겐 생각지도 않았던 기회가 몰려온다. 계획하지 않았던 축복이, 생각지 않았던 도움이 올 것이다. 절대 낫지 않을 것으로 생각했던 질병이 치유될 것이다. 풍성한 사람이 넘치는 자에겐 창조적인 아이디어가 쏟아진다.

만약 당신이 장사하는데 당신에게 풍성한 사랑이 가득하다면 그 사랑 하나만으로도 백배 이상의 매상을 올리게 될 것이다. 만약 당신이 사업을 하는 사람인데 당신에게 풍성한 사랑이 가득하다면 그 사랑 하나만으로도 창조적인 아이디어가 쏟아질 것이다. 만약 당신이 학생인데 당신에게 풍성한 사랑이 가득하다면 그 사랑 하나만으로도 10배 이상의 지혜가 생길 것이다. 만약 당신이 의사인데 당신에게 풍성한 사랑이 가득하다면 그 사랑 하나만으로도 10배 이상의 치유가 나타날 것이다.

당신에게 다른 자격이 없다 할지라도 사랑 하나만으로도 반드시 이기는 인생을 살 수 있다. 반면에 세상의 모든 것 다 가졌다고 할지라도 사랑이 없다면 당신은 실패의 길을 가는 것이다. 당신은 매일 매 순간 풍성한 사랑으로 인생을 살라. 그리고 최고의 삶을 맛보라. 하나님을 사랑하고 자기 자신을 사랑하는 자에겐 최고의 삶이 펼쳐진다.

## 최고의 삶을 살려면 이웃을 사랑하라

예수님은 네 이웃을 네 몸과 같이 사랑하라고 하셨다. 사도 바울은 사랑이 없다면 모든 비밀을 아는 능력이 있다고 해도, 세상의 모든 지식을 알고 있다고 해도 산을 옮길 만한 믿음이 있다고 해도 아무 것도 아니라고 말했다.

"사랑이 없으면 내가 아무것도 아니요"(고전 13:2).

사도 바울은 사랑이 없는 삶은 'Nothing' 즉 '무'라고 말한다.

"사랑치 아니하는 자는 사망에 거하느니라"(요일 3:14).

사도 요한은 사랑하지 않는 자는 살아 있지만 죽은 자라고 말한다. 바울과 요한의 말은 사랑이 없는 삶은 가치가 없다는 것이다. 비전보다 더 중요한 것이 사랑이다. 성경은 사랑하며 사는 것이 삶의 전부라고 말씀하신다. 큰 비전을 이루었는데 사랑이 없다면 그것은 속이 텅 빈 고목과 같다. 삶에서 사랑을 빼면 아무것도 남지 않는다. 그래서 우리는 사랑을 향해 나아가야 한다.

이 세상은 사랑하다 천국을 가는 여정이다.
인생은 사랑하는 사람을 많이 만드는 길이다.

이 세상을 가장 잘사는 비결은 사랑을 많이 하는 것이다. 우리가 천국에 가면 우리의 학력이나 돈이나 우리의 유명을 묻지 않는다. 하나님은 우리가 이 세상을 살았을 때 얼마나 사랑을 베풀며 살았는지 물어보실 것이다.

사랑은 참으로 소중하다. 삶을 가장 잘 사용하는 것은 사랑하는 것이다. 사랑하지 않고 행복한 사람은 아무도 없다. 인생은 사랑하며 살 때 진짜 잘 사는 것이고 일찍 천국을 앞당겨 사는 것이다. 사랑은 배워야 할 가장 중요한 삶의 기술이다.

미국 시카고에 사는 한 흑인 가족의 이야기이다. 이 가족의 아버지는 보험 덕분에 죽으면서 유산을 남겼다. 가족은 2억을 물려받게 되었다. 어머니는 그 돈을 숲 근처에 있는 작은 집을 사는 데 쓰고 싶었다. 집 앞에는 꽃이 만발한 화분도 있고 창가로 햇빛이 들어오는 목조 건물을 꿈꾸었다.

그런데 문제는 아들이 사업에 착수하기 위해 그 돈을 원한다는 것이었다. 이 청년은 재정이 없어 한 번도 사업의 기회를 얻지 못했다. 그때 사업 아이디어를 가진 친구가 나타났다. 이 친구는 자기와 함께 사업을 시작하면 큰돈을 벌 수 있다고 그 아들을 설득하였다. 그러면 그 아들은 가족을 위해 좋은 일을 할 수 있을 것이다. 아들은 어머니에게 돈을 달라고 애걸하였다. 그 어머니는 처음엔 거부하였지만 결국 아들의 간청을 들어주었다.

며칠 후에 아들의 친구가 그 돈을 가지고 도주하였다는 소식을 들었다. 어깨가 축 처진 채 고개를 떨군 아들은 어머니에게 자초지종을 털어 놓았다. 그의 말을 들은 누이는 자제하지 않고 험한 말로 동생의 마음을 찢어 놓았다. 멸시하는 말을 퍼부었다. 가족 모두가 살 수 있는 유일한 수단을 잃어버렸다고 비명을 질렀다. 누이가 한바탕 비난 퍼붓기를 그치자 어머니는 딸에게 말했다. "나는 너에게 동생을 사랑하라고 가르쳤다."

딸이 대꾸하였다. "저 녀석을 사랑하라고요? 사랑할 만한 게 하나도 없어요."

그러자 어머니는 이렇게 말한다.

"사람은 언제나 사랑할 만한 무언가가 있는 법이다. 네가 그것을 배우지 못했다면 너는 아무것도 배우지 못한 거란다. 너는 오늘 동생을 위해 울어봤니? 너 자신이나 가족을 위해 운 것 말고 저 애를 위해, 저 애가 겪은 일과 속상한 마음을 위해 말이야. 딸아, 너는 누군가를 가장 사랑해야 할 때가 언제라고 생각하니? 그 사람이 가장 좋을 때라고 생각하니? 누군가를 가장 사랑해야 할 때는 그 사람이 가장 낮아졌을 때란다. 왜냐하면 세상이 그를 그렇게 채찍질했기 때문이지."

사랑하면 비난하기보다 상대방의 실수를 덮어주게 된다. 사랑하면 질책하기보다 많이 참아준다. 사랑하면 의심하기보다 신뢰하게 된다. 사랑하면 무엇을 요구하기보다 내 것을 내어준다. 사랑은 배워야 하는 삶의 가장 중요한 기술이다. 사랑은 할수록 커진다.

예수님은 '사랑하라'고 명령하셨다. 이 명령은 순종으로 생기는 근육이다. 이 명령은 배워야 한다. 사랑하면 적이 친구로 변한다. 사랑의 씨를 뿌려 놓으면 생각지도 않았던 기회가 온다.

어떤 목사님의 간증이다.

대학 시절에 같이 공부한 후배가 신학을 공부하고 가끔 연락이 와서 추천서를 써 달라고 했다. 이 목사님은 언제나 좋게 추천서를 써서 도와주었다. 또 갑자기 전화가 와서 자신이 섬기고 있는 교회에 와서 집회해 달라고 하면 억지로 시간을 내어서 집회도 하였다. 속마음으로는 별로 내키지 않았지만 언제나 사랑으로 대해주었다.

어느 날 또 그 후배에게서 연락이 왔다. 자신이 어디에서 집회하려는데 그곳에 와서 특강을 해달라고 하였다. 또 차를 몰고 그 집회에 갔다. 집회 후 그곳에서 한 장로님을 만났다. 그 장로님께서 1시간 동안 목사님과 대화를 나누고 자신이 다니는 교회에 집회를 요청하였다. 그 후 이 목사님은 그 교회에서 사역하게 되었다.

사랑은 모든 성공 뒤에 은밀하게 감추어진 놀라운 힘이다. 당신이 그냥 좋아하는 사람만 사랑하고도 지금 정도로 살았다면 지금부터 싫어하는 사람도 사랑하며 산다면 정말 생각지도 않은 놀라운 일이 펼쳐질 것이다.

당신이 만나는 모든 사람을 사랑으로 대하라. 당신의 상사를 사랑하라. 당신의 친구들을 사랑하라. 당신의 후배들을 사랑하라. 그들은 모두 당신이 탁월한 길로 가도록 도와줄 디딤돌이다.

## 진심 어린 사랑의 말이 세상을 바꾼다

사랑의 말은 칭찬과 용서, 위로, 격려 등으로 나타난다. 세상 모든 사람은 사랑의 말을 듣고 싶어 한다. 세상 모든 아이는 부모에게 사랑의 말을 듣고 싶어 한다. 세상 모든 아내는 남편에게 사랑의 말을 듣고 싶어 한다. 아담이 처음 하와를 보았을 때 "내 뼈 중의 뼈요 살 중의 살이라"고 고백하였다. 그 당시에는 이 말이 가장 로맨틱한 말이었다.

그런데 그가 범죄한 후 이 여자 때문에 선악과를 먹었다고 공격하였다. 아담은 조금 전에 사랑의 말을 하였지만 곧 비난의 말을 하였다. 이미 에덴동산 안에서 아담의 낙원이 깨진 것이다. 사랑의 마음이 사라지면 에덴동산은 깨진다. 우리는 무슨 상황이 와도 사랑의 말을 해야 한다.

잘했는지 못했는지는 그렇게 중요하지 않는다.
옳고 그름보다 더 중요한 것은
넘어진 사람을 도와주는 것이다.

옳고 그름을 따지기 시작하면 그 장소가 지옥이 되고 사랑하며 살기로 결심하면 그 장소가 천국이 된다. 옳고 그름을 따지는 곳에는 사탄이 역사하고 허물을 덮고 사랑하는 곳에는 하나님께서 역사한다.

자동차 판매를 잘하는 사람은 자동차를 팔려고 하기보다 고객에게 평소에 사랑의 메시지를 보내고 편지나 카드를 보낸다고 한다. 세계 최고의 자동차 판매왕인 조 지라드는 언제나 고객들에게 "I like you"(저는 당신이 좋습니다)라는 말을 자주 한다고 하였다.

나는 아이들에게 "나는 너희들만 보면 기분이 좋아진다", "너희들이 우리 집에 태어나 주어서 고맙다", "너희들은 아빠에게 주신 최고의 선물이다"라는 말을 자주 한다. 우리 부모 세대는 자녀에게 별 칭찬을 하지 않았다. 유교 문화의 영향을 크게 받아서 자식 칭찬하면 팔불출이라며 멀리하였다. 내가 어린 시절 크리스마스 이브 날 독창을 하게 되었다. 아버지는 "되게 사람이 없나보다"라고 말씀하였다. 내 아들이 첫 산토끼 노래를 할 때 어머니에게 전화해서 "어머니 우리 아들이 산토끼 노래를 하는데 한번 들어 보실래요?" "아구마, 니 친구 아들은 고등학교 다니는데 이제 산토끼 노래하나, 고마 끊어라."

칭찬은 큰 힘이 있다. 당신 주위에 있는 사람에게 사랑의 말을 해줄 때 그 사람은 보석처럼 빛나게 된다. 히딩크 감독이 선수들을 칭찬해 주어서 선수 안에 있는 최고의 잠재력이 나왔다. 사장이 직원을 칭찬하면 능률이 최고로 오른다.

남아프리카 미개 부족의 하나인 바벰바 족 사회에서는 범죄 행위를 한 자를 마을 한복판 광장에 데려다 세운다. 마을 사람은 모두 광장에 모여들어 죄인을 중심으로 큰 원을 이루어 둘러선다. 그리고 한 사람씩 돌아가며 모두가 들을 수 있는 큰소리로 한마디씩 외친다. 그 외치는 말의 내용은 죄를 지어 가운데 선 사람이 과거에 했던 좋은 일들이다. 그의 장점, 선행, 미담이 하나하나 열거된다. 죄지은 사람을 비난하거나 욕하거나 책망하는 말은 결코 한마디도 해서는 안 되고 꼭 좋은 것만 말하게 되어있다. 몇 시간이고 며칠이고 걸쳐서 칭찬의 말을 바닥이 나도록 다하고 나면 그때부터 축제가 벌어진다.

사랑은 이 세상에서 가장 강력한 무기이다. 예수님은 이 사랑으로 세상을 정복하였다. 예수님의 제자인 우리도 사랑으로 세상을 리드해야 한다.

언청이였던 한 소녀는 늘 의기소침해하고 열등감 속에 살았다. 그런데 어느 날 새로 온 학교 선생님이 그녀의 귀에다 한 말이 그녀의 인생을 바꾸고 말았다. 그녀는 그 말을 듣고 그 자리에서 너무 놀라 꼼짝도 못 하고 그만 얼어붙었다. 눈물이 볼을 따라 하염없이 흘렀다. 선생님 말씀 한마디가 점점 커져 그 소녀의 가슴속을 가득 채웠다.

"네가 내 딸이면 좋겠구나!"

그러므로 사랑을 구걸하지 말라. 사랑은 베풀고 잊어야 진짜다. 뉴욕에 사는 한 노부인은 만나는 사람마다 붙잡고 자신이 얼마나 외로운지 하소연했다. 그러나 노부인의 과장된 하소연의 진심을 이해하는 사람은 아무도 없었고 친척조차 그녀와 가까이하려 하지 않았다. 이것은 너무나 당연했다. 그녀는 일단 누군가가 찾아오면 그 사람을 붙잡고 몇 시간이고 끊임없이 불평을 말한다.

먼저 그녀 자신이 조카와 어린이들을 얼마나 사랑하는지 말한다. 이를테면 조카들이 백일해나 홍역에 걸렸을 때 그녀가 얼마나 정성껏 보살펴 주었는지 조카들을 어떻게 키웠는지 조카들이 자라고 나서는 학교에 다닐 수 있도록 어떻게 도왔는지 또 조카들이 결혼하고 사회적으로 성공하는 데 어떤 도움을 주었는지 등에 대해 말한다.

그녀가 이렇게 끔찍이 사랑했던 조카들은 얼마나 자주 그녀를 찾아왔을까? 이들은 일종의 의무감에서 아주 가끔 그녀를 찾아올 뿐이었다. 이들 역시 노부인의 집에 들어서는 순간부터 마치 접착 의자에 앉은 듯 꼼짝 못 하고 앉아서 몇 시간이고 계속되는 똑같은 이야기 듣는 것을 두려워했다. 그녀의 이야기는 해도 해도 끝나지 않았고 바로 그 점이 조카들의 마음을 멀어지게 만들었다(허우슈선, 「케임브리지 교수들에게 듣는 인생철학 51강」, 황소자리, 66쪽).

타인의 배은망덕에 대해 말하지 말라. 타인에게 베푼 사랑에 대해 그때 참 행복했다고 말하라. 당신의 입에서 나오는 모든 말은 사랑의 말이 되게 하라. 그 사랑의 말이 당신의 인생을 최고의 인생으로 이끌어 갈 것이다.

## 사랑하면 행동한다

사랑의 행동에는 친절과 배려, 용서와 섬김 등이 있다. 예수님은 사랑의 행동을 보여주셨다. 유대인들이 미워하고 저주하는 세리장 삭개오의 집에 담대하게 들어가셨다. 유대인들이 절대로 가까이 하거나 만지지 않는 문둥병자의 몸에 손을 대고 치유해 주셨다. 자신을 팔 계획을 가진 가룟 유다의 발도 씻겨주셨다. 예수님은 자신이 제자들의 발을 씻겨주셨듯이 우리에게도 그런 사랑의 행동을 하라고 명령하셨다.

예수님은 언제나 사랑을 향해 움직이셨다. 예수님의 산상수훈은 사랑의 행동을 명하시는 것이다. 오 리를 가자면 십 리를 가주는 '오 리 추가'를 사랑의 행동이라고 말한다. 오른뺨을 때리면 왼뺨도 내주는 '손해 추가'를 사랑의 행동이라고 말한다. 겉옷을 달라면 속옷까지도 주는 '배려 추가'를 사랑의 행동이라고 말한다. 사랑의 행동이 우리 삶을 최고의 삶으로 이끌어준다.

사람은 본능적으로 이기적이고 자기중심적이다. 우리가 예수 믿고 세례를 받는 것은 이 이기심을 죽이고 내 안에 예수를 세우는 것이다. 하나님은 우리가 작은 물 한 컵이라도 사랑으로 건네면 갚아주는 분이시다.

미우라 아야코는 초등학교 교사를 하다 결핵에 걸려 13년간 긴 요양생활을 하였다. 그녀는 결혼하고 자기 집에서 조그마한 구멍가게를 열었는데 너무 잘되어 길 건너편 가게에 손님이 없다는 것을 알게 되었다. 그녀는 그 맞은편 가게를 위해 일찍 문을 닫고 저녁 6시 이후에는 길 건너 가게로 가라고 적어 두었다. 얼마 후 자신이 쓴 소설 「빙점」이 아사

히신문사에서 공모한 일천만 엔 현상 장편소설에 당선되어 순식간에 유명한 여류 작가가 되었다.

하나님은 사랑의 행위를 보고 축복하신다. 하나님은 사랑이시기 때문이다. 사랑해야 복이 들어오고 행복해진다. 축복은 사랑의 행동이라는 문을 통해 들어온다.

부산에 있는 한 장로님 부부는 둘 다 의사다. 둘 다 돈을 벌다 보니 돈이 많은 줄 알고 별의별 사람이 다 찾아와서 도와달라고 한다. 돈을 관리하는 권사님은 언제나 사랑으로 사람들을 대해주었다. 한번은 먼 친척이 찾아와서 돈이 급하니 땅을 좀 사달라고 하였다. 아무 쓸모없는 산 구석에 있는 땅이었다. 아무도 그 땅을 사지 않는다. 권사님은 사랑의 마음으로 그 땅을 그냥 샀다. 그런데 10여 년의 세월이 흘러 그 땅 위로 고속도로가 났다. 그 쓸모없는 땅이 큰돈이 되었다. 권사님 여생을 편하게 살 수 있는 돈이 되었다. 축복은 사랑의 문을 통해 들어온다.

사랑의 행동은 최고의 삶을 살게 해준다. 할 수만 있다면 사랑을 향해 움직이라.

어느 목사님의 글이다.

"금요일 저녁 여덟 살 난 아들이 내게 와서 암이 무엇이냐고 물어보았다. 나는 아들을 앉혀놓고 사전을 읽어가면서 설명해 주었다. 나는 그걸 왜 묻는지 물어보았으나 아이는 한사코 말해주지 않았다. 결국 나는 책을 덮고 이유를 말해주지 않으면 더 이상 설명해 주지 않겠다고 하였다. 그러자 하는 말이 몇 주 동안 학교에 나오지 않은 자기 반 친구 하나가 암에 걸렸다는 것이다. 그런데 그 애 머리카락이 하나도 없어서 친구들이 그 애를 놀리고 있다는 것이다. 자기와 다른 친구 하나는 그 아이에게 잘해주려고 한다고 말하였다. 아들은 자기의 친한 친구와 함께 암에 걸린 친구를 놀리지 못하도록 무엇인가를 하기로 했다는 것이다. 무슨 일을 할 것인가 묻자 자기들도 그 암에 걸린 아이와 같이 머리를 밀기로 했다는 것이다. 나는 아들 녀석의 마음에 가슴이 찡했다. 나는 즉시 아들 친구 집에 전화했다. 그 아이의 부모 역시 방금 그 얘기를 나누었다고 하였다. 우리는 다음 날 아침 이발소에서 만나 두 아이의 머리를 밀게 해주었다. 이 두 아이는 학교 종업식 날 선행상을 받게 되었다."

삶을 가장 아름답게 하는 방법은 지금 사랑하는 것이다. 사랑을 미루지 말라. 사랑하기에 가장 좋은 시간이 바로 지금이다. 우리에겐 내일이 있다고 장담할 수 없다.

삶을 가장 아름답게 하는 방법은 먼저 사랑하는 것이다. 다른 사람이 사랑해 주길 기다리지 말라. 인생은 먼저 사랑할수록 아름다워진다. 소극적인 사랑을 하지 말고 사랑의 주도권을 가지라. 먼저 사랑하는 사람이 성숙한 자다.

삶을 가장 아름답게 하는 방법은 가까운 자를 사랑하는 것이다. 지금 곁에 있는 자들을 사랑하라. 최고의 삶은 사랑하는 삶이다.

인간관계가 좋을 때 반드시 이기는 인생을 누린다. 매일 사랑이 충만한 마음으로 새날을 맞이하라. 오늘을 내 인생 마지막 날처럼 생각하고 주위에 있는 이들을 사랑하라. 오늘이 아내를 사랑할 마지막 날이라고 생각하고 사랑하라. 그렇게 생각하면 화낼 일도 없고 짜증 낼 일도 없다. 오늘이 아들을 사랑할 마지막 날이라고 생각하고 사랑하라. 꾸중하기보다 한 번 더 안아 주게 될 것이다.

"네 손이 선을 베풀 힘이 있거든 마땅히 받을 자에게 베풀기를 아끼지 말며"(잠 3:27).

손이 움직이는가? 손이 움직이지 않는 날이 오기 전에 따뜻하게 안아 주라. 혀가 움직이는가? 혀가 움직이지 않는 날이 오기 전에 사랑한다고 말하라. 눈이 보이는가? 눈이 보이지 않는 날이 오기 전에 사랑의 눈빛을 보이라.

사랑을 향해 행동하는 것은 가장 하나님다운 삶이 된다. 우리 눈에 보이는 모든 것은 다 하나님 사랑의 행동으로 나타난 것이다. 파란 하늘, 따스한 햇볕, 시원한 바람, 아름다운 꽃, 황홀한 석양, 은빛 물결, 새들의 지저귐, 풀벌레 소리, 밤하늘의 은하수, 맛있는 과일, 사랑스러운 가족…. 찐한 사랑의 편지인 성경.

정말 최고의 인생을 살고 싶은가? 사랑을 향해 행동하면 된다. 먼저 가족을 사랑하라. 부모를 사랑하라. 행복의 첫 단추이다. 형제자매를 사랑하라. 형제는 하늘이 맺어준 우정이다. 교우들을 사랑하라. 영원히 천국에서 볼 자이다. 사랑을 향해 행동하는 자에겐 최고의 기회가 온다.

당신이 큰 사랑을 살지 않아도 지금 그런대로 살고 있지 않은가? 만약 당신이 주위에 있는 모든 자를 사랑하며 산다면 상상도 할 수 없는 엄청난 축복의 기회가 몰려올 것이다. 사랑은 내 것을 주는 것이다. 사랑은 내 시간을 주는 것이다. 사랑은 내 돈을 주는 것이다. 사랑은 내 관심을 주는 것이다. 사랑은 기쁜 마음으로 내가 손해 보는 것이다.

몇 년 전 여름에 우리 가족이 인도네시아에 가서 선교사님 집에 묵었다. 우리가 묵었던 집 앞에 야외 풀장이 있었는데 그 풀장은 언제나 1%의 물이 흘러넘쳤다. 그래서 나뭇잎이 떨어지고 먼지가 앉아도 언제나 1%의 물이 흘러넘쳤기에 나뭇잎이 풀장 밖으로 다 흘러넘쳤다. 그런데 이 풀장이 고장 나자 하루이틀 만에 풀장 안이 나뭇잎과 더러운 찌꺼기로 금방 오염되었다. 이 1% 흘러넘치는 물이 아주 중요하다.

사람도 부부간에 서로가 1% over 할 때 정말 행복해진다. 교인들에게 1% over 하면 행복해진다. 1% 오버하라. 1% 더 웃으라. 1% 더 행복해하라. 사랑을 향해 행동하는 자에겐 최고의 날이 온다. 오늘도 자신이 먼저 천국 되어 살라. 최고의 날이 올 것이다.

사랑은 화내지 않는 것이다. 사랑은 비판하지 않는 것이다. 사랑은 짜증 내지 않고 기다리는 것이다. 이것은 소극적인 사랑이다. 적극적인 사랑은 주는 것이다. 미소를 주는 것이다. 참아주고 안아 주는 것이다. 선물을 주는 것이다. 도와주는 것이다. 칭찬하는 것이다. 실수를 덮어 주는 것이다.

누군가를 사랑한다는 것은 그가 최고가 되도록 도와주는 것이며 그 사람 안에 있는 보물을 발견할 수 있도록 도와주는 것이다. 사랑은 최고의 인생을 살게 해준다.

태어난 지 얼마 안 된 쌍둥이의 이야기를 기억하는가? 쌍둥이 중 한 아기가 심장에 큰 결함을 안고 태어났는데 의사는 하나같이 그 아이가 곧 죽게 될 것이라고 말했다. 그때 한 간호사가 쌍둥이를 하나의 인큐베이터 안에 함께 두자고 말했다. 의사는 고민하다가 엄마의 자궁에서처럼 둘을 나란히 눕혔다.

그러자 건강한 아기가 팔을 뻗어 아픈 동생을 감싸 안았다. 갑자기 아무런 이유도 없이 동생의 심장이 안정을 되찾기 시작했고 혈압이 정상으로 돌아왔다. 현재 두 아이는 모두 정상으로 잘 자라고 있다. 소문을 들은 한 신문사 기자가 사진을 찍고 이렇게 제목을 붙였다. "생명을 구하는 포옹."

사랑엔 기적이 있다. 진정한 기적은 사랑을 통해 일어난다. 사랑보다 더 큰 치유책은 없다. 당신이 기적의 주인공이 되라. 당신이 호흡할 때 하나님의 사랑을 흠뻑 들여 마시고 당신 주위에 하나님의 사랑을 뿜으라. 당신 주위에 있는 자들은 다 사랑하라고 붙여주신 하나님의 선물이다. 자기 주위에 있는 자들을 다 사랑하라. 천국이 펼쳐진다.

사랑하며 살면 4월에 개나리가 만발하듯, 5월에 장미가 만발하듯 당신의 들판이 꽃으로 가득하게 될 것이다. 축복은 사랑의 문을 통해 들어온다.

사랑의 시 한 편을 소개하고자 한다.

〈모든 것을 사랑하라〉

모든 잎사귀를 사랑하라
모든 동물과 풀을 사랑하라
그 모든 것을 사랑하라
그대 앞에 떨어지는 한 가닥의 빗줄기조차도
그대가 모든 것을 사랑하면
모든 것 속에 담긴 신비도 보리라
그대가 모든 것 속에 담긴 신비를 본다면
날마다 모든 것을 더 잘 이해하리라
마침내 모든 것을 받아들이고
그대 자신과 세상 전체를 사랑하리라.
- 도스토옙스키 (1821-1881)

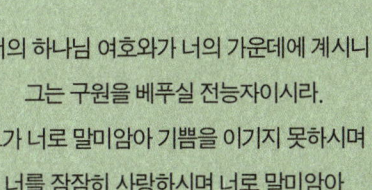

"너의 하나님 여호와가 너의 가운데에 계시니
그는 구원을 베푸실 전능자이시라.
그가 너로 말미암아 기쁨을 이기지 못하시며
너를 잠잠히 사랑하시며 너로 말미암아
즐거이 부르며 기뻐하시리라 하리라"(습 3:17).

[ 소그룹 모임 / 가족 모임 4 ]

# 사랑을 향해 나아가라

1. 그룹원 중 한 사람을 가운데 놓고 돌아가면서 그 사람에 대해 칭찬을 해보자.

2. 용서하고 사랑을 적고 서로 나누자.

　　종이 한 장에 세로로 3개의 칸을 만들라.

　　— 첫째 칸에 화나게 하는 사람

　　— 둘째 칸에 화나게 하는 행동

　　— 셋째 칸에는 이 상황에서의 자기 역할을 적으라.

　　— 특별히 세 번째 나의 역할에 대해서는 "내가 이런 화나는 상황을 만드는 데 어떤 역할을 했나"를 적으라.

　　— 마지막 제일 밑에 용서의 혜택을 적으라. "과거를 잊고 내 인생에 전념할 수 있다" 등

　　— 내가 먼저 용서의 행동을 하라. 전화, 편지, 메일, 찾아감 등. 용서는 내 쪽에서 묶인 고리를 푸는 것이다. 용서는 감정이 아니고 선택이다.

CHAPTER 05

감사하는 마음을 유지하라

"범사에 감사하라. 이것이 그리스도 예수 안에서 너희를 향하신 하나님의 뜻이니라"(살전 5:18).

## 감사로 마음을 가꾸라

최고의 인생은 그냥 저절로 되는 것이 아니다. 조그마한 꽃밭도 가꾸는 사람이 있어야 아름답게 된다. 그냥 아무렇게나 놓아두면 잡초가 무성하여 꽃들이 모두 죽어버린다. 우리 마음도 아름답게 가꾸어야 한다. 그냥 내버려 두면 쉽게 불평, 불만, 원망, 짜증이 가득하게 된다. 우리 마음은 불평, 불만, 원망하도록 내버려 두면 쓰레기장처럼 되고 감사로 가득 채우면 아름다운 옥토가 된다.

감사가 가득한 옥토에는 무엇을 심든지 꽃이 피고 열매가 넘친다. 하지만 불평이 가득한 쓰레기장에는 아무리 아름다운 꽃을 심어도 곧 시들어 죽어버린다. 정말 반드시 이기는 인생, 최고의 삶을 살고 싶은가? 그러면 당신의 마음을 감사가 가득한 옥토로 만들라.

하나님은 매일 우리에게 하루 24시간이라는 보물을 선물로 주신다. 이 하루를 불평으로 사는 자가 있는가 하면 감사로 사는 자가 있다. 누가 뛰어난 인생을 살겠는가? 당연히 감사하는 자다.

북부지방에는 추운 겨울에 눈이 많이 온다. 어떤 사람은 "정말 지겨운 눈이 또 오네"라고 말하고 다른 사람은 "와, 기다리던 눈이야. 첫눈은 정말 아름다워"라고 말한다. 이 두 사람은 동일한 날씨 조건에 있지만, 날씨에 대한 태도는 너무나 다르다. 인생에 실패하는 자는 늘 자신은 피해자라고 말하지만, 인생에 성공하는 자는 늘 감사하며 산다.

두 남자가 있다. A라는 사람은 자기가 얼마나 많은 축복을 받았는가를 말한다. 그는 말만 하면 주변 사람에게 감사한다. 매일 기분이 좋다고 말한다. 반면에 B라는 사람은 자기가 얼마나 비참한가를 말한다. 그는 말만 하면 주변 사람에 대해 불평한다. 그는 늘 피곤하다고 말한다.

당신이 사장이라면 누구를 쓰겠는가? 당신이 자매라면 누구와 결혼하겠는가? 사람은 누구나 감사가 가득한 행복한 사람 옆에 있고 싶어 한다. 그 누구도 투덜대는 사람, 우는소리 하는 사람, 앓는 소리 하는 사람, 불평하는 사람을 곁에 두고 싶어 하지 않는다.

우리 주위에 일이 잘되는 사람이나 행복한 사람들을 잘 살펴보면 그들에게는 감사가 살아 있다. 감사가 행복으로 인도하는 길이라면 불평은 불행으로 인도하는 길이다. 감사는 행복이 들어오는 창문이다. 감사는 행복을 지지해 주는 기둥이다. 행복해지기를 원한다면 끊임없이 감사를 선택하라. 행복은 감사의 문으로 들어와서 불평의 문으로 나간다.

러시아의 육군 장교였던 알렉산더 솔제니친은 소련 공산주의 정권에 의해 문서 날조 혐의로 체포되어 재판을 받았고 그 후 시베리아에 있는 정치범 수용소로 후송되어 그곳에서 11년의 세월을 보내야 했다. 그곳에 있던 죄수들은 상상을 초월하는 고문으로 심각한 고통을 받고 있었다. 그는 그들과 함께 그 모든 참상을 견뎌야 했다. 하지만 그는 그곳에서 예수님을 만났으며 그로 인해 인생이 완전히 뒤바뀌는 경험을 하였다.

그 후 솔제니친은 「수용소 군도」라는 책을 써서 1970년에 노벨 문학상을 받았다. 그는 이 책에서 이렇게 고백하였다. "감방이여 고마워." 감방도 감사의 눈으로 보면 다 고마운 것이다.

하나님께서 우리 삶에 허락하신 모든 것은 다 그분께서 베푸신 선물이다. 우리 눈에 고통으로 보이는 것도 다 감사의 눈으로 보면 큰 유익이 된다.

성경은 "범사에 감사하라"고 명령한다. 이 명령은 지켜도 되고 안 지켜도 되는 것이 아니다. 반드시 지켜야 한다. 이 명령을 지키는 자에겐 언제나 최고의 길이 열린다. 나는 감사를 잘하는 사람인지 불평을 잘하는 사람인지 스스로 한번 물어보라. 감사를 잘하는 사람은 이미 성공의 길로 가고 있다.

당신이 지금 처한 상황에서 "감사합니다"라고 말해 보라. 그러면 힘이 난다. 반면에 불평을 한번 해보라. 갑자기 어깨가 축 늘어지고 힘이 빠질 것이다. 감사라는 단어는 히브리어로 '토다' 헬라어로 '카리스'라고 한다. 감사라는 단어에서 카리스마(힘, 능력, 은사)가 나왔다. 감사하는 자에겐 힘이 생기기 때문이다.

감사는 힘이다. 감사는 더 큰 감사를 가져다준다. 감사는 더 큰 축복을 가져다주는 통로이다. 감사는 우리가 잘 모르는 엄청난 힘을 갖고 있다. 감사는 꼬리에 꼬리를 물고 축복을 가져다준다. 감사는 언제나 생각지도 못한 일, 기적을 일으킨다. 감사에는 분명 힘이 있다. 감사하면 마음이 평온해지고 스트레스가 감소하고 면역계의 활동이 증가한다. 반대로 불평하면 마음의 평안이 깨지고 소화가 안 되고 혈압이 올라간다.

의사인 칠리드 박사와 하워드 박사는 〈심장 공식 해법〉이라는 논문에서 심장 박동을 연구하였다. 분노를 느낄 때는 심장 박동이 불규칙적이고 급하게 오르락내리락하는 파장을 그리는 반면에 감사할 때 심장 박동은 아주 규칙적이고 주기적이며 균형 잡힌 부드러운 파장을 그린다.

다 가지고도 감사하지 않는 사람은 메마른 광야에서 사는 사람이다. 가진 것이 별로 없지만 감사하며 사는 사람은 기름진 땅에서 사는 사람이다. 남편들이여, 아내에게 짜증 내지 말고 감사하라. 아내들이여, 남편에게 바가지 긁지 말고 감사하라. 감사는 가정을 순식간에 천국으로 만든다.

감사하면 이 세상이 순식간에 아름답게 보이고 주위에 있는 모든 사람이 사랑스럽게 보인다. 어디서 힘이 나오는지 모르지만 감사하면 이 세상을 살 힘이 생긴다. 큰 것에만 감사하려고 하지 말고 아주 작은 것에도 감사하라. 작은 감사가 모여 큰 감사를 이룬다. 감사가 아예 버릇이 되길 바란다. 감사가 습관이 되길 바란다.

후회와 절망, 좌절과 불평불만은 하나님께서 우리에게 준비하신 계획을 방해한다. 결심하라. 아주 작은 일에도 불평불만 하지 않고 감사하며 살겠다고. 감사를 조금 하는 자가 아니라 감사가 흘러넘치도록 하라. 감사는 우리가 원하는 것을 얻게 해주는 강력한 에너지이다. 감사는 긍정적인 강력한 파장을 일으킨다.

며느리가 시어머니에게 감사하면 시어머니는 날아갈 듯 행복해한다. 시어머니가 며느리에게 감사하면 며느리는 날아갈 듯 행복해한다. 감사는 상대방을 소중한 존재로 만들어준다. 감사는 평범한 사람을 탁월한 자로 만들어준다. 감사는 전혀 기대하지 못한 보너스가 오게 한다.

케이티라는 사람은 평생 감사하며 살기로 결심하고 이런 글을 썼다.
"저는 항상 편집증에 시달려왔습니다. 무슨 일이든 느긋하게 기다리지 못하고 항상 안달하고 조바심을 내는 게 습관이었습니다. 그리고 집중력이 부족했으며 무슨 일을 할 때마다 자신이 없고 항상 불안과 근심에 시달렸습니다. 하지만 제가 감사하며 살기 시작하자 새로운 세계가 열렸습니다. 감사하면 할수록 점점 모든 일에 대한 집착에서 벗어나는 제 모습을 발견할 수 있었어요. 이제 사소한 일에 걱정하고 근심하지 않아요. 제 삶은 겉보기에는 예전과 다름이 없지만 마치 깊은 안개 속에서 빠져나온 기분이에요. 그동안에는 안개 속을 헤매고 있다는 사실조차 깨닫지 못하고 있었던 거죠. 감사한 마음을 갖게 되니 기분이 좋아지고 기쁨과 행복이 밀려오고 열정이 넘치고 마음이 평온해졌습니다"(널르 넬슨, 「감사의 힘」, 한문화, 27-28쪽).

물리학에는 동조현상이라는 것이 있다. 하나의 진동이 다른 진동과 일치되거나 조화를 이루는 반응을 말한다. 예를 들면 성악가의 목소리 파동이 옆에 있는 유리잔의 파동과 일치할 경우 유리잔이 떨리는 현상이다. 두 개의 바이올린 줄을 똑같은 음높이로 조율해두고 한쪽 바이올린 줄을 켜면 다른 쪽 바이올린 줄도 울리는 것이다.

이런 동조현상은 17세기 크리스티안 하위언스에 의해 우연히 발견되었다. 그는 추시계를 발명한 사람이다. 그는 집에 있는 많은 추시계를 각각 다르게 흔들어 놓아도 나중에는 가장 강력한 시계추의 리듬으로 다 똑같이 움직이는 것을 보았다. 이것이 동조현상이다.

동조현상은 우리 일상생활에도 많이 나타난다. 예를 들면 우울한 사람들이 가득 있는 방에 들어가면 기분이 우울해진다. 반면에 행복한 사람들과 만나면 금방 행복에 물들게 된다. 동조현상 때문이다. 한 사람이 감사하면 그 힘이 모든 사람에게 영향을 준다. 당신에게는 주변 세계를 변화시킬 힘이 있다. 모든 일에 감사하는 힘으로 세상을 변화시키라. 상황에 따라 말하지 말고 감사의 렌즈를 통해 말하라.

우리 인생은 근본적으로 행복한 것이며 살 만한 가치가 있다. 감사는 감사를 불러일으킨다. 감사는 더 큰 감사를 가져다준다. 어떤 순간에도 불평불만이 들어오지 못하게 차단하라. 처음에는 잘 안될 것이다. 그러나 계속 노력하면 반드시 감사의 사람이 된다. 하나님은 당신이 감사의 사람이 되길 원하신다. 감사하는 태도는 당신을 더 따뜻하고 친근하고 상냥한 사람으로 만들어줄 것이다. 감사를 많이 할수록 당신의 성품은 더 훌륭하고 긍정적으로 되고 가치 있는 존재가 된다.

우린 모두 죽을 때 이런 말을 할 수 있어야 한다. "인생은 내게 정말 멋진 것이었습니다. 정말 나는 행운아였습니다. 내게는 감사할 일이 너무나 많습니다. 나는 정말 후회 없는 행복한 인생을 살았습니다."

감사의 눈으로 보면 모든 것이 감사일뿐이다. 감사는 사랑을 회복시킨다. 감사는 삶을 풍성하게 해준다. 감사는 삶을 행복하게 해준다.

온도계와 온도조절장치는 어떻게 다를까? 온도계는 주변에 있는 온도를 변화시키지 못하고 그저 온도를 반영할 뿐이다. 온도계는 그래서 상황에 따라 항상 오르락내리락한다. 하지만 온도조절장치는 방의 온도를 조절하고 필요에 따라 온도를 바꾸기도 한다. 우리 가정에는 온도계가 아니라 온도조절장치와 같은 사람이 필요하다.

온도계와 같은 사람은 환경에 따라 늘 기분이 달라진다.
이런 사람은 피곤하다.
그러나 온도 조절 장치와 같은 사람은 환경에 상관없이
늘 기쁨이 충만하고 주위에 있는 사람들의
기분조차도 바꾸는 사람이다.

당신은 이 온도조절장치와 같이 어떤 환경에 갖다 놓아도 감사의 온도를 유지하는 자가 되길 바란다. 모든 사람이 불평할 때 감사하는 자는 돋보인다. 주변 사람들이 모두 불평할 때 감사를 말하는 자는 리더다. 그 사람의 말 한마디에 모든 사람이 소망을 가질 수 있다. 리더의 자리에 있는 사람일수록 감사로 끼치는 영향력은 크다. 감사는 자신의 마음 밭을 옥토로 만들어준다. 감사는 그 사람을 소중한 존재로 만들어준다. 감사가 넘치는 사람은 좋은 일을 끌어온다.

당신의 입에는 감사가 있는가? 시인의 눈에는 세상이 다 시로 보이다. 미술가의 눈에는 온 세상이 아름다운 그림으로 보이다. 식물학자는 시골길을 걸으면서 야생화를 보고 감탄한다. 입술에 감사가 있는 사람은 성숙한 사람이다. 수많은 축복이 펼쳐져 있지만 감사할 줄 모르는 사람은 우둔한 사람이요 불행한 사람이다.

## 지금, 불평을 버리고 감사를 선택하라

두 노동자가 잠시 일손을 놓고 점심을 먹으려고 나란히 앉았다. 한 사람이 도시락을 열어보더니 이같이 불평했다. "에잇 미트로프 샌드위치잖아. 난 미트로프 샌드위치 싫어한단 말이야." 옆에 앉아 있던 동료는 아무 말도 하지 않았다.

다음날 두 사람은 다시 점심을 먹기 위해 나란히 앉았다. 어제 불평을 늘어놓던 노동자가 도시락을 열어 안을 들여다보더니 이번에는 더욱 화가 난 듯 이렇게 말했다. "또 미트로프 샌드위치야. 정말 미트로프 샌드위치라면 넌더리가 난다고. 난 미트로프 샌드위치가 정말 싫어!" 그 전날과 마찬가지로 그의 동료는 아무 말도 하지 않았다.

세 번째 되던 날 두 사람이 점심 먹을 준비를 하는데 그 첫 번째 노동자가 도시락을 열어보더니 큰소리로 외쳤다. "매일 똑같은 거라고! 빌어먹을 미트로프 샌드위치를 점심마다 먹어야 한다니 뭔가 좀 다른 걸 먹고 싶다고!" 옆에 있던 그의 동료는 도움이 될까 하는 마음에 한마디 했다.

"자네 집사람에게 뭔가 다른 걸 준비해 달라고 부탁하지 그러나?" 그러자 첫 번째 남자는 당황스러운 표정을 짓더니 이렇게 말했다. "무슨 소리야? 내 도시락은 내가 싸 오는걸"(윌보웬 「불평 없이 살아보기」, 세종서적, 57-58쪽).

매일 미트로프 샌드위치가 지겹다고 말하면서 매일 같은 점심을 준비해 오는 사람처럼 사는 사람이 너무 많다. 어떤 사람은 늘 불평하면서도 자신이 불평하며 사는지도 모른다. 좋은 방법은 주위에 있는 사람에게 물어보는 것이다. 자기가 불평을 하는지 감사를 말하는지. 만약 불평을 많이 한다면 심각하게 생각하고 고쳐야 한다. 불평을 고치지 않고는 아무도 행복한 인생을 살 수 없다.

불평은 지금의 모든 잘못이 자기에게 있는 것이 아니라 주변에 있다고 하며 책임 회피하는 것이다. 범죄 이후 하나님과의 관계가 깨어진 아담은 모든 것이 불평이었다. 그는 자신이 선악과를 먹은 것은 하와 때문이라고 말하였다. 자신의 행동에 대해 자기 스스로 책임을 지려는 마음이 없었다.

당신은 지금 있는 자리에 대해 당신이 책임을 지기 바란다. 부모를 원망하거나 직장을 원망하거나 아내를 원망하지 말라. 자신의 위치에 대해 타인을 원망하는 자에게는 좋은 미래가 나타나지 않는다. 자기가 실수했으면 자기가 다시 잘하면 모든 일이 새롭게 된다. 하지만 타인 때문이라고 생각하고 불평만 하면 아무것도 나아지지 않는다. 지금의 자기 위치에 대해 남 탓하지 말고 불평도 하지 말라.

미국의 뉴욕 빈민가에서 태어난 흑인 소년이 있었다. 그가 17세 때에 처음으로 음료수 공장에 아르바이트를 나갔다. 그는 음료수 파는 일을 하고 싶었지만, 감독관은 백인 아이들에게 음료수를 파는 일을 맡기고 그에게는 걸레질을 맡겼다. 하지만 그 소년은 결코 불평하지 않겠다고 결심하였다. 그는 누군가가 콜라병을 깬 바닥을 열심히 치웠다. 감독관은 그 소년을 칭찬하고 다음 해에는 음료수 파는 일을 하게 해주었다.

한 번은 그 소년이 도랑을 파는 일을 하는데 같이 일하는 인부가 월급을 적게 준다며 불평을 쏟고 있고 그 옆의 또 한 사람은 그냥 묵묵히 도랑을 파고 있었다. 몇 해가 지나서 그 공장에 다시 아르바이트를 갔는

데 불평하던 사람은 여전히 도랑을 파고 있었지만 묵묵히 일하던 사람은 지게차를 운전하고 있었다. 몇 해가 지나 다시 그 공장에 가 보았더니 불평하던 사람은 해고되었고 그 묵묵히 일하던 사람은 그 회사의 사장이 되어있었다.

그 소년은 큰 교훈을 얻었다. 그는 어떠한 위치에 있어도 불평하지 않고 감사하겠다고 결심하였다. 그런 결심이 결국 그를 미국 최초의 흑인 국무장관으로 만들었다. 그의 이름이 바로 콜린 파월이다.

불평은 자기 마음을 쓰레기장으로 만드는 것이다. 어제와 다른 삶을 살고 싶은가? 그렇다면 불평 제로를 선언하고 매사에 감사를 선택하라. 생각지도 않은 놀라운 일이 일어날 것이다.

아담은 원래 풍성한 삶을 살도록 창조되었는데 하나님과의 관계가 깨진 후 모든 것이 부족했다. 그래서 불만이 많고 불평이 많았다. 하나님은 우리에게 예수님을 보내주셔서 하나님과의 관계를 회복하셨다. 예수 믿는 자 안에는 늘 풍성한 삶을 회복시켜 주시는 주님이 계신다. 그러므로 우린 불신자와는 달라야 한다.

당신이 정말 예수님을 믿는다면 불평을 버리고 자존감을 가지고 살아야 한다. 당신은 하나님의 자녀이기에 자존감을 가져야 한다.

"주께서 내 내장을 지으시며 나의 모태에서 나를 만드셨나이다. 내가 주께 감사하옴은 나를 지으심이 심히 기묘하심이라. 주께서 하시는 일이 기이함을 내 영혼이 잘 아나이다"(시 139:13-14).

지금 내 모습은 하나님이 만드신 모습이다. 교만하라는 말이 아니라 자신에 대한 자존감을 가지라는 것이다.

"존귀하나 깨닫지 못하는 사람은 멸망하는 짐승 같도다"(시 49:20).

우리는 이제 우리 안에 예수님이 계시기에 존귀한 자다. 그런데 자신을 존귀히 여기지 않고 세상에 대해 불평불만 하며 피해자로 사는 자는 짐승과 같다는 것이다.

황제가 어느 날 왕자에게 궁궐 밖에 나가서 백성의 동정을 살피고 오라고 하며 괴나리봇짐을 하나 주었다. 왕자는 궁궐 밖에서 옷이 남루하다거나 음식이 맛없다거나 하며 불평하지 않고 신나게 지냈다. 왜냐하면 자신이 누구인지 알기 때문이다. 그러나 궁궐 밖의 거지는 언제나 불평이다. 그는 자기 옆에 남루한 옷을 입고 서 있는 왕자가 왜 감사하는지 알 수 없었다.

당신은 누구인가? 하나님의 자녀다. 당신이 정말 하나님의 자녀인 것을 안다면 당신의 상황에 대해 불평하지 말고 감사하기 바란다. 당신이 이 세상에서 무슨 일을 당하든지 감사해야 하는 것은 바로 당신의 신분 때문이다. 왕자 의식을 잊고 거지 의식을 가지고 살 때 불평이 있는 것이다. 당신은 상황이 어떻든지 상관없이 천국 황제의 아들과 딸이다. 당신의 신분은 절대로 바뀌지 않는다.

당신 안에 누가 계신가? 예수님이 계시다. 그러므로 자존감을 가지고 감사가 넘치는 인생을 살기 바란다. 입만 열면 불평하고 남 탓하는 사람은 자신의 신분도 모르는 자이자 자존감이 없는 자다.

남 탓하는 사람은 피해자로 인생을 사는 자다.

남 탓하는 자는 자기 자신을 나약한 자로 만드는 자다.
남 탓하는 자는 스스로 책임지는 삶을 살지 않는다.
그는 늘 수동적인 인생을 사는, 남에게 끌려가는 비참한 사람이다.
혹시 당신에게 남 탓하는 습관이 있다면
그 버릇을 버려야 반드시 이기는 인생을 살게 된다.

불평은 버려야 할 나쁜 습관이다. 불평하는 사람은 항상 불평한다. 불평은 그 사람의 인격을 추하게 만든다. 그는 아름다운 장미꽃을 보아도 꽃은 보지 않고 가시만 본다. 참 불행한 사람이다. 아무리 아름다운 것을 보아도 그 아름다움을 볼 수 없으니 안타까울 뿐이다. 불평하는 자는 자신이 말하는 불평 때문에 불행한 인생을 산다.

불평하는 자의 인생에 좋은 일이 생기기란 참 어렵다. 불평하는 자는 자기 마음이 쓰레기장이 된 것도 모른 채 자꾸만 파리가 몰려온다고 불평한다. 불평을 버리기로 결심하고 감사를 선택한다면 좋은 일이 몰려올 것이다.

옥스퍼드대학에 스물한 살 된 한 학생이 있었다. 어느 날 그의 몸에 이상한 증세가 일어났다. 손이 떨리고 말이 제대로 나오지 않았다. 근육이 마른 무처럼 오그라든 것이었다. 의사의 진단 결과 루게릭병, 즉 근육무력증이라는 판정을 받았다. 의사들은 그가 2년 이상 살 수 없다고 진단하였다. 1985년에는 또다시 폐렴에 걸려 기관지 절개 수술을 받아 말하는 기능까지 상실하고 말았다. 우리가 만약에 이런 상황에 처해 있다고 상상해 본다면, 그 불행과 고통을 도대체 어떤 방법으로 표현할 수 있을까?

그런데 그는 절망하지 않았다. 남은 2년의 기간 동안 그가 할 수 있는 보람된 일이 무엇인가 고민하며 그것을 하기로 결심했다. 그래서 그는 열심히 공부했다. 그런데 죽으리라 예견된 2년이 지났으나 죽지 않았다. 그는 드디어 박사학위를 받았다. 물리학계 최고의 상이라는 슈바이처 상도 받았다. 의사가 말한 2년을 훨씬 넘기고 76세까지 살았다. 그가 저술한 「시간의 역사」라는 책은 천만 권이 팔리기도 했다. 바로 우리가 잘 아는 스티븐 호킹 박사다.

그가 쓴 「시간의 역사」라는 책을 보면 그는 우리의 상상을 뛰어넘는 놀라운 고백을 하고 있다. 이 책을 읽기 시작하면 농도 짙은 감사가 처음부터 끝까지 가득 차 있는 사실을 발견하고 감격하지 않을 수 없다. 그는 머리말 부분을 '감사의 말'이라는 제목으로 썼다. 그는 자기의 행복을 고백하고 타인에 못지않은 삶을 살고 있다는 사실에 끊임없이 감사하고 있었다.

호킹은 만인이 공감할 수밖에 없는 엄청난 불행의 요건을 남달리 많이 지닌 사람이지만 그는 오히려 인생을 감사의 눈으로 보았다. 결국 호킹이 남달리 값지고 성공적인 삶의 주인공으로 활약할 수 있었던 힘은 곧 감사로 충만한 마음 때문이었다. 감사로 사는 자는 숨겨진 모든 잠재력이 꽃피게 된다.

## 불평 없이 살아보라

많은 사람이 불평이 심각한 죄라는 것을 모른 채 아무 생각 없이 불평을 내뱉는다. 하지만 성경은 불평을 심각하게 다룬다. 이스라엘 백성이 출애굽 하여 광야 길을 갈 때 5번의 불평이 나온다.

첫 번째, 이스라엘 백성을 계속 광야 길로만 인도하는 무능해 보이는 모세에 대해 불평하고 하나님을 원망하였다.

"여호와께서 들으시기에 백성이 악한 말로 원망하매 여호와께서 들으시고 진노하사 여호와의 불을 그들 중에 붙여서 진영 끝을 사르게 하시매"(민 11:1).

모세가 무능해 보여도 하나님의 계획이 있다. 모세가 무능해 보여도 여전히 하나님은 모세와 함께하셨다. 당신의 삶에 있는 권위자에 대해 불평불만 하지 말라. 불평불만은 하나님이 들으신다. 하나님은 이스라엘 백성이 원망할 때 불을 보내서 불평하는 그들을 벌하셨다. 불평하는 자는 하나님께서 심판하신다. 불평하는 자들이 불에 타 죽게 되자 모세가 기도하였다. 하나님은 모세의 기도를 들으시고 그 불을 멈추게 하셨다.

두 번째, 그 불이 사라지자 또 광야에 먹을 고기가 없다고 불평을 시작하였다.

"그들 중에 섞여 사는 다른 인종들이 탐욕을 품으매 이스라엘 자손도 다시 울며 이르되 누가 우리에게 고기를 주어 먹게 하랴"(민 11:4).

하나님은 그들에게 메추라기를 주어 고기를 먹게 해주셨다. 그 대신 불평한 자들에게는 큰 재앙을 내려 다 죽게 하셨다(민 11:34).

세 번째, 모세가 가나안 땅 근처에서 보낸 열두 정탐꾼 중 10명의 부정적인 보고 때문에 불평하기 시작하였다. 하나님은 그 불평을 듣고 그들을 계속 광야에 머물게 하셨다.

네 번째, 고라라는 인물이 중심이 되어 모세가 자신들 위에 군림한다고 불평하였다. 그 결과 불평하던 250명을 불이 삼켜버렸다.

다섯 번째, 먹을 물과 식물이 부족하다고 불평하였다. 그때 하나님은 불뱀을 보내어 그들을 물게 하셨다.

> "백성이 모세에게 이르러 말하되 우리가 여호와와 당신을 향하여 원망함으로 범죄하였사오니 여호와께 기도하여 이 뱀들을 우리에게서 떠나게 하소서. 모세가 백성을 위하여 기도하매"(민 21:7).

이스라엘 백성은 불평불만, 원망을 쉽게 생각하였다. 그냥 불평불만은 해도 되는 줄 알았다. 불뱀에 수많은 사람이 죽는 것을 보고 나서야 비로소 불평불만이나 원망이 죄인 줄 알았다. 하나님은 우리가 하는 모든 불평을 들으시고 불평하는 자는 광야로 몰아넣으신다. 불평하는 습관이 몸에 밴 사람은 거친 광야에서 인생을 보내게 된다는 것을 기억해야 한다.

### 불평하기 좋아하는 사람은 광야에서 인생을 보내게 된다.

하나님께서 불평을 크게 문제 삼으신다는 것을 기억하라. 우리 입술이 광야의 길로 갈 것인가 기름진 땅으로 갈 것인가를 결정한다. 무심코 생각 없이 하는 불평이 우리 인생을 어렵게 만든다. 음식이나 옷이나 환경에 대해 계속 불평하면 삶은 점점 더 황폐해질 것이다. 그러나 우리가 모든 것에 대해 감사한다면 금방 젖과 꿀이 흐르는 가나안 땅이 나타날 것이다.

이스라엘 백성은 감사할 이유가 너무도 많았다. 430년 동안 노예 생활을 하다 군대 하나 없이, 무기 하나 없이 출애굽 하여 자유의 몸이 된 것은 정말 감사 중의 감사이다. 그들이 뗏목 하나 없이 홍해를 기적적으로 건넌 것도 감사할 이유다. 그들에게 매일 만나를 내려주시는 것도 감사할 이유다. 그들을 인도할 모세라는 지도자가 있다는 것도 감사할 이유다. 성경에 기록되는 기적을 그들이 직접 눈으로 본다는 것도 감사할 이유다.

그들이 그 뜨거운 사막 길을 행진할 때 매일 구름 기둥이 나타나 시원하게 행진할 수 있는 것도 감사할 이유다. 그 차가운 사막의 밤을 지낼 때 뜨거운 불기둥이 나타나 따뜻하게 잘 수 있는 것도 감사할 이유다. 40년 동안 신발과 옷이 떨어지지 않는 기적을 경험하는 것도 매일 가족들과 함께 텐트 생활을 하는 것도 감사의 이유다. 그들이 매일 사막의 쏟아지는 별들을 구경한다는 것도 사막 투어를 공짜로 하고 있다는 것도 감사의 이유다.

조금만 바꿔 생각하면 불평의 이유보다 감사의 이유가 더 많다. 왜 그들은 감사할 이유가 이렇게도 많은데 감사는 보지 못하고 불평만 했을까? 불평은 과거 애굽의 노예로 있을 때 생긴 나쁜 버릇이다. 불평하는 버릇은 버려야 한다. 불평은 버려야 할 노예근성이다. 불평은 자신을 해친다. 불평하면 화를 내게 되고 속병이 나고 심지어 우울증까지 생긴다. 불평은 불평하는 그 사람을 삼켜 버리는 힘이 있다.

**불평은 자신만 해치지 않고 주변 사람들도 해치게 한다.**

불평하면 자신뿐만 아니라 주변 사람도 같이 상처받는다. 만약 당신이 가족 앞에서 불평하게 된다면 가족의 기쁨을 빼앗고 있는 것이다.

이스라엘 백성 중에 탐심이 있는 사람이 고기가 없다고 불평하자 이스라엘 백성들도 그 영향을 받아서 같이 불평하다가 죽게 되었다. 처음에 불평한 자들은 논리적이고 합리적이었다. 정말 애굽에 있었더라면 고기를 먹었을 텐데 광야 길로 와서 매일 만나만 먹고 있었다. 불평하는 자들은 매우 합리적이라는 것이다. 그래서 많은 사람이 그 말에 영향을 받아 같이 죽게 되었다.

열두 명의 정탐꾼이 가나안 땅을 정탐한 후 10명은 불평과 함께 부정적인 보고를 하였다. 그 땅은 과연 기름지고 젖과 꿀이 흐르는 땅이지만 그 땅 사람들은 키가 장대하고 성읍이 견고하여 자기들은 스스로 보기에도 메뚜기 같다고 불평하며 악평하였다. 그들의 말은 상당히 합리적이었다. 그 결과 그 말을 들은 이스라엘 백성이 모두 가나안 땅에 들어가지 못하고 계속 광야에 머물다 죽어야 했다.

불평은 영향력이 있다. 어떤 위치에 있든지 불평하는 자는 하나님을 믿지 않는 자이다. 불평은 공동체를 죽이는 뱀과 같다. 하나님은 불평하는 이스라엘 백성에게 불뱀을 보내 다 죽게 하셨다. 합리적인 사고로 내뱉는 불평은 이스라엘 공동체를 죽이는 무서운 죄다. 불평은 자신을 죽이고 주위에 있는 가족을 죽이고 그가 속한 공동체를 죽인다. 회사에서도 제일 골치 아픈 사람들이 바로 이 불평하는 사람들이다.

인생에 고난이 나타나면 불평하지 말고 하나님을 붙잡아야 한다. 고난이야말로 하나님께 가까이 갈 기회다. 하나님은 의도적으로 우리 인생에 광야가 나타나게 하고 마라의 쓴물이 나타나게 한다. 하나님은 그 어려운 시간을 어떻게 반응하시는지 테스트하신다. 삶은 테스터다.

요셉은 수많은 고난과 아픔과 상처 속에서도 불평함으로 죄를 범하지 않았다. 요셉은 억울하게 감옥에 들어가서도 불평하지 않았다. 그는 감옥 속에서 하나님을 붙잡았다.

다니엘은 억울하게 사자 굴 속에 들어가게 되었다. 그는 주변 사람들의 모함으로 감옥에 들어가게 되었다고 불평하지 않고 오히려 감사하였다.

바울은 복음을 전하다가 감옥에 들어갔다. 그는 불평하지 않고 찬송하였다.

> 삶은 테스터다. 하나님은 고난이 올 때,
> 이해할 수 없는 상황이 올 때
> 당신이 어떻게 반응하는지 보신다.

하나님은 우리 입술에서 불평이 떠나길 원하신다. 불평이 버릇된 사람들은 거친 광야에서 인생을 보내게 될 것이다. 당신의 삶은 어떤가? 하나님은 이사야를 부르시기 전에 그 부정한 입술을 성령의 불로 태워 버리셨다. 오늘 당신의 입술에서 불평이 완전히 떠나길 바란다. 불평은 자신을 천하게 만든다. 불평은 자신을 쓰레기로 만드는 죄다.

하나님은 당신을 사랑하신다. 하나님은 당신이 자신을 해치는 것을 원치 않으신다. 당신이 스스로 불평하여 자신을 상하게 하는 것은 하나님 마음도 상하게 하는 것이다. 하나님이 만드신 최고의 걸작품이 자신을 불평하여 쓰레기로 만드는 것은 하나님 마음을 아프게 하는 것이기에 죄다. 불평한다는 것은 하나님께서 모든 것을 다스리고 계신다는 것을 인정하지 않는 것이다. 불평은 하나님의 주권을 의심하는 것이기에 죄다.

남들이 직장을 욕할 때 당신은 직장이 있어서 감사하다고 말하기 바란다. 남들이 인생은 불공평하다고 말할 때 당신은 살아 있어서 감사하다고 말하기 바란다.

요즘 불평 제로 운동이 펼쳐지고 있다. 어디에 살아도 불평할 것은 있다. 그때 감사하라. 그러면 인생이 확 달라질 것이다. 한 달만 불평 없이 살아보라. 놀라운 일이 생길 것이다. 내 주위 사람들에게 불평을 말하는 것은 에너지 뱀파이어로 사는 것이다. 당신은 에너지를 불어넣어 주는 에너지 임파워로 살기 바란다.

## 모든 일에 감사하라

나폴레옹은 사람들이 선망하는 권력과 부를 쥔 황제로 살았지만 세인트 헬레나 섬에서 이런 말을 남겼다. "내 인생에 행복했던 날은 엿새뿐이었다." 이와는 정반대로 눈도 멀고 귀도 들리지 않았던 헬렌 켈러는 이렇게 말했다. "인생이란 너무나 아름다운 것이다." 헬렌 켈러는 눈과 귀에 장애가 있었지만 참으로 위대한 인생을 살았다. 모든 일에 감사하며 사는 자는 환경에 상관없이 점점 위대한 인생을 살게 된다. 나중에 행복해질 것이라고 말하지 말고 지금 자기에게 주어진 환경에 감사하라.

오늘이라는 하루는
하나님이 우리에게 주신 최고의 선물이다.

모든 것이 다 감사하다고 생각하면 행복해질 것이고 모든 것이 다

불만족스럽다고 말한다면 비참해질 것이다. 성경은 범사에 감사하라고 말한다. 범사라는 것은 모든 것, 모든 순간, 모든 사건, 모든 시간을 말한다. 반드시 이기는 인생을 사는 자는 단 한순간도 당연하게 여기지 않고 하나님이 주신 소중한 선물로 여기며 감사한다. 인생 자체를 하나님이 주신 최고의 선물로 여겨야 한다. 성경은 모든 일에 감사하는 것이 하나님 뜻이라고 말씀하신다.

모든 것에 감사는 하는 것은 하나님 뜻이고 모든 일에 불평하는 것은 사탄의 뜻이다. 당신은 누구의 뜻을 따르겠는가? 당신에게 고난이 있는가? 그래도 감사하라. 고난에도 하나님의 뜻이 있다. 고통 속에도 하나님의 계획이 있다.

"가장 부유한 사람은 지금 가지고 있는 것에 만족하는 사람이다."- 아일랜드 속담.

당신이 어려운 상황에서도 늘 만족하며 살고 있다면 당신은 세상에서 가장 부유한 사람이다

마태복음 25장에 달란트 비유가 나온다. 어떤 주인이 세 종에게 각각 5달란트, 2달란트, 1달란트를 주고 여행을 떠났다. 세월이 흘러 다시 돌아온 주인은 달란트를 어떻게 사용했느냐고 종들에게 물었다. 5달란트와 2달란트를 받은 자는 열심히 일을 하여 주인이 준 달란트를 배로 남겼다. 그러나 1달란트를 받은 자는 1달란트 그대로 가지고 왔다. 주인이 그에게 왜 그대로 가지고 왔느냐고 물었다. 그의 입에는 불평이 가득하였다.

"한 달란트 받았던 자는 와서 이르되 주인이여 당신은 굳은 사람이라 심지 않은 데서 거두고 헤치지 않은 데서 모으는 줄을 내가 알았으므로"(마 25:24).

여기에 당신은 굳은 사람이라는 말은 포악하고 거칠고 무정한 사람이라는 말이다. 다시 말하면 1달란트를 받은 자는 주인에게 정말 화가 나서 아무것도 하지 않고 불평만 하고 있었다는 것이다. 그러나 2달란트와 5달란트를 받은 좋은 주인을 위해 갑절로 남겼다. 그때 예수님께서 한 달란트를 받았다고 불평하는 그에게 있는 달란트를 빼앗으시면서 아주 의미심장한 말씀을 하셨다.

"무릇 있는 자는 받아 풍족하게 되고 없는 자는 그 있는 것까지 빼앗기리라"(마 25:29).

이 말씀을 감사에 적용해보면 "무릇 감사하는 마음이 있는 자는 받아 넉넉하게 되되 감사하는 마음이 없는 자는 그 있는 것도 빼앗기리라"는 말씀이 된다. 이것이 뿌린 대로 거두는 감사의 법칙이다. 이 달란트 비유에 숨어 있는 메시지는 2달란트를 가진 자다. 2달란트란 1달란트에 비해 많긴 하지만 5달란트에 비하면 그도 역시 적게 받은 자다. 1달란트를 받은 자는 적다고 불평하였지만 2달란트를 받은 자는 불평하지 않고 주인을 위해 갑절로 남겼다.

여러분 지금 여러분이 가지고 있는 것이 적은가? 옆에 사람보다 가난한 집에 태어났는가? 건강이 좋지 않은가? 머리가 좋지 않은가? 뛰어난 달란트가 없는가? 그때 감사하라. 작은 것에 감사하라. 살아 있음에 감사하라. 그러면 지금 있는 것에 더 많은 것을 받아 넉넉하게 될 것이다. 이와 관련해서 찰스 스펄전 목사는 이런 말을 했다. "별빛을 보고 감사하는 사람에게는 달빛을 주시고, 달빛을 보고 감사하는 사람에게는 햇빛을 주시며, 햇빛을 보고 감사하는 사람에게는 해와 달이 필요 없는 영원한 빛을 주신다."

작은 감사가 큰 감사를 가져다준다. 감사는 행복을 가져다주는 열쇠다. 감사는 지금 이 순간을 충실하게 살도록 만들어준다. 감사는 지금이라는 평범한 순간을 특별하고 멋지게 바꾸어준다. 감사하는 마음은 상황을 좋게 만들어준다. 항상 감사의 마음을 유지하고 감사하며 살라. 최고의 일이 나타날 것이다.

오늘 말씀 다 잊어버려도 이것을 꼭 기억하라. 감사하면 축복이 들어오고 불평하면 있는 복도 나간다는 것을. 인생이 바뀌길 원하는가? 기적적인 변화는 날마다 감사하는 마음을 실천할 때 나온다. 아무리 어려워도 감사를 선택하면 점점 더 기적 같은 일이 일어난다. 감사하는 마음을 조금 실천하는 자는 삶이 조금 바뀔 것이고 감사하는 마음을 많이 실천하는 자는 삶이 많이 바뀔 것이다. 아예 삶 전체가 감사하는 마음으로 가득 차서 감사를 실천하며 산다면 상상할 수 없을 만큼 놀라운 삶이 될 것이다.

세상 사람들은 감사를 선택하고 사는 것이 인생을 잘 사는 비밀이라고 난리다. 우리에게 감사는 비밀이 아니다. 예수님이 분명히 가르쳐 주셨다. 감사하면 더 많은 축복이 생기고 불평하면 있는 축복도 다 **빼앗긴**다고. 당신이 감사하지 않고 산다면 사는 것이 아니고 그저 하루하루 버틸 뿐인 것이다. 만약 매일 모든 것에 감사하며 산다면 모든 어두움이 사라지고 최고의 삶이 펼쳐질 것이다.

2차 세계대전 후 일본 해군 장교 가와가미 기이치가 고국으로 돌아왔다. 일본의 현실은 눈 뜨고 볼 수 없을 정도로 피폐해져 있었다. 그를 정말 힘들게 하는 것은 패전이 아니라 군인인 그를 보고 "저것들 때문에 우리가 패전했다"며 손가락질하는 사람들 때문이었다. 그는 매일 분노와 불평과 불만의 세월을 보냈다. 이런 생활이 계속되자 그의 몸이 굳어져 움직일 수 없게 되었다.

정신과 의사인 후치다는 그에게 말했다.

"기이치 선생, 낫고 싶습니까?"

"예, 낫고 싶습니다."

"그렇다면 내가 시키는 대로 하겠습니까?"

"예, 뭐든 하겠습니다."

"그럼 저를 한번 따라 해보세요. 감사하다."

매일 분노와 적개심으로 가득했던 기이치 장교는 갑자기 "감사하다"라고 말하려니 입이 움직이지 않았다. "기이치 선생, 오늘부터 하루에 1만 번씩 '감사하다' 라고 말씀하셔야 합니다. 감사하는 마음만이 당신의 마비된 몸을 치료할 수 있습니다."

의사가 돌아간 후 기이치는 병석에 누워 자신의 병을 고치기 위해 '감사하다' 를 되뇌어야 했다. 처음에는 병을 고치기 위해 억지로 내뱉다시피 하였다. 그런데 시간이 지날수록 '감사하다' 라는 말이 진심으로 우러나오는 것 같았다. 분노와 적개심으로 불편했던 상태가 사라지면서 마음 또한 평온하게 되었다. 그를 바라보는 가족들도 마음이 한결 가벼워졌다. 그는 병석에서 매일 "감사하다"고 중얼거렸다.

하루는 그의 아들이 감 두 개를 건네주었다. 가와가미 기이치는 자신도 모르게 "감사하다"고 말하며 손을 내밀었다. 아, 이럴 수가! 신기하게도 그 꼼짝도 하지 못했던 손이 움직였다. 그때부터 굳었던 몸이 풀리고 질병에서 벗어났다. 감사는 인간의 질병을 치료하는 특효약이다.

"무릇 (건강에 대해 감사하는 마음이) 있는 자는 받아 풍족하게 되고 (건강에 대해 감사하는 마음이) 없는 자는 그 있는 것까지 빼앗기리라"(마 25:29).

감사는 모든 질병의 동굴에서 빠져나오게 하는 축복의 출구이다. 명심하라. 불평이나 불쾌한 생각을 한다는 것은 문자 그대로 몸에 나쁜 독을 넣은 것과 같음을. 감사는 우리 몸에 있는 나쁜 독을 다 없애는 해독제이다. 감사는 입술로만 하는 것이 아니라 마음 깊은 곳에서부터 느끼는 것이다. 지금 감사를 느껴 보라.

미국의 어떤 여선생이 그의 여름휴가를 산중에서 보내고 있었다. 그때 교감실로부터 다음 학기의 교과과정에 대한 논문을 내라는 공문이 보내졌지만, 그녀는 그 편지를 받지 못했다. 그녀가 회의에 참석하지 않자 그녀의 지위는 다른 사람에게 넘어갔다. 그 여선생님은 휴가를 마치고 돌아왔을 때 비로소 자신이 해고된 것을 알았다. 그러나 그녀는 범사에 감사해야 한다는 말씀을 믿고 이 환경을 그 하나님 말씀을 시험해 볼 매우 좋은 기회로 생각하였다.

그녀는 밀려오는 불평과 원망을 이기고 직장을 잃게 하신 하나님께 찬양과 감사를 드렸다. 절망에 빠져들려는 유혹과 싸워가면서 이틀 동안 찬양하며 지냈다. 셋째 날 이웃 사람과 대화하면서 이웃 사람이 "당신은 정말 크리스천이군요, 당신 같은 사람이 크리스천 학교에서 가르쳐야 할 사람입니다. 내 아들이 다니는 학교 교장 선생님을 만나 보십시오." 그녀는 그 교장을 만났다. 놀랍게도 일 학년 선생님의 자리가 비어 있었다. 그녀는 곧바로 그 학교에 취직이 되었다(멀린 케로디스, 「찬송 생활의 권능」, 보이스사, 149-150쪽).

상황이 어떻든지 상관없이 감사의 마음을 유지하는 자에게 은혜의 단비가 부어질 것이다. 감사의 마음을 유지하는 자가 가나안 땅을 차지할 것이다. 감사의 마음을 유지하는 자에게 좋은 사람이 붙을 것이다. 감사의 마음을 유지하는 자에게 생각지 않은 기회가 올 것이다. 감사의 마음을 유지하는 자에게 치유가 임할 것이다. 감사의 마음을 유지하는 자에게 큰 승리가 다가올 것이다. 감사의 마음을 유지하는 자에게 차고 넘치는 은총이 부어질 것이다.

당신은 결코 대충 창조되지 않았다. 하나님은 당신이 초라하게 살길 원치 않으신다. 하나님은 언제나 당신이 생각하는 것보다 더 넘치도록 부어주시길 원하신다. 불평으로 지겨운 삶을 불러들이지 말고 감사를 유지하여 당신의 가치를 높이라. 당신이 감사해야 할 사람이 있다면 미루지 말고 지금 감사를 표현하라. 기회가 있으면 감사를 표현하겠다고 하지 말고 먼저 감사를 표현하라.

행운은 저절로 오지 않는다.
행운은 평소에 감사의 씨를 많이 뿌린 자에게 온다.
행복은 저절로 생기지 않는다.
행복은 평소에 감사가 입에 붙은 자에게 피어오른다.

# 미리 감사기도를 드리라

예수님은 오병이어를 놓고 하나님께 불평하지 않았다. 오히려 그 작은 오병이어를 놓고 축사하셨다.

"예수께서 떡 다섯 개와 물고기 두 마리를 가지사 하늘을 우러러 축사하시고 떡을 떼어 제자들에게 주어"(막 6:41).

여기 축사란 감사기도를 말한다. 예수님은 기적이 일어나지도 않았는데 미리 감사기도를 하신 것이다. 예수님께서 미리 감사기도를 하시자 오병이어로 오천 명을 먹이고도 남는 놀라운 기적이 일어났다.

요한복음 11장에 보면 예수님이 죽은 나사로를 살리시기 전에 이런 기도를 하셨다. 나사로의 시체가 있는 무덤을 바라보시며 기도하셨다. "아버지여 내 말을 들으신 것을 감사하나이다"(요 11:41). 예수님께서 미리 감사기도 한 후 죽은 지 나흘이나 되는 나사로가 살아나는 기적이 일어났다.

우리는 예수님의 기도를 본받아야 한다. 미리 하는 감사기도는 기적을 가져다준다. 감사는 마치 다이빙할 때 수영선수가 밟고 뛰는 스프링보드같이 우리를 하나님께 뛰어들게 만든다. 미리 감사기도를 하면 지금의 상황에서 한 계단 뛰어오르게 되는 것이다.

제임스라는 소년은 예수를 믿지 않았다. 오히려 기독교에 대해 적대감을 가지고 있었다. 하루는 제임스의 어머니가 성경을 한 권 사서 아들 책상 위에 놓으며 이렇게 말했다.

"아들아, 이것은 네 성경이란다."

제임스는 대답했다.

"아니요. 전 축구하다 지옥 갈 거예요."

어머니는 그날 밤 교회에 가서 이렇게 기도했다.

"우리 아들은 꼭 그리스도인이 될 겁니다. 그 아이는 아직 모르고 있지만 저는 하나님께 미리 감사드립니다."

얼마 후 제임스 친구들이 길에서 그를 만나 말했다.

"너 그리스도인이 되었다며?"

"아니야, 그건 우리 엄마가 자기 멋대로 한 이야기야. 난 축구나 하다가 지옥 갈 거야."

그러나 제임스 어머니는 목사님을 만나 말했다.

"목사님, 이번 토요일 날 저녁에 우리 집에 오셔서 우리 아들에게 복음을 전해주세요."

그런데 금요일 밤, 제임스는 친구들과 축구하다가 운동장에서 불현듯 하나님의 임재를 느꼈다. 그는 친구들이 다 보는 앞에서 무릎을 꿇고 기도했다.

"하나님 저는 하나님이 필요합니다. 제 안에 오셔서 저를 변화시켜 주세요."

제임스는 운동복을 입은 채 집을 달려가 어머니를 껴안고 이렇게 말했다.

"엄마, 전 방금 그리스도인이 되었어요."

제임스 어머니는 이렇게 말했다.

"물론이지, 엄마가 3주 전에 벌써 말했잖아."

(릭 워렌, 「하나님의 인생레슨」, 디모데, 146-147쪽).

하나님께 미리 감사기도를 하는 것은 능력이 있다. 응답받는 기도의 비결은 미리 감사함으로 기도하는 것이다. 빌립보서 4장 6절에 보면 "아무것도 염려하지 말고 오직 모든 일에 기도와 간구로 너희 구할 것을 감사함으로 하나님께 아뢰라"고 말씀한다.

한 집사님은 자기 남편이 예수 믿게 될 것을 미리 감사기도 하였다. 그 집사님은 남편이 교회에 나올 뿐만 아니라 장로님이 될 것을 기도하였다. 하루는 남편의 구두를 닦으며 "아이구, 우리 장로님 구두가 더러워졌네" 하며 예쁘게 닦았다. 남편은 "그 자꾸 장로님, 장로님 하지 말아요." 그래 놓고 미안한지 "교회는 한번 가볼까?" 하며 같이 교회에 갔고 그 후 장로님이 되었다.

기도에 응답이 없는가? 미리 감사기도를 하라. 위기가 올 때 이런 말을 하는 부부가 되라.

"여보, 우리 미리 감사기도를 합시다."

미리 하는 감사기도는 기적을 퍼 올리는 한 바가지 물이다. 우리가 어릴 때는 마을에 물 펌프가 있었다. 물 펌프는 물을 푸기 전에 마중물을 부어야 한다. 그 마중물이 지하수를 끌어 올린다. 감사기도는 마중물처럼 하나님의 무한대 축복을 끌어온다. 다니엘은 자신을 죽이려는 자들이 기도하는 사람을 사자 굴에 넣으려 한다는 것을 알고도 집으로 돌아와 감사기도를 하였다.

"다니엘이 이 조서에 왕의 도장이 찍힌 것을 알고도 자기 집에 돌아가서는 윗방에 올라가 예루살렘으로 향한 창문을 열고 전에 하던 대로 하루 세 번씩 무릎을 꿇고 기도하며 그의 하나님께 감사하였더라"(단 6:10).

당신 같으면 어떤 기도를 하겠는가? "하나님이 이럴 수가 있습니까? 하나님 저는 억울합니다. 저 사람들을 죽여주옵소서." 그러나 다니엘은 상황을 바꾸어 달라고 기도한 것이 아니라 그 상황 자체에 감사하는 기도를 하였다. 그럴 때 기적이 일어나는 것이다.

복음주의 기업인협회 국제 회장인 프랭크 포클리오는 이런 간증을 하였다.

그녀의 딸은 자동차 사고를 당했다. 머리에 너무 큰 상처를 입어 중환자실에 입원하여 식물인간처럼 누워 있었다. 사고가 난 지 7년이 되어도 별 차도가 없었다. 믿음이 좋았던 프랭크는 하나님에 대한 믿음이 흔들렸다. '하나님은 왜 내 딸을 그냥 저렇게 내버려 두시는가?'

어느 날 목사님의 설교를 통해 모든 일에 감사하라는 음성이 들렸다. 그때 그는 생각했다. '하나님, 나는 감사할 수 없습니다.' 그런데 딸을 향하여 가는 동안 계속 그 마음에 하나님을 찬양하고 감사하라는 음성이 있었다. 그는 찬양할 수도 없었고 감사하고 싶지도 않았다. 그래도 계속 마음에는 이 일에 감사하라는 음성이 있었다.

"네 딸이 지금 처한 형편에 대해 나를 찬양하라."

그는 딸이 있는 병동에 다가와서 성령께 순종하였다.

"주님, 제 딸이 처해 있는 모든 일에 대해 감사드립니다. 하나님이 저보다 제 딸을 더 사랑하고 있음을 믿습니다."

그 순간 희미하나마 귀에 익은 목소리가 들려왔다.

"아빠, 아빠."

프랭크는 감동의 눈물이 흘렀다. 그는 외쳤다.

"내 딸이 정신을 찾았습니다."

하나님은 우리가 아무리 절망적이라 하더라도 하나님을 찬양하기를 원하신다(멀린 케로더스, 「찬송 생활의 열매」, 보이스사, 13-17쪽).

감사할 때 하나님의 능력이 스며든다. 병이 있는 분이 있는가? 지금 건강이 보이지 않아도 이미 나았다고 감사기도를 하라. 아들이 없는가? 이미 아들 주셨다고 감사기도를 하라. 없는 것을 있게 하시는 분이 하나님이시다. 하나님의 자원은 무한하다.

특별한 은혜가 필요한가? 은혜 달라고 기도하지 말고 "은혜 주셔서 감사합니다"라고 기도하라. 미리 감사기도를 한다는 것은 하나님을 그만큼 신뢰한다는 것이다. 하나님은 하나님을 신뢰하는 자를 가장 기뻐하신다. 여러분 인생에 단 한 번이라도 불평을 말하지 말라.

**후회와 좌절, 불평과 불만은**
하나님께서 우리에게 준비하신 계획을 방해한다. 결심하라.
"아주 작은 일에도 불평불만 하지 않고 감사하며 살겠습니다!"
이젠 모든 일에 감사하라.
감사가 당신의 미래를 아름답게 펼쳐 줄 것이다.

[ 소그룹 모임 / 가족 모임 5 ]
## 감사하는 마음을 유지하라

1. 일주일 동안 감사할 일들을 적어보자.

   지금 바로 옆에 있는 사람과 두 명씩 짝을 지어 지난 일 년 혹은 한 달, 한 주 동안 감사한 일들을 3분씩 나누라.

2. 사람들에게 감사를 표현하는 일을 구체적으로 시작해보자.

   종은 울리기 전에는 종이 아니다. 노래는 부르기 전에는 노래가 아니다. 감사는 표현하기 전에는 감사가 아니다. 오늘부터 매일 짧은 감사편지를 쓰겠다고 결심해보자.

   예) "고맙다고 말하고 싶다. 너 같은 친구를 둔 것이 행운이다.

   　　네가 내 옆에 있어서 행복하다."

   ─ 방법 : 꽃, 편지, 선물, 문자 메시지, 이메일 등.

   ─ 대상 : 교회 (하나님, 목회자, 셀원, 셀리더)

   　　　　 직장 (직장 상사, 동료, 부하 직원)

   　　　　 이웃 (옆집 사람, 자주 만나는 사람, 나의 전도 대상자)

   　　　　 가족 (부모, 자녀, 형제) 등 만나는 사람 두루두루.

3. 불평을 버리고 감사하는 사람이 되도록 기도하자.

　오늘부터 한 달 불평 제로를 선언하고 땡큐맨으로 살자. 한 달의 기간을 정하고 가족 중에서 불평할 수 있는 상황에 감사하는 사람에게 적당한 보상을 하라(용돈이나 기타 약속).

　— '미리 감사기도를 드리라' 는 항목을 실천해보자. 비전 카드를 들고, 내 삶에서 좋은 가치들이 이루어진 것을 상상하며 감사기도를 드리자.

PART

03

# 반드시 이기는 인생은
## 하늘로부터(기도, 경청) 온다

기도는 하나님의 손을 붙잡게 한다 / 모든 일에 기도하라
순간기도(화살기도)를 사용하라 / 더불어 함께 기도하라
응답받을 때까지 멈추지 말라 / 위대한 경청자로 살라
성경 말씀으로 하나님의 음성을 들으라 / 성령의 감동으로 하나님을 들으라
순종하는 종이 되어 들으라 / 사람의 말을 잘 경청하라

C·H·A·P·T·E·R·06
기도로 하나님의 손을 붙잡으라

"그 때에 아말렉이 와서 이스라엘과 르비딤에서 싸우니라. 모세가 여호수아에게 이르되 우리를 위하여 사람들을 택하여 나가서 아말렉과 싸우라. 내일 내가 하나님의 지팡이를 손에 잡고 산 꼭대기에 서리라. 여호수아가 모세의 말대로 행하여 아말렉과 싸우고 모세와 아론과 훌은 산 꼭대기에 올라가서 모세가 손을 들면 이스라엘이 이기고 손을 내리면 아말렉이 이기더니 모세의 팔이 피곤하매 그들이 돌을 가져다가 모세의 아래에 놓아 그가 그 위에 앉게 하고 아론과 훌이 한 사람은 이쪽에서, 한 사람은 저쪽에서 모세의 손을 붙들어 올렸더니 그 손이 해가 지도록 내려오지 아니한지라. 여호수아가 칼날로 아말렉과 그 백성을 쳐서 무찌르니라. 여호와께서 모세에게 이르시되 이것을 책에 기록하여 기념하게 하고 여호수아의 귀에 외워 들리라. 내가 아말렉을 없이하여 천하에서 기억도 못 하게 하리라. 모세가 제단을 쌓고 그 이름을 여호와 닛시라 하고"(출 17:8-15).

## 기도는 하나님의 손을 붙잡게 한다

미국에 27세에 백만장자가 된 폴 마이어라는 사람이 있다. 그는 교육, 컴퓨터, 부동산, 인쇄, 제조, 항공 등 40개가 넘는 회사를 가고 있고 수익의 50%를 십일조와 기부에 드리는 위대한 삶을 살고 있다. 그에게 어떤 사람이 질문하였다. "당신은 크리스천으로서 가장 중요한 것이 무엇이라고 생각합니까?" 그는 주저하지 않고 대답하였다.

"기도를 통해 하나님과 대화하는 것입니다. 기도가 내 삶의 가장 중요한 큰 부분이 되기 시작하면서 모든 것이 달라지기 시작했습니다. 이전까지는 기도가 지루하고 따분한 것이었으나 기도하면 할수록 내 삶과 하나님에 대해, 나 자신에 대해 상상을 초월하는 많은 일이 일어났습니다"(폴 마이어 「성공을 유산으로 남기는 법」, 두란노, 56-57쪽).

헬렌 켈러는 시청각장애인이었다. 그렇지만 그녀는 전 세계에 다니며 강의하고 수많은 책을 쓰고 몇 개의 외국어를 구사하며 많은 사람에게 도전을 주는 삶을 살았다. 그녀는 이런 말을 하였다.

"나는 친구 되신 하나님에 대해 단순하고 어린이 같은 믿음으로 기도하여 땅과 하늘에서 오는 모든 문제를 해결하였습니다."

하나님은 5일 동안 온 세상을 만드시고 제일 마지막 6일째 사람을 만드셨다. 왜 하나님은 사람을 제일 나중에 만드셨을까? 온 세상은 엑스트라에 불과하고 사람이 주역이라는 것이다. 창세기는 총 50장인데 천지창조에 대한 글은 창세기 1~2장뿐이고 나머지 48장은 모두 사람의 이야기이다.

창세기는 우주의 기원과 천지창조를 더 중요하게 다루어야 할 것 같은데 하나님은 하나님과 사람과의 관계를 더 많이 말씀하고 있다. 이것은 하나님께서 온 우주보다 작고도 작은 사람에게 더 큰 관심을 가지고 계신다는 것을 말하는 것이다. 당신은 하나님에게 우주보다 더 귀하고 특별한 존재다.

하나님은 에덴동산에 아담과 하와를 만드시고 이 세상에서 번성하고 이 세상을 다스리고 지키라고 하셨다. 아담에게는 이 세상에서 번성케 될 축복이 있었고 온 세상을 다스릴 능력이 있었다. 아담은 이 세상의 피해자로 태어난 것이 아니라 다스리고 지키는 이기는 자로 태어났다. 그런데 그가 범죄하여 하나님과의 관계가 깨어지자, 열등감과 외로움과 자원 고갈이라는 고통이 왔다.

하나님과 관계가 깨어진 사람에게는 언제나 자원 고갈이라는 부족함이 있다. 하나님은 예수님을 보내셔서 하나님과 사람 사이에 깨어진 관계를 잇게 하셨다. 예수님은 하나님을 '아바' 아버지라 부르셨다. 여기의 '아바'는 아빠로 번역할 수 있다. 예수님 당시 유대인 사회에서 하나님을 '아빠'라고 부르는 것은 신성모독이요 천벌 받을 짓이다. 그런데 예수님은 하나님을 '아빠'라고 부르셨다. 이것은 그 당시 유대인들의 문화로서는 혁명이며 충격이었다. 인류 역사상 하나님을 '아빠'라 부른 사람은 예수님밖에 없었다.

예수님은 예수 믿는 모든 자가 하나님의 아들이 되게 하셨다. 이제 우리는 마음껏 하나님을 아빠라 부를 수 있게 되었다. 하나님이 저 멀리 떨어진 무서운 신이 아니라 내 아버지가 되면 아버지가 가지고 있는 모든 부유함을 자녀인 우리도 누릴 수 있다. 하나님을 믿는 자들은 하나님과 대화할 수 있는 특권이 생긴 것이다.

이 세상에서는 무슨 일을 하든 지원 고갈이라는 벽을 만난다. 그러나 기도로 하나님의 손을 잡는 자는 하나님의 부유함이 들어오기에 풍성함을 누리게 된다. 예수님은 우리 삶을 풍성케 하려고 오셨다. 최고의 인생은 하나님과 친밀한 교제가 생길 때 이루어진다.

어느 날 한 아주머니가 벨 소리에 집 문을 열자 문 앞에 있는 소년이 말했다.
"아줌마 연필 한두 자루만 팔아 주세요. 이걸로 우리 마을에 세울 210억 원짜리 병원 설립을 도와줄 거예요."
아주머니가 말했다.
"얘야, 너 같은 어린아이 혼자서 이 몇 푼짜리 연필을 팔다니, 어느 세월에 그 거대한 목표를 달성하겠니!"
"어, 아줌마 저 혼자가 아니에요. 저 거리 건너 저 애를 좀 보세요. 그 애는 제 짝꿍이에요. 그 애가 돕고 있어요. 우린 정말 함께 일하고 있단 말이에요"라고 소리쳤다.
이 소년은 자기보다 더 나을 것 없는 짝꿍에게 상당한 믿음을 갖고 있었다. 하물며 우리가 풍성한 삶을 살게 하실 우리의 동역자인 하나님의 손을 잡는다면 엄청난 일이 일어나지 않겠는가(존 맥스웰, 「열매 맺는 지도자」, 두란노, 18쪽).

**우리는 원래 이 땅에서 풍성한 삶을 살게 되어있다.**
그 풍성한 삶의 모든 근원은 나에게 있는 것이 아니라 그분에게서 나왔다. 나는 내가 지구를 준비하지 않았다. 나는 내가 산, 나무, 열매, 채소, 바다, 물고기, 공기를 준비하지 않았다. 태어나 보니 모두 먼저 있었다. 이 땅의 모든 풍성함은 그분께서 준비해 주신 것이다. 만약 그분과 친밀한 시간을 가지지 않는데 풍성함이 있다면 그 풍성함은 모조품이며 가짜이다. 그 풍성함은 곧 메마르게 될 것이다. 참 풍성함은 그분과 시간을 보내고 그분과 친밀한 관계를 가질 때 생기는 것이다.

우리는 비참하게 살라고 창조되지 않았다. 우리는 초라하게 살라고 창조되지 않았다. 그래서 우리는 풍성한 비전을 가져야 한다. 당신의 모든 풍성한 비전을 종이에 적어보라. 그리고 믿음을 가지고 긍정적인 생각을 하고 긍정적인 말을 하라. 그다음 그 비전을 놓고 간절히 기도하라. 비전은 기도의 눈물을 먹고 자란다. 비전은 내가 이루는 것이 아니라 이루어지도록 그분이 도와주시는 것이다. 평범한 우리의 노력으로는 그 풍성한 비전을 이룰 수 없다.

하나님은 여호수아를 지도자로 세울 때 제일 먼저 기도의 능력을 알게 하였다. 성경에 여호수아라는 이름이 처음 등장하는 장면이 바로 출애굽기 17장이다. 이스라엘 백성은 출애굽 하여 기적적으로 홍해를 건너고 르비딤 광야 길을 가고 있었다. 그때 아말렉 족속이 나타나서 광야의 첫 전쟁을 치르게 된다.

모세는 산꼭대기로 올라가고 여호수아는 430년 동안 노예로 살았던 오합지졸로 구성된 군인들을 데리고 전투에 임한다. 모세가 산에 올라갈 때 아론과 훌이 함께 갔다. 아론은 모세의 형이고 훌은 모세 누나의 남편이라고 알려져 있다. 아론과 훌은 모세의 기도하는 팔이 내려오면 붙잡아 주었다. 이것은 기도의 동역을 보여주는 장면이다. 이것이 기도의 삼겹줄이다.

여기에서 주목할 것은 모세의 팔이 올라가면 전쟁을 이기고 모세의 팔이 내려가면 지는 것이다. 이것은 무엇을 말하는가? 기도의 중요성을 말한다. 인생의 승리는 기도에 달려 있다는 뜻이다.

"기도는 상황을 변화시킨다."

"기도는 사람을 변화시킨다."

"기도는 나를 변화시킨다."

"여호와께서 모세에게 이르시되 이것을 책에 기록하여 기념하게 하고 여호수아의 귀에 외워 들리라. 내가 아말렉을 없이하여 천하에서 기억도 못 하게 하리라"(출 17:14).

하나님은 모세에게 이 사건을 성경책에 기록하고 여호수아의 귀에 외워 들리게 하라고 하셨다. 하나님은 이 사건을 통해 여호수아에게 기도의 힘을 귀에 수없이 말하여 완전히 외우게 하라고 하셨다. 인생에서 가장 중요한 것이 기도라는 것을 체험으로 알게 하라는 것이다.

당신은 자녀들에게 인생의 가장 중요한 것을 한 가지 가르치라면 무엇을 말하겠는가? 실력이 아니라 기도의 힘이 되기 바란다. 여호수아가 전쟁에서 이긴 것은 싸움을 잘하였기 때문이 아니다. 전술이 좋았기 때문도 아니다. 오로지 모세의 중보기도 때문이었다.

여호수아는 기도의 힘을 이론으로 배운 것이 아니라 체험으로 알았다. 그래서 여호수아는 나중에 모세가 사라진 뒤 가나안 땅에 들어가서도 오로지 기도로 가나안 땅 전부를 차지하였다. 리더는 기도의 힘을 알아야 한다. 기도의 힘을 모르는 자는 리더의 자격이 없다. 부모는 자녀를 낳은 순간 리더가 된다. 좋은 부모는 기도의 힘을 아는 부모다.

하나님은 우리가 인생의 피해자로 사는 것이 아니라 승리자로 살길 원하신다. 그 승리자로 살 수 있는 비결이 바로 하나님의 손을 붙잡는 기도다. 기도는 하나님의 힘을 얻는 시간이다.

"진실로 너희에게 이르노니 무엇이든지 너희가 땅에서 매면 하늘에서도 매일 것이요 무엇이든지 땅에서 풀면 하늘에서도 풀리리라"(마 18:18).

## 모든 일에 기도하라

"아무것도 염려하지 말고 다만 모든 일에 기도와 간구로, 너희 구할 것을 감사함으로 하나님께 아뢰라"(빌 4:6).

2009년 2월에 우리 온 가족이 이탈리아에 가서 집회도 하고 여행을 하였다. 세계 최고의 바이올린을 만든 스트라디바리우스의 고향을 찾아갔을 때 6학년 된 딸이 바이올린을 전공하길 원해서 1년 전부터 매일 밤 이탈리아를 가게 해 달라고 기도했다고 말했다. 우리는 딸의 기도 덕분에 이탈리아를 여행하게 된 것을 알게 되었다. 매일 부르짖는 기도에는 엄청난 힘이 있다. 기도가 하늘에 쌓이면 하나님께서 반드시 역사하신다.

기도는 모든 일에 꼭 해야 한다. 바울은 모든 일에 기도하라고 하였다. 예수님은 무엇이든지 기도하라고 말씀하셨다.

"너희가 무엇이든지 아버지께 구하는 것을 내 이름을 주시리라"(요 16:23).

'무엇이든지'라는 단어를 보라. 성경에는 수많은 기도의 종류가 나온다. 약 320개 정도가 된다고 한다. 병 고쳐 달라는 기도, 아들 달라는 기도, 전쟁에서 이기게 해 달라는 기도, 비 오게 해 달라는 기도, 먹을 것을 달라는 기도, 하나님을 보여 달라는 기도 등 온갖 종류의 기도가 있다. 심지어 자기를 죽여 달라는 기도가 있고 원수들을 죽여 달라는 기도가 있고 물에 빠진 도끼가 떠오르게 해 달라는 황당한 기도도 있다. 그런데 우리 하나님은 이런 기도를 다 응답해 주신다는 것이다.

어떤 사람은 이런 것까지 기도해서 하나님을 귀찮게 하면 안 된다고 말한다. 그는 하나님을 잘 모르는 사람이다. 온 우주를 창조하신 분이시며 우리의 모든 것을 다 아시는 분이기에 80억의 인구가 모두 기도해도 다 듣고 응답하시는 분이다. 하나님은 우리의 머리카락 하나까지도 다 세시는 분이다. 머리카락은 보통 10만 개 정도 된다. 하나님은 그 머리카락의 변화를 다 아시는 분이다. 그만큼 우리 한 사람 한 사람에게 관심이 있으신 분이다. 하나님은 당신에게 깊은 관심이 있다. 그래서 지금 당신이 가진 문제에 대해서도 관심이 있다.

당신의 모든 문제를 감추지 말고 하나님께 다 아뢰라. 하나님은 당신의 모든 문제를 능히 감당하실 수 있는 분이다. 사람의 능력에는 한계가 있지만 하나님의 능력에 한계란 없다. 뭐든지 다 기도하라.

여호수아는 "태양아 멈추어라." 이런 말도 안 되는 기도를 하였다. 그러나 하나님은 하나님의 능력을 믿고 담대한 기도를 하는 여호수아의 믿음을 보시고 그 기도를 들어주셨다. 담대한 기도를 하라. 모험적인 기도를 하라.

야베스는 고통이라는 이름으로 불리면서 초라하게 살았지만 "내 지경을 넓혀 주소서."라고 기도하였을 때 하나님은 그 기도를 기뻐 받으시고 그를 존귀하게 해주셨다. 지금 초라한 위치에 있으면 내 지경을 넓혀 달라고 크게 기도하라. 입을 크게 열라.

"네 입을 넓게 열라. 내가 채우리라"(시 81:10).

우리 교회는 매년 '하나님이 도와주시지 않으면 절대로 이루어질 수 없는 기도 제목 10개'를 쓰고 기도해 왔다. 매년 그 기도는 응답되었다. 오늘 당신의 풍성한 비전 항목에 '하나님께서 도와주시지 않으면 절대 이루어질 수 없는 10가지 기도 제목'까지 첨가하기 바란다.

어느 날, 아주 부유한 나라의 왕이 신하들과 함께 말을 타고 자기 나라를 둘러보았다. 왕이 길을 가다가 세 농부를 만났다.
첫 번째 농부를 만나 왕이 물었다.
"네가 원하는 것이 무엇이냐?"
그는 왕이 타고 있는 말을 달라고 하였다. 그 왕은 농부를 쳐다보고 말했다.
"너의 요구를 들어줄 수 없다."
그러자 신하들도 함께 다 웃었다.
그리고 가다가 또 다음 농부를 만났다.
"네가 원하는 것이 무엇이냐?"
그 농부 역시 "왕이 타고 있는 말입니다."
왕이 또 대답하였다.
"너의 요구를 들어줄 수 없다."
그러자 이번에는 신하들이 더 큰 소리로 웃었다.

세 번째 농부를 만났다. 왕은 같은 질문을 하였다.

"네가 원하는 것이 무엇이냐?"

그 농부는 이렇게 대답하였다.

"왕이 타고 있는 말과 왕이 가진 영토의 절반을 원합니다."

그러자 왕은 서슴없이 대답했다.

"그래 네가 원하는 대로 다 너에게 주마."

신하들은 소스라치게 놀라며 물었다.

"아니 왜 그 농부에게 그 많은 것을 다 주십니까?"

그러자 왕은 대답하였다.

"난 사람들에게 얼마든지 줄 수 있는 능력과 재산이 있는데 사람들은 항상 조그마한 것들만 원한다. 그런 소심한 마음이 늘 나를 지겹게 만들고 초라하게 만들었다. 그런데 이 농부는 나를 정말 부유한 자로 알고 있다. 이 농부가 가장 나를 즐겁게 해주었다."

(존 해기, 「성공의 문을 여는 일곱 가지 비밀」, 미션월드, 253쪽).

당신의 하나님은 얼마나 크신가? 당신의 문제를 당신 혼자 힘으로 해결하려고 고민하지 말고 하나님께 올려 드리라. 염려할 시간이 있는가? 그 염려의 목록을 기도 목록으로 바꾸라. 염려한 시간이 있는가? 그 염려의 시간을 기도의 시간으로 대체하라. 염려의 자리에 하나님을 가득 채우라. 우리의 자원은 직장이나 사람에게 있는 것이 아니라 모든 자원의 근원이신 하나님에게 있다.

하나님은 우리를 위해 더 크고 놀라운 것을 준비하고 계신다. 우리의 기도가 너무 작은 것이 문제이다. 큰 비전을 품고 크게 기도하라. 매일 기대와 설렘 속에 왕 앞에 나아가라. 당신에게 날마다 좋은 일이 밀물처럼 밀려오고 있음을 믿으라.

우리가 기도하면 온 우주를 창조하신 창조주 하나님은 언제든지 우리의 기도를 들으신다. 그분과 기도하는 것을 즐기라. 기도하는 버릇이 생겨야 한다. 그러면 놀라운 결과들이 기다리고 있을 것이다.

## 순간 기도(화살기도)를 사용하라

하나님은 우리의 큰 문제만 들으시는 분이 아니라 우리 삶의 모든 순간을 도와주길 원하신다. 업무 중에 순간, 순간 기도하라(순간 기도는 '화살기도'라고도 한다). 집안일 하다가 순간, 순간 기도하라. 공부하다가 힘들 때, 먼 산을 보며 피로를 풀 때마다 순간 기도를 하라. 일의 스트레스가 밀려올 때마다 순간 기도를 드리라. 길게 하지 않아도 된다. 아주 짧게 기도하면 된다. 아버지 도와주십시오. 아버지 사랑합니다. 아버지 힘을 주십시오. 아버지 지혜를 주십시오. 아버지 창조력을 주십시오. 아버지 좋은 결정을 하게 해주십시오.

평범한 일상에서 기도하는 순간 초자연적인 능력과 지혜가 들어온다. 기도로 하나님의 손을 잡으면 평범한 순간이 순식간에 비범한 순간으로 바뀐다. 느헤미야는 아닥사스다 왕이 무엇을 도와주길 원하느냐고 물었을 때 순간 하나님께 기도하고 대답하였다. 이런 것이 순간 기도이다.

"왕이 내게 이르시되 그러면 네가 무엇을 원하느냐 하시기로 내가 곧 하늘의 하나님께 묵도하고"(느 2:4).

상황이 어렵게 되었는가? 순간 기도를 하기 바란다. 아무리 상황이 어려워도 하나님은 여전히 보좌에 앉아 계시면서 온 우주를 다스리신다. 성경에서는 구하지 않아서 받지 못한다고 말씀한다. 무엇이든지 구하라. 아들이 부르짖으면 듣지 않을 아버지가 없듯이 하나님은 우리의 순간 기도에 귀를 기울이신다. 고난이 왔는가? 절망을 초청하지 말고 당신을 이 땅에 보내신 하나님을 바라보라.

하나님은 이렇게 말씀하신다.

"여호와의 말씀이니라. 너희를 향한 나의 생각을 내가 아나니 평안이요 재앙이 아니니라. 너희에게 미래와 희망을 주는 것이니라"(렘 29:11).

이 말씀을 믿기 바란다. 지금 혹시 실패의 자리에 서 있는가? 지금 혹시 고난의 현장에 있는가? 순간적인 기도로 하나님의 손을 붙잡으라. 실패하였을 때, 고난이 왔을 때, 문제가 생겼을 때 "나는 이제 끝이야. 나는 이제 이 세상에 존재할 이유가 없어"라고 말하지 말라. 그러면 제일 좋아할 자가 사탄이다.

고난은 하나님의 손을 붙잡으라는 사인이다. 고난이 오면 절망의 손을 붙잡지 말고 하나님의 손을 붙잡으라. 하나님은 문제보다 크신 분이다. 하나님은 고난보다 크신 분이다. 하나님은 실패보다 크신 분이다. 하나님의 손을 붙잡으면 세상에 극복할 수 없는 문제란 없고 뛰어넘지 못할 장애물이란 없다.

## 더불어 함께 기도하라

우리 교회에 조 집사님의 간증이다.

조 집사님의 조카딸은 지금 미국 LA 은혜교회에서 신앙생활도 열심히 하는 믿음이 참 좋은 자매다. 그 자매의 지금 나이는 48세이다. 큰딸과 작은아들 둘 다 대학생이다. 조 집사님은 조카딸이 평소에도 간이 별로 좋지 않아서 한국에서 좋은 약을 많이 보내주었다.

2년 전에 갑자기 조카딸의 전화가 왔는데 간암이라고 했다. 집사님과 온 가족이 다 울었다. 집사님은 조카딸이 간암이라는 말을 듣고 미국으로 갔다.

공항에 나온 조카는 얼굴이 시커멓고 무척 어두웠다. 그때 조카의 나이는 46세였다. 그 자매는 자신이 간암이라는 것을 알고 그날로 금식을 시작하였다. 가족과 주위 사람들도 같이 기도하였다. 금식기도 후 병원에 가서 검사하였는데 간암이 사라진 상태였다. 지금은 3년이 지났는데도 아주 건강하다.

모세가 기도하다 지쳐 손이 내려올 때 그것을 본 아론과 훌이 모세의 손을 붙잡아 주었다. 모세는 기도의 손을 들면 전쟁에서 이기고 내리면 전쟁이 진다는 것을 눈으로 뻔히 보면서도 손을 내려야 했다. 우리 인간은 다 부족하고 연약하다. 쉽게 지친다. 누군가 도와주어야 한다. 우리는 우리와 함께 기도를 도와줄 아론과 훌이 필요하다. 바울 같은 위대한 사도도 자신을 위한 중보기도를 부탁했다. 혼자 기도하는 것도 좋다. 그러나 함께 기도하면 더 좋다.

"세 겹 줄은 쉽게 끊어지지 아니하느니라"(전 4:12).

한 줄은 쉽게 끊어지지만 세 겹 줄은 쉽게 끊어지지 않는다. 마찬가지로 우리가 서로 한마음으로 같이 기도하면 큰 힘이 된다. 기도의 동역자가 있어야 한다. 특히 가족과 함께 손잡고 기도하기 바란다. 가족이 함께 기도하면 해결하지 못할 문제란 없다.

"가장 위대한 힘은 기도의 힘이다." 대성한 사업가 클레멘트 스톤의 말이다. 그는 우리가 하나님을 만나기 전에는 문제를 처리할 수 있는 진정한 해결안을 얻지 못한다는 것을 알고 있었다.

## 응답받을 때까지 멈추지 말라

라보엠 주연으로 발탁된 41세 남자 오페라 가수가 있었다. 그는 누구보다도 열심히 연습하였다. 그러던 어느 날 갑작스럽게 쓰러져 병원에 옮겨졌다. 백혈병이었다. 머리카락도 한 움큼씩 빠졌다. 손톱과 발톱도 빠져나갔다. 외모는 누가 봐도 환자였다. 그런데도 계속 기도하며 하나님께 매달렸다.

성경의 히스기야를 떠올리며 겸손한 마음으로 기도하였다. 생명이 연장된다면 남은 평생 주를 위해 살겠다고 다짐하였다. 고통스러운 시간이 지나고 생사를 넘나드는 시간도 있었다. 하지만 그는 기도를 포기하지 않았다. 어느 날 기적이 일어났다. 병상에서 일어난 그는 전 재산을 팔아 백혈병 재단을 세웠다. 자신과 같은 질병으로 고통을 겪는 자들에게 하나님의 사랑을 전하고 싶었던 것이다.

이 사람이 바로 파바로티, 도밍고와 함께 세계 삼대 성악의 거장으로 불리는 호세 카레라스다. 그는 말한다.

"지금부터의 나의 삶은 나의 것이 아니다. 새롭게 주어진 이 생명은 하나님의 은혜다."

그는 기도의 힘으로 삶을 바꾸었다.

지금 미국의 가정 사역을 대표하는 기관은 'Focus on the family'다. 그 기관을 만든 제임스 답슨 박사의 간증이다.

"약 50년 전, 내가 대학 4학년 때 그 당시 46세였던 아버지가 피부암 진단을 받았다. 암은 몸 전체로 퍼졌고 6주 방사선 치료 후 차도가 없으면 오른손을 절단해야 한다고 했다. 예술가인 아버지의 오른손이나 생명을 잃을 수 있다는 말에 온 가족이 두려워했다. 우리 가족은 아버지를 위해 전심으로 기도했다. 방사선 치료를 4주나 하였지만 전혀 차도가 없었다. 담당 의사는 절단 수술을 하자고 말했다. 아버지는 교회 목사님을 찾아가 손등에 기름을 바르고 주님께 암을 치료해 달라고 기도하였다. 의사가 절단 수술을 해야 한다고 암시한 바로 그때였다. 기도 후 정확하게 이틀 뒤에 피부암은 치료되었고 그 뒤로 한 번도 재발하지 않았다"(제임스 답슨,「믿음의 영웅이 되라」, 두란노, 114쪽). 믿음과 기도가 만날 때 기적이 일어난다.

열왕기하 20장에 보면 히스기야 왕은 이사야로부터 자신이 병들어 죽을 것이라는 말을 들었다. 평범한 사람의 말이라면 무시할 수 있지만, 선지자인 이사야의 말이니 받아들여야 한다. 하지만 히스기야는 아무리 이사야 선지자의 말이라도 부정적인 말을 받아들일 수 없었다. 그는 절망하거나 포기하지 않았다. 그는 통곡하며 하나님께 매달리며 기도하였다.

하나님은 우리가 망하는 것을 원치 않으신다. 당신의 미래에 대해 좋은 충고는 들으라. 하지만 부정적인 말은 그냥 받아들이지 말라. 특히 질병에 대해서는 더더욱 나쁜 말을 받아들이면 안 된다. 당신이 믿고 있던 모든 줄이 다 끊어졌는가? 의사가 절망적인 진단을 했는가? 그래도 당신에게는 아직 기도의 끈이 있다. 히스기야가 기도하였을 때 무슨 일이 일어났나?

"내가 네 기도를 들었고 네 눈물을 보았노라. 내가 너를 낫게 하리니 네가 삼 일 만에 여호와의 성전에 올라가겠고 내가 네 날에 십오 년을 더할 것이며"(왕하 20:5-6).

하나님은 히스기야의 기도를 들으셨고 히스기야의 눈물을 보셨다. 부모는 자녀의 눈물에 약한다. 더욱이 하나님은 자녀인 우리 눈물에 약한 분이다. 어려운 일이 생겼는가? 전심으로 기도하라. 눈물로 간절히 기도하라. 간절한 기도는 하늘 문을 열리게 한다. 하나님은 상한 갈대를 꺾지 아니하시고 꺼져가는 심지를 끄지 않으시는 분이다(사 42:3). 하나님은 히스기야의 간절한 기도에 응답하셔서 그를 15년이나 더 살 수 있게 해주셨다. 질병에 걸렸는가? 하나님은 못 고칠 질병이 없다.

폴 피어설은 「영원한 사랑의 열 가지 법칙」이라는 책에서 자신이 암 투병 중에 병원에 갔던 일을 적었다.
의사가 그를 진단하더니 "아무래도 선생님은 완치가 어렵겠습니다"라고 말하자 옆에 있던 아내가 벌떡 일어서더니 옷걸이에서 옷을 챙기고 폴의 몸에 연결되어 있던 이런저런 튜브를 정리하면서 "여보, 어서 빨리 여기에서 나가요. 이 사람은 당신 건강에 아주 안 좋아요"라고 말하였다.

그리고 제대로 걷지도 못하는 그를 데리고 병실에서 나왔다. 갑작스러운 아내의 행동에 의사가 황급히 뒤쫓아 오자 "한 발짝도 다가오지 말아요. 우리한테서 멀리 물러서라고요."

"여보 우리는 이 병원에서 나가 당신 몸을 가장 잘 아시는 하나님께 갈 거예요."

그는 지금 건강하게 잘살고 있다.

사람들이 빌리 그레이엄 목사에게 어떻게 그렇게 세계적인 목회자가 되었느냐고 물었다. 빌리 그레이엄은 끊임없이 기도하는 것이라고 대답하였다. 그의 아들 프랭클린 그레이엄은 "나는 아버지의 '끊임없이 하는 기도'의 유산을 지속하리라 결심하였습니다"라고 말한다.

비전을 품었는가? 끊임없이 기도하라. 예수님은 제자들이 찾아와서 기도를 가르쳐 달라고 하였을 때 기도는 구하고 두드리고 찾는 것이니 끝까지 구하고 두드리고 찾으라고 하셨다. 기도란 간단히 말하면 응답받을 때까지 구하는 것이다. 염려하는 데 시간을 낭비하지 말라. 안 될 것이라고 말하지 말라. 때가 되면 응답하실 것이다.

하나님의 타이밍은 언제나 정확하다. 끝까지 믿고 기도하라.
가장 좋은 때에 가장 좋은 응답을 준비하고 계신다.
우리의 아버지이신 하나님은 우리가 염려하는
그 장애물보다 크신 분이다. 하나님은 자기를 찾으며
기도하는 자를 내버려 두시지 않는다.

하나님은 모든 풍요로움의 근원이다. 모든 것의 창조주시다. 생명과 행복의 근본이시다. 문제가 있는가? 부족함이 있는가? 그렇다면 염려하지 말고 하나님의 손을 붙잡으라.

With God all things are possible.

여호수아의 마지막 유언 설교가 무엇인가? 여호수아는 죽음 직전에 이스라엘 장로를 다 모아 놓고 거친 숨을 내쉬면서 "하나님과 가까이하라"(수 23:8)고 외쳤다. 하나님은 하나님과 가까이하는 자, 하나님과 친한 자에게 모든 것을 주길 원하신다. 하나님과 친한 자에겐 하나님의 부유함이 부어진다. 하나님의 손을 잡는 자에겐 놀라운 일이 일어난다. 하나님의 손을 잡는 자에겐 돕는 손길이 나타난다. 하나님의 손을 잡는 자에겐 최고의 기회가 찾아온다.

직장이 어려운가? 직장을 위해 손을 들고 기도하라. 가정이 어려운가? 가정을 위해 손을 들고 기도하라. 가나안 농군학교 교장이었던 김용기 장로님은 "조국이여 안심하라. 내가 기도한다"라는 엄청난 말을 하였다. 참 대단한 말이다. 기도의 손을 들고 있는 한 망하지 않는다.

모세가 위대한 모세가 될 수 있었던 것은 늘 기도하는 삶을 살았기 때문이다. 모세는 평생 기도의 손을 들고 있었다. 위기가 올 때마다 사람을 찾아다니지 않고 기도로 하나님의 손을 붙잡았다. 그것은 언제나 최고의 선택이었다.

하나님은 어려울 때 하나님의 손을 붙잡는 자를 외면하시지 않는다. 자녀가 어려움을 당하였을 때 부모의 손을 붙잡으면 부모도 도와주려고 한다. 하지만 그 부모는 최선을 다할 뿐이지 모든 것을 해결할 능력을 가진 것은 아니다. 우리 하나님은 우리가 어려움을 당하여 하나님의 손을 꼭 잡으면 전능하신 능력으로 도와주신다.

고난 앞에 혼자 두려워하지 말라. 하나님의 손을 잡으면 능히 고난을 이긴다. 질병 앞에 혼자 서서 두려워하지 말라. 하나님의 손을 잡고 질병에 맞서면 능히 이긴다. 하나님에겐 치유가 있다. 무슨 말을 해야 할지 모르는 상황이 다가왔는가? 모든 사람에게 후히 주시고 꾸짖지 않는 하나님께 구하라. 하나님께서 지혜를 흔들어 넘치도록 후히 부어주실 것이다.

"너희 중에 누구든지 지혜가 부족하거든 모든 사람에게 후히 주시고 꾸짖지 아니하시는 하나님께 구하라 그리하면 주시리라"(약 1:5).

하나님과 대화하는 자는 무능하지 않다.
하나님과 친밀한 자는 무능하지 않다.
하나님과 가까이하는 자는 무능하지 않다.

하나님의 능력이 당신의 것이 되게 하라. 하나님의 능력이 바로 당신의 것이다. 아버지의 능력을 사용하지 않는 아들은 어리석은 자다. 탕자의 비유에 나오는 큰아들은 아버지의 것이 자기 것인 줄 몰랐고 그것이 그를 우울하게 만들었다. 아버지의 것이 모두 아들의 것이다.

언젠가 한 집사님이 자기 부인이 중환자실에 입원했다며 심방을 요청하였다. 급히 병원으로 갔다. 남편은 중환자실 앞에서 안절부절못하고 있었다. 그 자매님은 소아과 의사인데 둘째를 임신하여 산달이 가까워 왔음에도 불구하고 계속 의사로 일하며 신경을 많이 쓰다가 머리에 혈관이 터져 급하게 중환자실에 입원했다는 것이다.

머리 사진을 찍어보니 오래전부터 혈관 하나가 바로 연결되어 있지 않아서 그 혈관 옆의 실핏줄로 피가 통해서 지금까지 살았는데 그 실핏줄이 터져 온몸이 마비되었다는 것이다. 그 자매는 머리의 중요한 혈관 하나가 끊겨 있는 것을 지금까지 모르다가 알게 되어 미래에 대한 극심한 불안과 걱정이 밀려 왔다.

나는 그 자매님에게 이렇게 말했다. "자매님이 의사로 지금까지 공부하고 훈련된 것에는 하나님의 특별한 목적이 있습니다. 이렇게 인생을 끝내라고 하나님이 자매님을 의사로 훈련시키신 것 아닙니다. 하나님의 손을 꽉 붙들고 사시면 자매님을 통한 하나님의 목적이 온전히 이루어질 것입니다." 자매님이 내 손을 붙잡고 고개를 끄떡였다. 그 자매님은 퇴원 후 서울에서 개원하여 소아과 의사로 크게 쓰임 받고 있다.

당신의 인생에 위기가 왔는가? 절망하지 말고 하나님의 손을 붙잡으라. 당신은 결코 혼자가 아니다. 어디를 가든지 혼자 다니지 말라. 하나님과 대화하라. 무엇을 하든지 혼자 결정하지 말라. 하나님과 대화하라. 당신에게는 최고로 가는 비결이 있다. 그것은 기도로 하나님의 손을 붙잡는 것이다. 하나님의 손을 붙잡는 자에겐 최고의 날이 펼쳐진다.

하나님의 손을 붙잡는 한 언제나 희망이 있다. 하나님의 손을 붙잡는 자에게 자원 고갈이란 없다. 하나님의 손을 붙잡는 자에겐 하나님의 지혜가 들어온다. 하나님의 손을 붙잡는 자에겐 하나님의 창의력이 들어온다. 하나님의 손을 붙잡으면 무능했던 자가 능력 있는 사람이 된다.

"내가 네 기도를 들었고 네 눈물을 보았노라.
내가 너를 낫게 하리니 네가 삼 일 만에
여호와의 성전에 올라가겠고
내가 네 날에 십오 년을 더할 것이며"(왕하 20:5-6).

[ 소그룹 모임 / 가족 모임 6 ]
## 기도로 하나님의 손을 붙잡으라

1. 하나님께서 도와주시지 않으면 절대 이루어질 수 없는 10가지 기도 제목을 쓰고 기도를 시작해보자.

   (당신의 비전카드에 그 기도 제목을 덧붙이라)

2. **기도의 세 겹줄을 만들라.**

   인생의 문제와 혼자 싸우지 말라.

   기도의 동역자를 만들어서 같이 기도하라.

   셀원끼리 모세-아론-훌의 역할을 정하고 지금 당장 기도해보자.

3. **예수님 이름으로 함께 기도해보자.**

   지금 가족이나 셀원 중에 어려운 문제가 있는 사람이 있다면, 그 사람을 가운데 두고 몸에 손을 대고 예수님의 이름으로 문제가 해결되도록 기도하라.

CHAPTER·07
주의 깊게 경청하라

"내 양은 내 음성을 들으며 나는 그들을 알며 그들은 나를 따르느니라"(요 10:27).
"듣기를 속히 하고 말하기는 더디 하며 성내기도 더디 하라"(약 1:19).

## 위대한 경청자로 살라

사람은 원래 하나님과 대화하며 살도록 창조되었다. 하나님은 원래 친구처럼 친밀한 교제를 나누기 위해 우리를 지었기 때문에 우리에게 말씀하시고 또 우리 말을 듣길 원하신다. 하나님은 아담에게 선악과를 제외한 에덴동산의 모든 실과를 먹으며 자유롭게 살라고 말씀하셨다. 아담은 하나님에게 들은 말씀을 하와에게 전하였다. 그러나 하와는 하나님의 음성보다 사탄의 음성에 더 귀를 기울였다. 인류 최초의 불행은 하나님 말씀을 주의 깊게 경청하지 않음에 있었다.

하와는 에덴동산에서 선악과를 빼놓고 모든 것을 다 먹으라고 하신 하나님 말씀보다 동산의 모든 것을 먹지 못하게 하였다는 사탄의 말을 듣고 하나님에 대해 섭섭한 마음을 가지게 되었고 하나님의 사랑에 대해 의심이 생겼다. 사람은 누구의 말을 듣느냐가 아주 중요하다.

하나님의 음성은 우리를 살리는 음성이고
사탄의 음성은 우리를 무너뜨리는 음성이다.
하나님의 음성은 자존감을 주는 음성이고
사탄의 음성은 열등감을 주는 음성이다.
하나님의 음성은 사랑의 관계를 만들어주는 음성이고
사탄의 음성을 분열을 주는 음성이다.

TV나 TV 광고를 많이 보면 내가 초라해진다. 세상의 대단한 사람들의 보도를 들으면 열등감이 생긴다. 그래서 우린 세상의 소리보다 하나님의 음성을 들어야 한다.

경청이라는 단어를 살펴보면 참 재미있다. 경청(傾聽), '기울일 경' 자와 '들을 청' 자를 쓴다. '들을 청' 자는 귀와 눈과 마음 그리고 왕이라는 네 문자가 합쳐진 것이다. 즉 경청한다는 것은 귀와 눈과 마음으로 왕에게 집중한다는 것이다. 우리 왕은 하나님이시다.

하나님의 음성을 주의 깊게 경청하면 세상에서 반드시 이기는 인생을 살게 된다. 하지만 세상의 음성을 들으면 늘 열등감을 가지게 되고 늘 부족하고 나약하게 살게 된다. 성경에 나오는 인물은 모두 하나님의 음성을 들었다.

노아는 하나님의 음성을 듣고 방주를 지었다. 노아는 당대 가장 지혜로운 자였고 최고로 성공한 자였다. 하나님의 음성을 경청하는 자에 겐 세상 사람이 알 수도 없는 지혜가 부어진다. 미 해군에서 조사해 본 결과 바다에서 가장 안전한 배는 방주 모양이고 방주의 크기라고 한다. 방주의 크기는 어떤 파도에도 부서지지 않는 황금비율을 가지고 있다고 한다. 하나님의 음성을 주의 깊게 경청하는 자는 세상이 알 수도 없는 탁월한 지혜를 가지게 된다.

아브라함은 하나님의 음성을 듣고 본토 친척 아비 집을 떠났다. 아브라함은 천사들을 통해 하나님의 음성을 듣고 롯에게 소돔과 고모라 성에서 나오라고 통보하였다. 그 결과 롯의 가족만 살아남았다.

누가 미래의 재난을 알 수 있는가? 누가 미래를 보장받는가? 누가 미래의 성공과 실패를 알 수 있는가? 하나님의 음성을 경청하는 자가 미래를 알 수 있다.

모세는 애굽 왕자의 신분을 버리고 광야에 가서 목동으로 살다가 40년 만에 하나님의 음성을 듣고 이스라엘 백성을 출애굽 시키는 탁월한 리더가 되었다. 하나님의 음성을 경청하는 자가 최고의 리더십을 가진다. 하나님의 음성을 경청하는 자가 시대를 리드하는 자가 된다.

모세의 위대함은 그가 하나님의 음성을 주의 깊게 경청하였다는 것에 있다. 나중에 모세는 하나님의 음성을 듣고 레위기에 나오는 모든 성막의 모양과 제사법을 모두 세밀하게 기록하였다. 다윗은 하나님의 음성을 듣고 이스라엘 최고의 왕이 되었다.

하나님의 음성을 경청하는 자가 어려운 문제를 해결할 수 있는 지혜를 얻는다. 하나님의 음성을 경청하는 자는 평소에 모르는 것을 미리 알 수 있다. 하나님의 음성을 경청하면 하나님께서 지혜를 주시고 분별력을 주신다. 하나님은 지금 상황에 최선의 것이 무엇인지 알고 계신다.

성경에 나오는 사람은 모두 하나님의 음성을 들었다. 그러면 오늘날에도 하나님의 음성이 있을까? 물론이다. 하나님의 음성이 없다면 우리와 하나님의 관계는 그냥 의식을 행하는 종교에 불과하다. 우리 기독교는 인간이 만들어 낸 종교가 아니다. 우리는 타 종교와는 다르게 매일 매 순간 하나님과 인격적으로 교제하는 살아 있는 만남이 있다. 친밀한 관계가 형성되려면 대화해야 한다. 예수님은 분명하게 말씀하셨다.

"내 양은 내 음성을 들으며 나는 그들을 알며 그들은 나를 따르느니라"(요 10:27).

당신은 예수님의 양인가? 그렇다면 그분의 음성을 듣는 것이 정상이다. 그분의 양임에도 불구하고 그분의 음성을 듣지 못한다면 이상한 것이다.

"하나님께 속한 자는 하나님의 말씀을 듣나니 너희가 듣지 아니함은 하나님께 속하지 아니하였음이로다"(요 8:47).

왜 오늘날 교회에서는 하나님의 음성이 있다는 것을 말하지 않을까? 혹시 신비주의에 빠질까 두려워서 그렇다. 성경에 나오는 인물들은 신비주의가 아니라 건강한 그리스도인이었다. 그러므로 우리도 하나님의 음성을 경청해야 한다.

요한 계시록 3장 20절에 보면 예수님은 "볼지어다. 내가 문밖에 서서 두드리노니 누구든지 내 음성을 듣고 문을 열면 내가 그에게로 들어가 그와 더불어 먹고 그는 나와 더불어 먹으리라" 말씀하셨다. 이 말씀은 예수를 믿지 않는 자들에게 전도용으로 하시는 말씀이 아니고 덥지도 않고 차지도 않은 미지근한 신앙생활을 하는 자들에게 하신 말씀이다. 우리는 이 말씀을 전도용으로만 사용해 왔기에 이 말씀의 참 의미를 잃어버렸다. 이 말씀은 우리 믿는 자들이 마음 문을 열고 주님의 음성을 들으려고 하면 주님의 음성을 듣는다는 말씀이다.

하나님의 음성을 듣는 일은 특별한 사람에게만 일어나는 일이 아니다. 하나님의 음성을 듣고자 경청하는 모든 사람에게 일어나는 일이다. 사람에게는 오감만(청각, 시각, 후각, 미각, 촉각) 있는 것이 아니다. 사람에게는 영감이 있다.

감각 기능은 키우면 크게 자란다. 음악하는 사람은 보통 사람과 다르게 청각이 뛰어나다. 시각장애인은 손가락의 촉각이 뛰어나서 점자를 읽을 수 있다. 사람의 감각 기능이 자라듯이 영감도 자란다. 영감을 키우면 계속 자라 하나님의 음성을 듣는 것에 탁월한 사람이 된다. 교회는 오래 다녀도 하나님의 음성을 듣지 않는 자는 영감에 어린아이다. 그러면 그 음성을 어떻게 듣게 될까?

## 성경 말씀으로 하나님의 음성을 들으라

하나님의 음성을 바로 알려면 하나님 말씀을 바로 알아야 한다. 하나님의 음성을 듣는 가장 좋은 방법은 하나님 말씀을 읽는 것이다. 옛날에는 피아노를 조율할 때 소리굽쇠를 가지고 다녔다. 그 소리굽쇠를 치면 A음 소리가 난다. 조율사는 그 A음을 기준으로 88개의 음을 다 찾았다. 성경이 그 소리굽쇠처럼 모든 음성의 기준이 된다.

성경에는 인터넷이나 TV 이야기가 안 나온다. 하지만 성경을 보면 인터넷과 TV를 어떻게 다루어야 하는지 알 수 있다. 하나님의 음성을 듣는데 가장 건강한 기본은 성경이다. 히브리서 4장 12절에 보면 "하나님의 말씀은 살아 있고 활력이 있어 좌우에 날 선 어떤 검보다도 예리하여 혼과 영과 및 관절과 골수를 찔러 쪼개기까지 하며 또 마음의 생각과 뜻을 판단하나니"라고 기록되어 있다. 하나님 말씀은 살아 있다. 이 말씀이 우리의 심령을 만진다. 늘 아무렇지 않게 읽던 성경 말씀이 어느 날 심령에 강력하게 말씀한다.

미국의 약물 중독자를 치료해 주는 기관에서 인생을 포기하고 마약에 빠져 침대에 누워 있는 한 청년이 있었다. 그곳에서 일하는 간호사는 믿음이 좋은 자매였다. 그 간호사가 마약에 절어 사는 젊은이에게 "하나님은 당신을 사랑합니다"라고 말하자 청년은 "하나님이 나를 사랑한다면 내 인생이 왜 이렇게 되었겠어요?"라고 화를 버럭 내며 그녀의 말문을 막았다. 그녀는 복음을 받아들이길 거부하는 청년의 침대 위에 자그마한 쪽지를 놓아두었다.

잠을 자고 난 청년은 그 쪽지를 발견하고 읽어보았다. 이 청년은 그 쪽지를 읽고 엉! 엉! 엉! 울었다. 그 쪽지에는 "여인이 어찌 그 젖 먹는 자식을 잊겠으며 자기 태에서 난 아들을 긍휼히 여기지 않겠느냐. 그들은 혹시 잊을지라도 나는 너를 잊지 아니할 것이라"(사 49:15)는 말씀이 적혀 있었다.

이 청년의 어린 시절에 어머니가 아들을 버리고 떠나 버렸다. 어린 시절부터 거절감을 느끼고 인생을 비관하며 살았는데 자신의 상황을 꿰뚫어 보는 듯 자기 앞에 펼쳐진 성경 구절에 마음 문이 열렸다. 청년은 그 말씀을 몇 번이고 읽었고 하나님께서 자신을 버리지 않는다는 말씀을 가슴 깊이 받아들였다.

성경은 매일 우리가 올바로 살 수 있게 만들어주는 강력한 힘이 있다. 인생을 바로 살기 원하는 사람이라면 반드시 성경을 읽어야 한다. 차를 바로 사용하려면 설명서를 읽어야 차를 무리하게 다루지 않고 잘 사용할 수 있다. 마찬가지로 인생을 바로 살려면 인생 사용 지침서인 성경을 읽어야 한다.

많은 사람이 스트레스를 받거나 두려움에 빠져 사는 이유는 성경을 통해 말씀하시는 여호와 하나님의 음성을 듣지 않기 때문이다. 하나님의 음성을 듣기 원하는가? 한자리에 앉아서 성경 66권 중의 한 권을 붙잡고 다 읽어보라. 여기에 한 권이란 요한복음, 로마서, 창세기 같은 각 권을 말한다.

지금 비전이 필요한가? 창세기나 출애굽기를 한 번에 한자리에서 다 읽어보라. 지금 도전이 필요한가? 여호수아서를 한 번에 다 읽어보라. 지금 지혜가 필요한가? 잠언을 한 번에 다 읽어보라. 지금 믿음이 필요한가? 로마서를 한 번에 다 읽어보라. 지금 회복이 필요한가? 요한복음이나 에스겔서를 읽어보라. 지금 치유를 원하는가? 이사야서나 사복음서를 읽어보라. 특히 사복음서는 우리가 이 세상에서 어떻게 살아야 하는지를 예수님께서 모델로 보여주신다. 그래서 사복음서는 모두 암송하면 좋다.

하나님은 성경으로 말씀하신다. 하나님의 음성에 대한 가장 건강한 경청은 하나님 말씀을 읽는 것에서 시작된다. 나는 아버지의 음성을 잘 알아듣는다. 아버지가 나에게 전화하면 아버지인 줄 금방 안다. 조금도 헷갈리지 않는다. 아버지를 40년 동안 익히 잘 알고 있기에 아버지의 성품과 관심을 안다.

만약 아버지가 나에게 전화해서 돈 천만 원을 입금하라고 한다면 나는 그 음성이 가짜임을 안다. 아버지는 강직한 분이고 자녀에게 손을 벌리는 분이 아니라는 것을 알기 때문이다. 평소에 아버지를 잘 아는 사람은 아버지의 음성에 혼동이 없다. 평소에 성경을 통해 하나님의 인격과 하나님의 관심을 아는 분은 하나님의 음성에 어려움이 없다. 그래서 정확한 하나님의 음성을 들으려면 성경 66권을 잘 알아야 한다. 성경에 나오는 인물은 모두 성경을 익히 잘 아는 사람들이었다.

## 성령의 감동으로 하나님의 음성을 들으라

성령의 감동이라고 하니 조금 어려운가? 성령의 감동이란 어떤 자극을 말한다. 구약에서 성령은 '루아흐'라는 단어를 사용한다. 이 말의 뜻은 '바람'이다. 바다에 바람이 불면 파도가 출렁거린다. 그 출렁거림이 바로 성령의 감동이다. 즉 성령의 감동이란 내 마음의 어떤 자극이나 격려나 바람이나 흔적을 말한다. 이 성령의 감동은 경청할 때 들린다.

예수님은 자주 "귀 있는 자는 들으라"(마 13:43) 말씀하셨다. 예수님의 음성에 주의 깊게 경청하라는 것이다. 예수 믿는 수많은 사람이 성령의 감동 없이, 하나님의 음성 없이 살아간다. 예수를 믿어도 성령의 감동이 없다면 지금 신앙에 문제가 있다는 것이다.

예수님을 내 구세주로 영접한 자에게는 끊임없이 그를 인도하시는 성령님이 계신다. 성령 하나님은 끊임없이 성령의 감동으로 우리에게 말씀하고 계신다. 문제는 우리가 그 음성에 대해 주의 깊게 경청하지 않는 것이다.

욥은 하나님을 잘 섬겼다. 예배도 잘 드렸다. 그러다 그는 어느 날 갑자기 자녀가 다 죽고 재산도 모두 잃고 나서 기도하다가 드디어 하나님을 만났다. 그는 하나님의 음성을 듣고 이렇게 고백했다.

"내가 주께 대하여 귀로 듣기만 하였삽더니 이제는 눈으로 주를 뵈옵나이다"(욥 42:5).

욥이 하나님에 대하여 소문만 들었는데 이제 직접 자신이 체험하였다는 것이다. 하나님에 대해 소문을 듣기만 하지 말라. 오래 교회 다녔다고 말하지 말고 지금 자기에게 성령의 감동이 있다고 말하라.

내 안에서 말씀하시는 성령의 감동, 성령의 음성에 대해 너무 어렵게 생각하지 말라. 이 성령이 우리 안에 계시기에 우린 세상 사람과 다르게 사는 것이다. 예수님은 제자들에게 성령이 오시면 모든 것을 가르치신다고 말씀하셨다.

"보혜사 곧 아버지께서 내 이름으로 보내실 성령 그가 너희에게 모든 것을 가르치고 내가 너희에게 말한 모든 것을 생각나게 하리라"(요 14:26).

"그러나 진리의 성령이 오시면 그가 너희를 모든 진리 가운데로 인도하시리니 그가 스스로 말하지 않고 오직 들은 것을 말하며 장래 일을 너희에게 알리시리라"(요 16:13).

예수님을 믿는 자에게는 누구나 성령님이 계신다. 우리 안에 계신 성령님께서 우리에게 감동을 주신다. 성령님은 이천 년 전이나 지금이나 동일하게 역사하신다. 보혜사라는 말은 늘 곁에서 '나'라는 인물에 대하여 언제나 긍정적으로 생각하고 변호하고 돕고 인도하신다는 말이다. 이 얼마나 좋으신 분이신가? 그분이 우리에게 모든 것을 가르치고 최고의 곳으로 인도하신다. 사도 바울은 우리 몸은 성령이 거하는 전이라고 말하였다(고전 3:16, 6:19).

반드시 이기는 라이프는 당신 안에 계시는 그 성령의 음성을 들으면 이루어진다. 먼저 당신 안에 성령님이 계신다는 것을 믿어야 한다. 그리고 그분의 음성을 주의 깊게 경청하라. 성령님의 음성에 집중하면 보통 사람이 알 수도 없는 놀라운 지혜와 직감과 통찰력이 생긴다. 이것은 이론으로 설명할 수 없다. 이것은 세상 사람이 모르는 음성이다.

다니엘은 보통 사람들보다 10배나 뛰어난 지혜가 있었다고 한다. 느부갓네살 왕은 다니엘에게 거룩한 영이 있다고 말하였다(단 4:9). 성령께 경청하면 보통 사람보다 10배나 탁월한 지혜를 가지게 된다. 당신에게는 세상에서 가장 지혜로우신 분의 음성이 있다. 성령의 음성을 경청하면 성령께서 지혜를 주신다.

한 여성 강사가 강단에 올라갔다. 그분은 강단에 올라가서 설교하다 중간에 울기 시작하였다.

"그러지 마세요, 그러지 마세요, 제발 그러지 마세요."

전 교인이 숙연해졌다. 뒤쪽에서 아름다운 젊은 여인이 울면서 단상으로 올라왔다. 그 여인은 결혼도 하지 않았는데 임신을 하고 극도의 절망에 빠져 유서를 써놓고 오늘 자살하려고 했다고 한다. 그녀는 무언가에 이끌려 이 예배에 참석하였는데 "그러지 마세요"라는 그 음성이 그녀의 마음을 붙잡았다. 그녀는 그 순간 하나님의 사랑을 느꼈고 삶의 방향을 바꾸었다.

성령님의 음성을 듣는 것을 결코 이상하게 여기지 말라. 얼마 전 어떤 권사님 아버님이 위독하셔서 병원 심방을 갔다. 설교는 요한복음 14장을 준비하였는데 예배 직전에 제가 "성령 하나님, 무엇을 설교할까요?" 하니 그냥 시편 23편이 떠올랐다. 그래서 갑자기 본문을 바꾸어 시편 23편을 본문으로 설교하였다. 그런데 권사님이 너무 좋아하시는 것이었다. 예배 후 들으니 시편 23편은 아버지가 가장 좋아하시는 말씀이라고 한다.

성령님은 남들이 알지 못하는 것을 알게 해주신다. 나는 매일 산에 올라간다. 산에 오르면서 하나님과 대화한다. 설교에 대한 좋은 생각을 산에서 얻는다. 책상에서 설교 본문을 읽고 산을 오르면서 말씀을 묵상하면 그냥 어떤 생각이 떠오른다. 좋은 아이디어가 들어온다.

당신을 인도하고 가르치고 생각나게 하시는 성령님의 음성을 경청하라. 매일 매 순간 당신을 도우시는 성령의 음성이 있다. 당신에게는 세상 사람에게 없는 보혜사 성령님이 계신다. 당신 마음 깊은 곳에서 들리는 성령의 음성을 무시하지 말고 경청하라.

성령의 음성을 들으면 풍성한 삶을 살지만
성령의 음성을 무시하는 사람은 초라한 삶을 산다.

교회 오래 다니는 것이 중요한 것 아니다. 그분의 음성을 듣고 그분의 음성에 순종하며 사는 것이 중요하다. 당신이 아무리 교회를 오래 다녀도 그분의 음성 없이 산다면 그것은 종교인에 불과하다. 매일 그분의 음성을 들으라. 그분은 우리에게 말씀하고 싶어 하신다.

## 순종하는 종이 되어 들으라

구약 성경에 보면 어린 사무엘이 하나님의 음성을 듣는 장면이 나온다. 사무엘은 한나가 낳은 기도의 아이다. 사무엘은 높은 신분을 가지거나 좋은 가문에서 태어난 자가 아니다. 그는 아주 어린 시절부터 성전에서 머슴처럼 일하며 살았다. 그저 1년에 한 번 부모님을 만나는 외로운 소년이었다.

그런데 어느 날 사무엘의 인생을 뒤바꾸는 놀라운 일이 일어났다. 하나님의 음성이 들린 것이다. 하나님이 처음 사무엘의 이름을 불렀을 때 사무엘은 무슨 소리인지 몰랐다. 그는 하나님의 음성이 있다는 것을 한 번도 들어본 적이 없었다. 그래서 처음 하나님께서 "사무엘아"라고 부르실 때 그는 엘리 제사장이 부르는 줄 알았다. 이렇게 하나님의 음성은 사람이 부르는 것처럼 분명하다는 것이다.

그가 엘리 제사장에게 갔을 때 엘리 제사장은 부른 적이 없다고 하였다. 세 번이나 되풀이되자 엘리 제사장은 하나님의 음성 듣는 법이라는 특별 강의를 해주었다. 이제 다시 하나님이 부르시면 "말씀하옵소서. 종이 듣겠나이다" 하라고 가르쳐주었다. 사무엘은 돌아가서 다시 하나님이 그를 부를 때에 "말씀하옵소서. 종이 듣겠나이다" 하였다. 그 사건 이후 사무엘은 하나님의 음성을 듣는 놀라운 선지자가 되었다. 사무엘의 위대함은 그에게 있었던 것이 아니다. 그가 하나님의 음성을 경청하였기 때문이다.

지금도 예수 믿는 자는 누구나 다 하나님의 음성을 들을 수 있다. 하나님의 음성을 듣는 방법은 간단하다. "말씀하옵소서. 종이 듣겠나이다"라고 말하고 엎드리면 된다. 오늘 집에 가서서 TV도 끄고 세상의 모든 소리를 잠재우고 조용히 무릎을 꿇고 "말씀하옵소서. 종이 듣겠나이다"라고 기도해 보라. 하나님께서 말씀하실 것이다.

우리 교회 한 형제의 간증이다. 보통 때는 저녁이 되면 TV를 보면서 시간을 보냈는데 하나님의 음성이 있다는 말씀을 듣고 TV도 끄고 조용히 혼자 거실에 앉았다. 정말 겸허한 마음으로 혼자 무릎을 꿇었다. "주여 말씀하옵소서. 종이 듣겠나이다"라고 말하자 그 순간 하나님의 음성이 들렸다. "OO야 참 오랜만이구나." 이 형제는 깜짝 놀라서 "하나님 오랜만이라뇨? 무슨 말씀입니까? 제가 교회에서 얼마나 열심히 섬기는데"라고 대답했더니 하나님은 "네가 20년 만에 처음으로 나를 찾는구나"라고 말씀하셨다. 그 형제는 눈물을 흘렸다.

매 순간 "주여, 말씀하옵소서. 종이 듣겠습니다"라고 말하면 그 음성이 들린다. 종이 되어야 한다. 하나님은 모세에게 나타나셔서 "신발을 벗으라" 말씀하셨고, 여호수아에게도 "신발을 벗으라"고 말씀하셨다. 왜 하나님은 신발을 벗으라고 하셨을까? 그 당시에 신발을 벗는 것은 종이 된다는 의미였다. 신발을 벗고 종이 될 때 하나님의 위대한 일을 할 수 있는 것이다.

당신은 망하기 위해 태어나지 않았다. 당신은 하나님의 걸작품이다. 당신이 뭐 조금 실수했다고 해서 조금 죄지었다고 해서 하나님이 당신을 버리시지 않는다.

나는 내 아이들에게 이런 말을 해주었다.

"아들아, 아빠는 네가 실수를 하든 성적이 나쁘든 무슨 일을 하든 너를 사랑한단다" 하고 안아 주었다.

그랬더니 위의 두 아이는 "네 아빠, 알고 있어요"라고 말했다.

막내에게 "찬영아, 아빠는 네가 무슨 실수를 하든 성적이 나쁘든 상관없이 너를 사랑한단다"하고 말하니, "아, 그럼요. 당연하죠"라고 대답했다.

정말이다. 내가 우리 아이들의 실수나 잘못에도 불구하고 그들을 사랑한다는 것은 사실이다. 나는 이 말을 하고 하나님을 생각해보는데 은혜가 되었다. 하나님은 부모인 우리보다 더 우리 자녀들을 사랑하시는 분이다. 내가 무엇을 하든 내가 무슨 실수를 하든 상관없이 하나님께서 나를 사랑하신다는 확신이 밀려왔다.

자존감을 가지라. 당신의 실수에 대해 자학하지 말라. 자학은 당신 자신에게 독약을 먹이는 것이다. 하나님은 당신을 사랑하시기에 당신에게 말씀하고 계신다. 하나님께서 나에게 말씀하시는가가 중요한 것이 아니라 내가 하나님의 음성을 주의 깊게 경청하는가가 중요하다.

하나님은 당신을 위해 놀라운 것을 준비해 놓고 계신다.

"기록된 바 하나님이 자기를 사랑하는 자들을 위하여 예비하신 모든 것은 눈으로 보지 못하고 귀로 듣지 못하고 사람의 마음으로 생각하지도 못하였다 함과 같으니라"(고전 2:9).

이 구절에는 놀라운 말씀이 담겨 있다. 하나님께서 우리를 위해 예비해 두신 것은 눈으로 보지도 못하였고 귀로 듣지도 못하였고 상상도 못 한 것이라는 것이다. 그러니 큰 것을 기대하고 큰 것을 상상하기 바란다. 지금 당신이 가지고 있는 실력으로 당신을 제한하지 말라. 지금 당신이 가지고 있는 돈으로 당신의 미래를 제한하지 말라. 당신을 위해 하나님은 당신이 한 번도 생각하지 못한 큰 것을 예비하고 계신다.

그런데 그것을 어떻게 알 수 있는가?

"오직 하나님이 성령으로 이것을 우리에게 보이셨으니 성령은 모든 것 곧 하나님의 깊은 것까지도 통달하시느니라"(고전 2:10).

우리가 눈으로 보지 못한, 귀로 듣지도 못한, 생각으로 상상도 못 한 일을 성령의 음성으로 가르쳐 주신다.

당신이 성령의 음성을 경청한다면
최고의 지혜가 부어질 것이다.
당신이 성령의 음성을 경청한다면
기적적인 기회와 은총이 찾아올 것이다.
당신이 성령의 음성을 경청한다면
하나님께서 당신을 위해 예비하신 축복을 누리게 될 것이다.

당신에게는 생각지도 못한 일이 일어날 것이다. 당신에게는 한 번도 본 적 없는 축복이 일어날 것이다. 당신에게는 한 번도 들은 적도 없는 은혜가 부어질 것이다. 매일 아침 성령의 음성에 귀 기울이라. 당신에게는 최고의 상담자, 최고의 돕는 자가 있다.

79세의 모세와 80세의 모세는 너무나 다른 인생을 살았다. 79세의 모세로서는 자신이 80세에 그렇게 엄청난 일을 할 줄 상상도 못 했다. 그런데 79세의 모세가 한 번도 생각하지 않았던 일이 80세에 일어나고 말았다. 79세의 모세처럼 혼자 힘으로 산다면 늘 열등감과 두려움 속에 살 것이다. 그러나 성령의 음성에 경청하며 순종하면서 산다면 눈으로 한 번도 보지 못한, 귀로 한 번도 듣지 못한, 상상으로 한 번도 생각지 못한 일이 펼쳐질 것이다.

성령의 음성을 경청하라. 그 음성이 나를 뛰어넘는 일을 요구할 때 시도하라. 그래야 기회가 온다. 당신에게는 엄청난 능력이 있다.

노르웨이는 수많은 강과 폭포를 이용하여 전기를 만드는데 전기가 거의 공짜다. 그래서 그들은 밤낮 전기를 켜 둔다. 반면 수 세기 전에 똑같은 장소에 살았던 바이킹족은 양초를 사용하였다. 그들은 가지고 있는 에너지를 활용하지 못했다. 그들은 자기들이 가진 잠재력을 몰랐기 때문이다. 당신에게는 놀라운 능력이 있다.

성령의 음성을 경청하라.
그러면 하나님의 부유함을 경험하게 될 것이다.

질병에 걸렸는가? 불가능하다는 의사의 소리를 듣지 말고 어떤 병도 치유된다는 성령의 음성을 경청하라. 돈에 문제가 있는가? 길이 없다는 주위 사람들 말을 듣지 말고 "하나님은 아무리 큰 산도 옮기신다. 하나님은 모든 재정의 근원이시다"라는 성령의 음성을 들으라. 인간관계에 문제가 있는가? 비판하는 사람의 말을 듣지 말고 영원히 우리를 사랑하시는 성령님의 음성을 들으라. 무엇인가에 실패하였는가? 이제 아무것도 할 수 없다는 사탄의 음성을 듣지 말고 다시 일어나라는 성령님의 음성을 들으라. 약할 그때가 오히려 강함이다.

우리 마음 깊은 곳에서 들리는 성령의 음성이
우리의 최고의 잠재력이다.
성령의 음성을 경청한다면
초자연적인 은혜가 부어질 것이다.
성령의 음성을 경청한다면
놀라운 지혜가 부어질 것이다.
성령의 음성을 경청한다면
결코 평범한 자리에 머물지 않게 될 것이다.

사람이 신의 음성을 기대한다는 것은 기적 중의 기적이다. 당신이 하나님의 음성을 기대하고 경청의 시간을 가진다면 당신이 느끼는 세상은 더 커질 것이다. 당신이 경청의 시간을 점점 늘린다면 당신의 세계는 점점 더 부유해질 것이다.

## 사람의 말을 잘 경청하라

"내 사랑하는 형제들아 너희가 알지니 사람마다 듣기는 속히 하고 말하기는 더디 하며 성내기도 더디 하라"(약 1:19).

사람마다 첫인상이 다 다르다. 어떤 사람은 첫인상이 좋지 않아 인간관계에 어려움을 겪기도 한다. 백화점의 직판원이 첫인상이 좋으면 다른 사람보다 더 많은 매상을 올린다. 첫인상이 좋은 사람은 어떤 사람인가? 얼굴이 잘생기거나 예쁜 사람이기보다 상대방의 말을 주의 깊게 들어 주는 사람이다. 얼굴에 미소를 머금고 손님의 말에 귀를 기울이는 사람은 좋은 인상을 준다.

첫인상에 좋은 이미지를 주는 것에 실패하는 사람은 대부분 상대방의 말을 주의 깊게 들어주지 않는 사람이다. 듣기를 잘하는 것은 말을 잘하기보다 훨씬 어렵다. 당신이 만나는 사람의 마음을 사려면 상대방의 말을 잘 들어 주면 된다. 말하는 것이 지식의 영역이라면 듣는 것은 지혜의 영역이다. 정말 지혜로운 사람은 상대방의 말을 잘 들어줌으로 상대방의 마음을 얻는다.

사람은 얼마나 이기적인지 이웃 나라 사람들이 전쟁이나 테러로 죽어가는 것보다 내 목이 부어 기침하는 것이 더 중요하다. 대부분의 사람은 상대방이 하는 얘기에는 관심이 없다. 그러니 상대방이 말하도록 하는 자가 현명한 자다.

현대인은 어린 시절부터 TV, 영화, 인터넷에 익숙해져 있다. 듣기보다 보는 것을 좋아한다. 그래서 의도적으로 듣는 훈련을 해야 한다.

오래전에 일본에서 코칭으로 선교하는 두 분과 함께 코칭 훈련을 받은 적이 있었다. 그때 숙제 중의 하나가 집으로 돌아가서 아내의 얘기를 절대로 끼어들거나 변명하거나 막지 말고 끝까지 다 듣고 그 말을 요약해서 다시 아내에게 말하는 것이었다.

나는 집으로 돌아가서 아내에게 고민이나 하고 싶은 말을 다 하라고 하였다. 아내는 신나서 말하기 시작하였다. 아내가 한 10분 정도 말하면 중간중간 아내가 한 말을 다 요약해 주었다. 밤이 맞도록 아내가 말을 하고 난 뒤 나에게 "당신이 달라졌어요." "나는 오늘 너무 행복해요."라고 말하였다.

나는 많은 것을 깨달았다. 상대방의 마음을 붙잡는 것은 말을 많이 하는 것이 아니라 말을 잘 들어 주는 것이다. 자기 말을 들어주는 사람을 싫어하는 사람은 이 세상에 없다. 상대방의 말을 잘 들어준다는 것은 상대방을 귀히 여긴다는 존중의 표현이다. 상대방의 말을 주의 깊게 듣는다면 그에게 큰 선물을 준 것이다. 상대방의 말을 경청하는 것은 상대방을 향한 말 없는 칭찬이다.

며칠 전 부부싸움을 심하게 하는 젊은 부부가 찾아왔다. 그 부부는 상대방을 비난하고 화를 내었다. 이 부부는 상대방의 말을 듣지 않고 있었다. 부부의 말을 다 듣고 숙제를 내주었다. 하루씩 상대방의 말을 끝까지 들어주고 잠깐 쉴 때마다 말을 들은 사람이 상대방이 말한 내용을 요약해 주라고 하였다. 1주일 후에 만났는데 다시 신혼부부가 되어있었다. 두 사람은 언제 싸웠느냐는 듯이 서로를 바라보며 빙그레 웃고 있었다. 경청하는 것은 상대방의 마음을 여는 힘이 있다. 이것은 뭐 그리 어려운 일이 아니다. 상대방을 귀히 여기고 상대방이 말하게 하면 되는 것이다.

나는 목사여서 그런지 말하는 것을 좋아한다. 또 어디를 가나 말을 하라고 한다. 그러나 나는 의도적으로 상대방이 말하도록 한다. 언젠가 미국의 교회 네 곳에서 집회하였다. 가는 곳마다 새로운 사람을 많이 만나게 된다. 미국은 차 없이는 꼼짝도 할 수 없다. 매일 새로운 사람들이 우리 가족을 태우고 다녔다.

나는 조수석에 앉을 때마다 마음에 결심한 것이 있다. 그것은 상대방이 많이 말하게 한다는 것이다. 상대방이 말할 때 반대 의견을 말하고 싶더라도 꾹 참는다. 상대방이 마음 놓고 말하게 하였다. 그런데 모든 사람이 나와 헤어질 때 너무나 인상적인 목사님이었다고 말하였다. 그것 참 신기하다. 나는 그냥 그들이 말하도록 질문한 것뿐인데.

"부인은 어떻게 만나게 되었습니까?"
"예수님은 언제 믿게 되었습니까?"
"당신 교회의 장점은 무엇입니까?"
"당신이 다니는 교회 목사님의 장점은 무엇입니까?"
"요즈음 무엇이 제일 관심입니까?"

말의 물꼬를 여니 저수지가 터진 듯이 엄청난 말이 쏟아져 나왔다.

내가 많이 말하기보다 상대방이 많이 말하게 하는 자가 참으로 지혜로운 자다. 우린 누구를 만났을 때 자기의 유식함으로 상대방을 감동시키려는 어리석은 면이 있다. 혼자 다 말하는 사람을 만나고 나면 결코 그 사람에 대해 좋은 점수를 주지 않는다. 하버드 대학의 총장을 지냈던 찰스 엘리엇은 이런 말을 남겼다.

"성공적인 비즈니스 협상의 비결은 따로 존재하지 않는다. 상대의 이야기에 관심을 집중하는 게 매우 중요하다. 상대를 기분 좋게 만드는 어떤 찬사도 이만한 효과는 없다."

정말 말을 잘하는 사람은 상대방이 신이 나서 말하도록 한다. 상대방의 말을 잘 들어주는 경청은 인간관계를 좋게 하는 강력한 힘이다.

경청은 저절로 되는 것이 아니고 습득해야 하는 기술이다. 사람이 어릴수록 자기 마음을 알아달라고 말한다. 그러나 성숙하면 상대방의 마음을 읽고 도와준다. 경청은 이 세상에서 가장 귀중한 사람 만난 듯이 바라보고 세상에서 가장 좋은 말을 듣는다는 듯이 귀를 기울이는 것이다.

경청하면 할수록 자신의 가치가 높아진다. 상대방이 말할 때 상대방을 주인공이 되게 하라. 상대방의 말을 가로채거나 "나는 그렇게 생각하지 않는데"라는 말을 하지 말라. 프랑스의 철학자 라 로쉬프코는 이런 말을 하였다. "적을 만들려거든 친구를 이겨라. 벗을 만들려거든 친구가 이기게 하라."

경청할 때 조심해야 할 점은 건성으로 듣거나 다른 일을 하면서 듣는 것이다. 상대방이 말할 때는 눈과 눈을 보면서 고개를 끄떡이면서 들어주어야 진짜 경청이 된다. 상대방의 말을 잘 들어주고 그 내용을 요약해 주면 경청이 더 완벽해진다. 상대방이 말하는 중간 중간에 상대방의 말을 요약해 주면 신이 나서 더 깊은 것까지 털어놓고 관계는 더 깊어진다.

내 주위에 만나는 모든 사람의 말을 주의 깊게 경청한다면 생각지도 않았던 기회가 오게 될 것이다. 많은 사람이 주의 깊게 듣는 경청을 거부하여 바로 곁에 다가온 놀라운 축복을 놓치고 있다. 경청은 우리가 원하는 것을 얻을 수 있는 강력한 도구이다.

"기록된 바 하나님이 자기를 사랑하는 자들을 위하여
예비하신 모든 것은 눈으로 보지 못하고
귀로 듣지 못하고 사람의 마음으로
생각하지도 못하였다 함과 같으니라"(고전 2:9).

[ 소그룹 모임 / 가족 모임 7 ]

## 주의 깊게 경청하라

1. 비전 카드를 들고 한 장씩 펴서 최소한 10분씩 경청의 시간을 가지라. 그러면 하늘로부터 오는 풍성한 지혜가 들릴 것이다.

2. 최근에 나에게 말씀하시는 성령의 음성을 나누자. 하라는 것과 하지 말라는 것을 정직하게 나누자.

3. 경청의 방을 위한 시간과 장소를 정하라.

    예를 들어, 매일 큐티 후 경청의 시간을 확보하라.

    — 나의 경청 시간 :

    — 나의 경청 장소 :

4. 오늘 아내(남편)가 무슨 말을 하든지 중간에 끼어들지 말고 말하게 하고 경청하는 시간을 갖자. 다음 날은 역할을 바꾸어서 하라. 상대방의 말을 다 들은 후에는 반드시 요약해보라.

"내 사랑하는 형제들아. 너희가 알지니 사람마다 듣기는 속히 하고 말하기는 더디 하며 성내기도 더디 하라"(약 1:19).

5. 경청의 점수를 적어보라. 주위 사람들이 당신에게 몇 점을 줄지 적어보라.

─친한 친구 (    )    ─직장 상사 (    )

─직장 동료 (    )    ─배우자 (    )    ─아이들 (    )

# 재미있는 사실은 당신이 지금 적은 점수보다도 더 낮다는 것이다.

## PART 04

# 반드시 이기는 인생은
## 단순함과 좋은 습관으로 유지된다

단순함이 능력이다 / 탐심을 버리라 / 염려를 버리라
오늘을 최고로 살라 / 우선순위를 정하라 / 작은 습관이 쌓여 비전을 이룬다
새벽에 하나님과 대화하는 습관을 가지라 / 삶의 목적을 정하라
언제나 살리는 자로 살라 / 모든 일에 자신감을 가지라
위대한 작품은 인내로 만들어진다 / 인내는 어려움을 이겨낸다
인내는 기쁨으로 기다린다 / 인내는 포기하지 않고 다시 도전한다
인내는 하나님을 기대한다

CHAPTER·08

단순하게 살라

"이기기를 다투는 자마다 모든 일에 절제하나니 그들은 썩을 승리자의 관을 얻고자 하되 우리는 썩지 아니할 것을 얻고자 하노라"(고전 9:25)

## 단순함이 능력이다

어떻게 살아야 가장 탁월한 인생을 살까? 진짜 성공은 쉽고 단순한 데 있다. 컴퓨터는 원래 몇몇 사람만 사용하였다. 명령어를 외워야 하는 어려움 때문이었다. 그런데 명령어를 외울 필요 없이 그냥 그림을 보고 클릭만 하면 되는 아주 쉽고 단순한 윈도우가 나오자 폭발적인 반응을 얻었고 지금은 집집이 컴퓨터를 두고 사용한다. 이것이 단순함의 파워다.

비슷한 예가 시각장애인이 사용하는 점자다. 원래 시각장애인은 글씨가 위로 튀어나온 볼록 글자를 사용하였다. 이 볼록 글자는 D와 O, U와 V, O와 Q 등을 손가락으로 구별하기가 어려웠다. 그래서 맹인들은 거의 문맹이었다.

프랑스의 브라유는 어린 시절 아버지 공방에서 놀다가 송곳에 눈이 찔려 실명하게 되었다. 누구보다도 시각장애인의 고통을 잘 알고 있었던 그는 1824년에 점자를 발명했고 1829년에 자신의 문자에 대한 논문을 발표했으며 1837년에 다시 수정하여 발표했다. 그가 만든 점자는 단지 점 6개로 모든 문자를 다 만들 수 있었다. 너무나 단순한 점이었지만 시각장애인에게는 아주 쉽게 글을 배울 수 있는 도구였다. 점자 덕분에 시각장애인도 책을 읽고 쓸 수 있게 되었다. 점자는 브라유가 죽은 2년 후인 1854년에 파리 맹인학교에서 공식 맹인용 문자로 인정받았고 지금은 전 세계 시각장애인이 점자를 사용하고 있다.

오케스트라 연주에 가 보면 연주하기 전에 먼저 악기를 튜닝하는 것을 볼 수 있다. 그때 모든 악기는 한 악기의 소리를 듣고 음을 조율한다. 그 기준을 잡아 주는 악기는 바로 목관악기 오보에다. 왜 모든 악기가 작고 화려하지도 않은 오보에의 소리를 기준으로 할까? 다른 악기는 온도에 따라 음색이 조금씩 변할 수 있지만, 오보에는 주위 온도가 높거나 낮아져도 그 악기 자체의 음정이 거의 변하지 않는다는 단순함이 있기 때문이다.

첫째 아들이 다섯 살 정도 될 때 미국의 여러 교회를 다니며 큐티 강의를 한 적이 있었다. 아들은 시차에 적응하지 못하여 식사 시간이 되어도 잠을 자고 차를 타도 잠을 잤다. 그러다 밤이 되면 깨어서 밥을 달라고 한다. 시차 적응을 하지 않고 다니는 아들은 장소를 옮길 때마다 잠을 자면서 이동 중인 차 안에서 벌떡 일어나 엄마, 아빠가 있는지 확인하고 또 잔다. 아들은 자기를 어디로 데리고 가느냐? 언제 도착하느냐? 어디서 잠을 자느냐? 먹을 음식이 있느냐? 등 이런 질문을 하나도 하지 않는다. 단지 엄마, 아빠가 있는지만 확인한다. 아들은 어디를 가든지 평안하다. 엄마 아빠만 있으면 된다. 이것이 어린 자녀의 단순함이다.

어린 아들이 아무도 알지 못하는 장소에 가도 편안히 잠들 수 있는 것은 부모를 신뢰하는 단순함 때문이다. 하나님을 단순하게 믿는 자는 언제나 평안함이 있다. 늘 근심과 염려와 두려움이 많다는 것은 그분을 단순하게 믿지 않는다는 증거이다. 세상을 편안하게 살 수 있는 비결은 단순한 믿음에 있다.

성공적인 인생을 산 자들은 아주 단순하게 살았다. 예수님도 단순하게 사셨다. 예수님은 30년을 가정에서 지내셨고 3년 반의 공생애를 열두 제자 양육과 복음 전도에 투자하며 사셨다. 예수님의 사역은 엄청났다. 예수님 주위에는 수많은 군중이 따라다녔다. 그러나 예수님은 한 번도 바쁘다고 말씀하시지 않았다. 예수님은 한 번도 서두르거나 허겁지겁 뛰어다니신 적이 없다. 예수님은 언제나 마음의 평정을 가지고 단순하게 사셨다.

예수님은 돌아가실 때 "다 이루었다"고 말씀하시는 후회 없는 인생을 사셨다. 어떻게 살면 후회 없는 인생, 다 이루었다고 말하는 인생을 살 수 있을까? 예수님은 성령 하나님과 동행하는 단순한 삶을 사셨다. 예수님의 삶은 복잡하지 않았다. 언제나 심플라이프(Simple life)였다.

바울의 삶도 단순하다. 그는 예수님을 만난 뒤 세상의 모든 부귀영화를 다 버렸다. 그가 자랑하던 지식도 배설물처럼 버렸다. 그는 오로지 푯대이신 예수님만을 바라보는 단순한 삶을 살았다. 바울은 죽기 직전에 감옥에서 추위를 이기기 위한 겉옷 하나와 성경 한 권만을 원했다. 그의 단순한 삶에서 기독교의 획을 긋는 위대함이 나왔다. 바울도 죽기 전에 예수님처럼 "나는 선한 싸움을 다 싸웠다"라고 말하였다. 단순한 삶에 위대함이 있다.

## 탐심을 버리라

단순하게 사는 삶, 심플라이프(Simple life)는 탐욕을 버리는 것이다. 탐욕은 과도한 소유욕을 말한다. 탐욕은 삶의 범위를 넘어 욕심을 부리는 것이다. 탐욕을 영어 성경에서는 Evil Desire로 표현한다. 즉, 사탄적인 욕망이라는 것이다. 이것은 사람이 가지고 있는 자연스러운 욕망이 아니라 하나님께서 말씀하신 범위를 넘어서는 과도한 욕심을 말한다.

에덴동산은 정말 모든 것이 다 갖추어진 최고의 환경이었다. 아담은 모든 것을 다 가질 수 있었다. 그런데 아담과 하와는 하나님께서 금하신 선악과를 먹고 말았다. 하와가 선악과를 먹은 이유는 먹음직스럽고 보암직하고 탐스러웠기 때문이다. 탐욕과 탐심은 우리의 행복을 깨어버린다. 그 일로 아담과 하와는 불행한 삶을 살게 되었다. 탐심과 죄는 연결되어 있다. 죄를 범하면서 진정한 가치 있는 성공을 유지할 수는 없다.

죄는 우리의 삶을 초라하게 만든다.
죄는 우리의 비전을 녹슬게 한다.
죄는 우리가 비전을 향해 가는 길을 막는다.

죄는 우리가 누릴 수 있는 모든 풍성함을 빼앗아 버린다.

어린 소년 다윗은 목동으로 살면서 하나님만 사랑하는 단순한 삶을 살았다. 그의 관심은 온통 하나님이었다. 그는 태양을 보면서 하나님을 찬양했고 시원한 바람이 불어오면 하나님의 손길을 느꼈고 양을 치면서 하나님의 마음을 알았고 시냇가를 거닐면서 하나님을 노래했고 야생동물과 늑대로부터 양을 보호하면서 하나님의 선하심과 인자하심을 피부로 느꼈다.

다윗은 하나님 외에 필요한 것이 없었다. 그는 시를 쓰면서 "하나님은 나의 목자시니 내게 부족함이 없다"(The Lord is my shepherd, I shell not want. 시 23:1)라고 말하였다. 하나님이 자기 목자시니 자기가 원하는 것이 없다고 고백한 것이다. 그는 어린 나이에 하나님만 붙들고 사는 단순한 삶을 살아 '하나님 마음에 합한 자'가 되었다. 그래서 다윗은 왕으로 기름 부음을 받았다. 그가 왕으로 기름 부음 받은 것은 실력이나 가문의 배경이나 운 좋음이 아니었다. 하나님을 사랑하는 단순함 때문이었다.

다윗은 17세 정도에 기름 부음을 받고 30세에 왕이 되었다. 다윗이 왕이 되어 나라는 부유함을 누렸다. 그때 다윗이 우리아의 아내를 탐하며 그 단순한 삶이 복잡해지기 시작하였다. 그는 '우리아'라는 장군을 죽이려고 그 장군 주위에 있는 자들까지 모두 죽이게 하는 죄를 지었다. 그 결과 나단 선지자로부터 책망을 받고 아들이 죽게 되었으며 자녀의 공격을 받기도 하는 등 엄청난 고통이 시작되었다.

"음행과 온갖 더러운 것과 탐욕은 너희 중에서 그 이름조차도 부르지 말라. 이는 성도에게 마땅한 바니라"(엡 5:3).

탐욕은 우리 삶을 송두리째 파괴하는 힘이 있다. 탐욕은 현재 있는 것에 만족하지 못하고 과도한 욕심을 부리는 것이다. 죄를 범하면서 행복을 계속 유지하는 자는 아무도 없다. 아무리 위대한 성공을 하여도 남모르게 짓는 죄가 있다면 그는 망하게 된다.

칼과 클라라 부부는 25년 동안 순조로운 부부생활을 해왔다. 그들에게는 무척 사랑하는 장성한 자녀가 있었고 재정적으로도 안정되어 호숫가에 별장을 살 꿈을 꿀 만큼의 여유도 있었다. 그들은 기대에 부풀었다. 마침 벤이라는 어느 홀아비가 자기 집을 팔겠다고 내놓았다. 그들은 그 집을 사들이기로 계획하고 의논하였다. 몇 개월이 지난 어느 날, 청천벽력과도 같이 클라라가 칼에게 이혼을 요구해 왔다. 칼은 어안이 벙벙하였다. 그렇게 많은 세월을 같이 잘 살아왔는데 왜? 그동안 어떻게 그렇게 속일 수 있었는가? 어떻게 함께 별장을 구하러 돌아다니면서 그러한 계획을 마음에 품고 있을 수 있었던가?

그녀는 그게 아니라고 했다. 사실 그 결정을 최근에 내린 것이며 그 이유는 다른 남자가 생겼기 때문이라고 했다. 상대는 호숫가의 별장 주인인 벤이었다. 별장을 사고팔기 위해 의논하느라 몇 주 동안 만나다 보니 서로를 깊이 알게 되었고 이제는 사랑에 빠져 돌이킬 수 없는 사이가 되었다는 것이다. 아이들도 극구 이혼을 반대했지만, 사랑에 빠져 버린 엄마를 설득하지는 못했다. 그녀가 떠나던 날 칼은 주차장으로 걸어 나가며 이제 돌아서면 영영 그녀를 못 볼 것 같은 생각이 들어 이렇게 말했다. "여보, 이것이 마지막이 될 것 같소."

흐느끼기 시작하면서 그의 목소리는 점점 작아졌다. 그녀는 마음이 편치 않지만 서둘러 짐을 꾸린 후 벤을 만나기 위해 북쪽으로 떠났다. 그녀가 새 연인과 동거한 지 채 2주일이 되기도 전에 벤은 심장마비를 일으켰다. 그는 몇 시간 동안 혼수상태에 빠져 있다가 결국 죽고 말았다 (찰스 스윈돌, 「그리스도를 닮기 위한 영감의 사색」, 예향, 53-54쪽).

하나님은 원래 삼손에게 최고의 인생을 계획하셨다. 세상에 없는 엄청난 힘을 그에게 주셨다. 하나님은 삼손을 통해 이스라엘 나라 전체를 구하길 원하셨다. 그런데 삼손은 탐욕에 빠졌다. 사사기 14장에 보면 삼손이 한 블레셋 여자를 보고 자신의 아내로 삼게 해 달라고 하는 장면이 나온다. 삼손은 유대인이 아닌 이방 여인과 결혼하겠다고 말하였다. 그 당시 유대인은 이방 여인과의 결혼을 율법으로 금하였다. 더욱이 그 여자는 결혼한 여인이거나 이혼한 여인이었다.

삼손은 하나님 말씀을 우습게 여겼고 정욕에 가득 차 순간의 욕심대로 살았다. 그는 부모와 결혼을 의논한 것이 아니라 통보하였다. 삼손은 한 여자를 한 번 보고 결혼하겠다고 말하였다. 그는 탐심에 빠진 것이다. '삼손'은 '강한' 이라는 뜻이 있지만, 실상은 약한 자였다. 그는 20년 동안 사사로 살았지만, 하나님께서 주신 힘을 단 한 번도 나라와 민족을 위해 사용하지 않고 오로지 자신의 정욕만을 위해 사사로운 싸움에만 사용하였다. 그는 결국 탐욕 때문에 눈이 뽑히고 이방 신전에서 비참한 최후를 마쳤다.

자신만 생각하는 탐심은 우리의 풍성한 삶을 방해한다. 성적인 욕망이든 세상 성공을 향한 야망이든 복수심이든 돈이나 사치품에 대한 탐욕이든 이러한 탐심은 우리를 패배시킨다. 탐욕의 실체는 사탄이다. 사탄은 우리에게 헛된 탐심을 심어줄 뿐만 아니라 하나님 말씀을 다 잊어버리게 하고 하나님을 두려워하지 않게 한다.

삼손의 인생은 한편의 짧은 비극이다. 그는 인생을 낭비했다. 반면에 삼손과 동시대의 인물로 사무엘이 있다. 사무엘은 엘리 제사장 집에서 심부름이나 하는 초라한 유년기를 보냈지만, 그는 그 어떤 죄도 범하지 않고 하나님만 사랑하는 단순한 삶을 살아 그 시대를 이끄는 강력한 영적 거장이 되었다.

최고의 인생을 살길 원하는 자는 죄와 상관없는 심플라이프를 살아야 한다. 과도한 욕심도 다 버려야 한다. 인생은 마치 바다를 향해 떠나는 배와 같다. 배가 바다로 나갈 때는 꼭 필요한 짐만 실어야 한다. 과도한 욕심을 부리고 이것저것 다 싣다 보면 정말 필요한 것은 싣지 못하고 결국 배가 떠나기도 전에 가라앉아버리는 것이다.

삼손처럼 참 엄청난 능력이 있음에도 불구하고 죄 때문에 침몰한 자들이 너무도 많다. 반드시 이기는 인생을 살고 싶은가? 인생을 한 번 정리하기 바란다. 먼저 삶을 무겁게 하는 짐을 정리하라. 양심에 거리낌이 있는 것이 있다면 다 버리라. 하나님이 원하지 않는 것이 있다면 다 버리라. 영원한 세계에 어울리지 않는 것이 있다면 다 버리라.

특히 여가를 잘 사용하라. 다윗은 여가시간을 잘못 써서 엄청난 대가를 지불하였다. 집안으로 슬며시 스며들어오는 악의 요소를 차단해야 한다. 잡지 나부랭이를 던져 버리라. TV를 멀리하거나 버리라. 대신 성경을 가까이하고 틈만 나면 풍성한 비전 카드를 들고 기도하라. 지금 성령께서 지적하는 죄가 있다면 버리라. 그 죄가 당신의 풍성한 삶을 막고 있다. 만나지 말아야 할 사람은 만나지 말라. 세상 사람들이 한다고 다 따라 하지 말라. 우리 기준은 세상 사람이 아니고 하나님의 말씀이다.

"너희는 이 세대를 본받지 말고 오직 마음을 새롭게 함으로 변화를 받아 하나님의 선하시고 기뻐하시고 온전하신 뜻이 무엇인지 분별하도록 하라"(롬 12:2).

세상 유행을 따르지 않도록 해야 한다. 실제로 필요한 옷만 사고 충분히 오래 입도록 하라. 화려한 옷이나 액세서리로 사람들에게 감동 주려고 하지 말고 삶으로 감동을 주도록 하라. 쓰지 않는 옷이나 물건을 다 정리하고 필요한 자들에게 나누어주라. 특히 필요 없는 물품을 쌓아두는 생활을 정리하라. 물품을 쌓아두는 것은 삶을 복잡하게 만들 뿐이다. 광고에 현혹되지 말라. 카드도 몇 개 있다면 한두 개로 정리하라.

하나님 이외에 그 무엇에도 사로잡히기를 거부하라. 사로잡히는 것이 중독이다. 과도한 집착이 있는 것은 다 버리라. 하나님 외에 그 무엇에도 집착할 것이 없다. 과도한 취미 생활도 정리해야 한다. 혹시 '이것은 죄인 것 같다'라는 생각이 들면 무조건 거부하라. 탐심은 우리가 가고자 하는 풍성한 삶을 향한 길을 방해한다. 심플라이프가 진정한 최고의 인생으로 인도할 것이다. 이것은 어려운 것이 아니다. 당신이 결심만 하면 된다.

## 염려를 버리라

심플라이프는 염려, 근심, 걱정을 버리는 것이다. 예수님은 수많은 일이 있었지만 언제나 마음에 평온을 유지하셨다. 심지어 폭풍이 이는 갈릴리 바다 한가운데서도 편안히 주무실 수 있었다.

염려가 많은 사람은 비전을 향해 나아가기보다 비전을 향해 가면 안 되는 이유를 더 많이 가지고 있다. 염려가 앞서서 앞으로 나아가지 못한다. 심플라이프는 염려하지 않는 삶이다. 염려는 비전을 향해 가는 데 발목을 잡는 무거운 쇠사슬이다. 염려는 우리의 창조력을 질식시킨다. 염려는 우리의 에너지를 고갈시킨다. 염려는 우리의 미래를 어둡게 색칠한다. 염려는 마음을 갉아먹는 벌레와 같다. 아무리 아름다운 비단을 가지고 있어도 좀이 그 비단을 갉아 먹기 시작한다면 아무 소용이 없을 것이다.

성공한 사람들에게 "최고의 능력을 발휘할 수 있는 환경이 무엇이냐?"고 물으면 스트레스를 받지 않는 평안한 상태라고 말한다. 스트레스는 염려 때문에 오는 것이다. 염려하지 말고 삶을 즐기라. 우리 삶은 다 그분께서 허락하신 최고의 시간이다.

지금 무엇이 좀 부족한 환경인가? 그 환경조차도 하나님이 주신 완벽한 환경이다. 고난은 우리를 강하게 만들어준다. 고난은 우리의 인격이 하나님을 닮게 해준다. 그러므로 아무리 어려운 환경이 닥쳐도 최악을 생각지 말고 언제나 최고를 기대하라. 미래에 대해 최악의 것을 생각하며 미리 염려하게 하는 것은 사탄의 전략이다. 미래에 대해 최선을 것을 생각하라. 미래에 대해 믿음을 심으라. 그 믿음에 하나님이 크게 역사하실 것이다.

지금 당신 앞의 문이 닫혔는가? 그렇다면 하나님은 더 좋은 문을 열어주실 것이다. 지금 당신 곁에서 좋은 사람이 떠났는가? 그렇다면 하나님은 더 좋은 사람을 만나게 해주실 것이다. 걱정을 사서 하는 버릇을 고치고 믿음으로 미래를 기대하라. 염려를 초청하여 주눅 든 인생을 살지 말라. 하나님은 언제나 우리에게 최고의 것을 주신다고 믿으라. 단순한 믿음을 가진 자가 영적 거장이 된다.

기드온이라는 젊은이가 있었다. 그는 오브라라는 달동네에 사는 열등감이 많은 사람이었다. 그는 미디안 사람들이 무서워 타작도 들판에서 하지 않고 포도주 틀에 들어가서 하는, 염려가 가득한 사람이었다. 그는 동굴 속에 숨어 살았다.

> "여호와의 사자가 기드온에게 나타나 이르되 큰 용사여 여호와께서 너와 함께 계시도다 하매"(삿 6:12).

하나님은 어두운 동굴에 숨어 주눅 들어 사는 기드온에게 오셔서 그가 약한 자가 아니라 큰 용사라고 하시며 이스라엘을 구원하라고 하셨다. 하나님은 우리가 어려움을 당해도 큰 용사라고 말씀하신다. 하지만 사탄은 자꾸만 우리에게 어두운 동굴에 들어가 염려 속에 빠져 영원이 그곳에서 시간을 낭비하라고 말한다.

우리가 믿는 하나님은 시시한 분이 아니다.
그러므로 우리도 시시하게 창조되지 않았다.
염려는 문제를 확대하는 것이다.
문제를 확대하지 말고 하나님의 능력을 확대하라.
염려에 집중하지 말고 문제보다 크신 하나님에게 집중하라.

하나님은 언제나 우리 곁에 계시고 우리와 함께하신다. 하나님은 겁에 질려 동굴에 숨어 사는 기드온에게 큰 용사라고 말씀하셨다. 기드온은 자신을 부정적으로 보았지만, 하나님은 그를 긍정적으로 보셨다. 기드온은 자신을 절망적으로 보았지만, 하나님은 그에게 소망이 있다고 말씀하셨다.

혹시 지금 미래에 대해 염려하고 있는가? 스스로 어두운 동굴을 파 놓고 그 속에 들어가 염려로 시간을 낭비하고 있는가? 당신에게는 하나님이 계시기에 지금의 상황과 상관없이 언제나 소망이 있다. 혹시 병이 들었는가? 사탄은 질병이 점점 더 심해질 것이라고 말하지만 하나님은 못 고칠 질병이 없다고 말씀하신다. 예수님은 위대한 의사시다.

돈 때문에 어려운가? 사탄은 지금 빚에서 헤어날 수 없다고 말하지만, 하나님은 빚은 다 갚고 오히려 축복의 통로가 될 것이라고 말씀하신다. 하나님은 모든 자원의 근원이시다. 자녀 때문에 걱정인가? "내가 어려서부터 늙기까지 의인이 버림을 당하거나 그의 자손이 걸식함을 보지 못하였도다"(시 37:25). 말씀을 믿으라. 하나님은 우리 자녀들을 부모보다 더 사랑하시는 분이다.

지금 아무에게도 말할 수 없는 큰 문제가 있는가? 사탄은 문제가 너무 크니 절망하라고 말하지만, 하나님은 그 문제는 오히려 합력하여 선을 이룬다고 말씀하신다. 지금 당신이 약한가? 염려하지 말라. 하나님은 오히려 약한 자를 들어 강한 자를 부끄럽게 하시는 능수시다. 당신이 약하다면 하나님께서 당신을 쓰실 필요충분조건을 다 가진 것이다. 하나님은 약한 자를 강하게 들어 쓰신다.

## 오늘을 최고로 살라

영어에서 '현재'라는 단어는 '선물'이라는 뜻도 가지고 있다. 즉 '현재'라는 오늘은 하나님이 우리 인간에게 주신 최고의 선물이라는 뜻이다. 세상에 가장 소중한 선물은 과거도 아니고 미래도 아니고 오늘이라는 현재이다. 현재를 잃어버리는 자는 미래의 모든 것을 다 잃어버린다. 반드시 이기는 인생을 살려면 오늘을 잘 살아야 한다.

우리는 매일 아침 오늘을 맞이하게 된다. 그래서 오늘을 별로 중요하게 생각하지 못한다. 하지만 오늘이라는 하루는 한 번 지나가면 영원히 우리에게 돌아오지 않는, 우리 생애에 있어서 가장 중요한 날이다. 그래서 오늘처럼 중요한 날이란 없다.

심플라이프는 미래를 생각하면서 오늘 염려하고 두려움 속에 사는 것이 아니라 미래에 대해 좋은 계획을 세우고 오늘에 최선을 다하는 것이다. "천 리 길도 한 걸음부터"라는 말이 있다. 오늘 최선을 다하는 자가 위대한 일을 이룬다. 점이 모여 선이 되듯이 하루하루가 모여 전 인생이 된다. 오늘 하루를 잘못 산 자는 인생을 잘못 산 자이다.

그래서 영국의 사상가이자 역사가인 토마스 칼라일은 이런 말을 했다. "그대가 지금 서 있는 초라하고 비참하며 옭매이는 현재가 당신의 이상이다. 그러니 거기서부터 시작하라. 노력하고 믿고 살고 자유로워져라. 바보 같은 자여! 이상은 그대 안에 있다. 장애물도 그대 안에 있다. 그대의 환경은 그 이상으로 만드는 것이다. 그렇게 해서 어떤 환경이 만들어지는지는 상관이 없다. 영웅의 환경이 만들어질 수도 있고 시인의 환경이 만들어질 수도 있다. '바로 여기'가 그대가 볼 수 있는 유일한 곳이다."

예수님은 마태복음 6장 25~33에서 염려하지 말라고 6번이나 말씀하셨다.

"그러므로 내일 일을 위하여 염려하지 말라. 내일 일은 내일이 염려할 것이요. 한 날의 괴로움은 그날로 족하니라"(마 6:34).

염려에 대한 예수님의 결론은 하루하루 최선을 다하라는 것이다. 염려로 오늘을 잃어버리는 자는 미래를 모두 잃게 된다. 매일 오늘에 충실하라. 평생을 생각하면서 염려하지 말고 오늘이라는 24시간에 집중하라. 황금 같은 기회는 늘 우리 곁에 서성이고 있다. 오늘이 당신에게 있다는 것은 하나님께서 오늘 당신에게 할 일을 주셨다는 증거다. 당신은 정말 운이 좋은 사람이다. 하나님께서 오늘이라는 시간을 덤으로 주셨다.

이 세상에는 당신보다 뛰어난 자도 많고 당신보다 더 유능한 자도 많은데 어찌하여 당신에게 하루를 더 허락하신 것일까? 두 팔을 벌려 오늘이라는 날을 주심에 감사해야 한다. 오늘이 당신 인생의 마지막 날인 것처럼 최선을 다해야 한다.

러시아의 문호 톨스토이가 만년에 쓴 단편 가운데 「세 가지 의문」이라는 작품이 있다. 그 단편에 이런 말이 나온다.

어느 날, 임금님은 인생의 세 가지 질문에 부딪혔다. 이 세상에서 제일 중요할 때는 언제인가? 이 세상에서 제일 중요한 사람은 누구인가? 이 세상에서 제일 중요한 일이 무엇인가? 이 물음에 대해서 톨스토이는 이렇게 대답하였다. "이 세상에서 제일 중요한 시간은 현재요. 세상에서 제일 중요한 사람은 내가 지금 대하고 있는 사람이요. 이 세상에서 제일 중요한 일은 그 사람에게 선을 행하는 것이다."

이 세상에 제일 중요한 시간은 현재다. 오늘이라는 하루는 어제 죽어가던 그 사람이 그토록 살려고 한 날이므로 우리는 아무렇게 살 수 없다. 세상에서 가장 가치 있는 보물은 바로 시간이다. 세상에서 제일 어리석은 사람은 시간을 낭비하는 자이다. 잃어버린 돈은 다시 벌면 된다. 깨어진 우정은 다시 회복하면 된다. 하지만 잃어버린 시간은 영원히 되돌릴 수 없다.

인생을 성공적으로 산 사람은 오늘에 충실한 사람이었고 인생에 후회만 남은 사람은 늘 내일로 미루며 산 사람이었다. 후회하며 사는 자들은 이런 말을 한다. 인생을 다시 산다면 다르게 살 것이라고. 거짓말이다. 그렇게 매일이라는 기회를 몇십 년 동안 되풀이해서 주었지만 계속 하루를 아무렇게 산 그들은 다시 인생을 주어도 똑같이 살고 말 것이다. 하나님은 오늘이라는 하루를 매일 우리에게 주시고 우리를 보고 계신다.

미국의 국무장관으로 미국 외교에 새로운 활력을 주입시켰던 정치가 슈어드는 오늘이라는 현재를 상당히 중요시했던 사람이었다. 그는 국무장관으로 재직 시 지금의 미국 영토가 된 알래스카를 러시아로부터 700만 불에 매입하는 큰 업적을 남겼다. 그는 워싱턴에서 러시아 공사와 회담할 때 알래스카를 700만 불에 매입하기로 언약을 받고는 시간을 지체하지 않고 협정서에 조인함으로써 성공시켰다.

그 당시 러시아 공사는 이 협정에 별다른 불만은 없었지만 좌우간 내일 다시 만나서 정식으로 매수 협정을 체결하자고 제의했다. 외교에 노련한 슈어드 장관은 시간을 늦추면 필연코 쓸데없는 논쟁이 생기고 불쾌한 사태가 일어날 것을 알고는 협정서 작성을 뒤로 미루지 않았다.

그는 그날 밤 상원 외교 위원회를 소집하도록 지시하고 사람을 보내는 한편 러시아 공사가 다른 계획을 세우지 못하도록 같이 앉아 이야기하면서, 사무관을 시켜 협정서를 기초하게 하고는 새벽 4시에 쌍방이 서명함으로써 버려졌던 러시아의 땅인 알래스카를 미국의 소유로 만들

수 있었다. 오늘 할 일을 뒤로 미루지 않았으므로 교묘한 외교 전략에 말려들지 않았다.

## 우선순위를 정하라

단순하게 사는 것은 우선순위를 정하는 것이다. 우선순위라는 말은 닭에게 모이를 줄 때 일어나는 현상을 보고 생긴 단어다. 닭에게 먹이를 주면 제일 먼저 장닭이 와서 먹이를 먹는다. 그다음은 어미 닭이 와서 모이를 먹고 마지막으로 햇병아리들이 와서 먹이를 먹는다. 우선순위는 무엇을 먼저 하느냐에 대한 말이다. 단순하게 사는 자들은 우선순위를 분명하게 정한다. 우선순위가 분명할수록 처음에 세운 목표가 이루어질 확률이 높아진다. 우선순위를 분명히 세우면 별 것 아닌 것에 시간을 뺏기지 않는다. 이것저것 다 하려다가는 아무것도 못 하게 된다.

유명한 작가 스티븐 코비의 「소중한 것을 먼저 하라」에 보면 의미 있는 이런 이야기가 등장한다.

한번은 어떤 세미나에 참석하였는데 강사가 시간 관리에 대해 강의를 하였다. 강사는 강의 중간에 이렇게 말했다.

"자, 이제 퀴즈 시간입니다."

강사는 탁자 밑으로 손을 넣더니 아가리가 넓은 커다란 항아리를 하나 꺼냈다.

"이 항아리에 돌 몇 개를 집어넣을 수 있겠습니까?"

강사는 항아리에 돌을 하나씩 집어넣어 채웠다. 이윽고 물었다.

"항아리가 가득 찼습니까?"

모두 돌을 바라보며 "네"라고 대답하였다. 강사는 탁자 밑으로 손을 넣더니 자갈이 든 통을 꺼냈다. 강사는 자갈 몇 개를 항아리에 쏟아 넣더니 항아리를 흔들었다. 자갈은 큰 돌 틈으로 들어갔다. 강사는 다시 물었다.

"항아리가 가득 찼습니까?

"아닌 것 같은데요."

강사는 이번에는 모래가 든 통을 꺼냈다. 강사는 모래를 항아리에 부었다. 모래는 돌과 자갈 사기의 틈으로 들어갔다.

"항아리가 가득 찼습니까?"

"아뇨."

강사는 물 주전자를 잡더니 항아리에 물을 부었다. 1ℓ 가 넘는 물이 들어갔다.

강사는 물었다.

"자, 무엇을 알 수 있습니까?"

누군가 대답했다.

"틈이 있기에 하려고만 하면 언제나 자기 인생에 더 많은 것을 집어넣을 수 있다는 것입니다."

강사가 말을 받았습니다.

"아닙니다. 만일 당신이 큰 돌을 먼저 집어넣지 않았다면 과연 다른 것들을 집어넣을 수 있었을까요?"

(스티븐 코비, 「소중한 것을 먼저 하라」, 김영사, 133-134쪽).

우리는 언젠가 죽는 날이 올 것이다. 그때 자기 인생에 돈을 너무 큰 돌로 채웠다고 말하는 사람이 있을 것이고 어떤 사람은 직장이 인생에 너무 큰 돌이었다고 말하는 자도 있을 것이고 성공이 너무 큰 돌이었다고 말하는 이도 있을 것이다. 어떤 사람은 아무 큰 돌도 없고 모두 쓸데없는 모래뿐이었다고 후회하는 이도 있을 것이다.

단순한 삶, 심플라이프는 분명한 큰 돌을 정하고 다른 것은 다 내려놓는 것이다. 분명한 목표가 있는 사람은 단순한 삶을 산다. 우리의 삶에 가장 중요한 우선순위는 무엇일까? 예수님의 삶의 우선순위는 하나님과 독대하는 것이었다.

"새벽 아직도 밝기 전에 예수께서 일어나 나가 한적한 곳으로 가사 거기서 기도하시더니"(막 1:35).

예수님은 습관을 좇아 틈만 나면 이른 아침에 하나님과 독대하였다. 예수님은 아무리 바빠도 하나님과 대화한 후 하루를 출발하였다.

하나님을 만나 독대하는 것을
규칙적인 습관이 되게 하라.
당신의 마음을 세상으로 가득 채우지 말고
하나님을 가득 채우라.
그 성령 하나님께서 당신의 삶을 인도할 때
가장 탁월한 삶을 살게 될 것이다.

아무리 바빠도 하루를 시작하기 전 하나님과 독대한 후 하루 스케줄을 정하라. 예수님에게 제자들이 와서 환자가 많으니 오시라고 하였다.

그때 예수님은 다른 마을로 가서 전도하자고 하셨다.

> "이르시되 우리가 다른 가까운 마을들로 가자. 거기서도 전도하리니 내가 이를 위하여 왔노라 하시고"(막 1:38).

예수님은 삶의 우선순위를 분명히 하셨다. 예수님은 이 땅에 오신 목적대로 사셨다. 당신도 이 세상에 태어난 목적이 있다. 그 분명한 목적을 향해 살아야 한다. 우선순위에 집중하라. 이것저것 다 하려고 하지 말고 분명한 목표를 향해 나아가라. 삶의 목표를 정하고 단순한 삶을 살라. 그 목표가 이루어질 것이다.

미국의 문학과 사상에 대표적인 사람을 한 명 뽑으라면 헨리 데이비드 소로다. 그는 당시 하버드 출신의 대학 동료들이 좋은 직업을 찾아 돈 버는 일을 시도할 때 남들이 가는 길을 거부하고 인생에서 가장 중요한 것을 찾고자 모험에 나섰다. 그는 미 매사추세츠주 콩코드시에서 남쪽으로 2㎞ 남짓 떨어진 월든 호숫가 숲속에 오두막을 짓고 2년 2개월 동안 살면서 '월든'이라는 이름으로 책을 출간하였다. 그는 그 책으로 미국 문학과 사상을 대표하는 인물이 되었다. 그가 한 말은 유명한 말이 너무 많다. 그의 말 중에 가장 유명한 말은 "우리의 인생은 조금씩 허비되고 있다. 그러니 단순해져라, 더욱 단순하게 살라"는 말이다.

하나님을 사랑하는 것과 영혼 구원은 중요한 삶의 우선순위이다. 이 일에 최선을 다하라. 당신의 풍성한 비전에 하나님을 사랑하는 것과 영혼 구원을 첨가하라. 절대로 후회하지 않는 인생이 될 것이다.

"이기기를 다투는 자마다 모든 일에 절제하나니 그들은 썩을 승리자의 관을 얻고자 하되 우리는 썩지 아니할 것을 얻고자 하노라"(고전 9:25).

만약 당신이 이 세상의 성공만을 위해 산다면 그것은 결국 썩은 면류관이 되고 말 것이다. 그러나 그 성공을 영혼 구원을 위한 도구로 사용한다면 결코 후회하지 않는 일이 될 것이다.

유석경 전도사를 소개하고자 한다.

그녀는 열두 살 때 예수를 만나고 서울대 불문과를 졸업하고 유명한 학원 강사로 많은 돈을 벌며 살다가 다 버리고 복음 전하는 일을 하고 싶어 선교사로 헌신하였다. 그녀는 곧 미국 트리니티 신학교에 가서 공부하였다. 그녀가 마지막 학기를 마치고 한국으로 돌아와 인턴십을 하던 중 두통으로 병원에 갔더니 의사가 "너무 늦게 오셨습니다"라고 하였다.

직장암 말기였다. 수술해도 앞으로 최대 1년밖에 살지 못한다고 시한부 선고를 하였다. 수술하지 않으면 당장 죽는다는 의사의 선고에도 불구하고 수술, 항암, 방사선으로 이어지는 치료 대신 한 명의 영혼에게라도 더 복음을 전하는 쪽을 택하였다. 그분의 책에 나오는 글 중에 몇 자를 옮겨본다.

"많은 사람이 하나님을 원망하느냐고 했지만 저는 단 한 번도 하나님을 원망하지 않았습니다.

많은 사람이 도대체 왜 이런 일이 하필 당신에게 일어났느냐고 물었지만 저는 단 한 번도 하나님께 왜라는 질문을 하지 않았습니다. 그 이유는 저는 하나님을 이해하는 것이 아니라 하나님을 신뢰하기 때문입니다. 나를 나보다 더 잘 아시고 나의 필요를 더 잘 이시고 또 나에게 기장 좋은 것을 주신다는 것을 확신합니다."

기도 제목이 뭐냐고 묻는 사람들에게

"한 번이라도 더 설교할 기회가 생기기를, 한 명의 영혼이라도 더 생명의 복음을 전하기를 기도해 주세요. 하나님이 저의 기도에 응답해 주셔서 많은 곳에서 복음을 전하고 있습니다. 저는 죽음에 대한 두려움이 전혀 없습니다. 죽게 되었지만, 육신의 고통이 있지만 이제 죽어서 나를 위해 죽어주신 예수님을 드디어 만나고 또 그분과 함께 살게 될 것이라는 기대와 흥분이 있습니다."

"저는 암에 걸렸지만 CT나 MRI을 찍어 보지 않습니다. 왜냐하면 내 암이 얼마나 커졌는지 궁금하지 않기 때문입니다. 저는 제가 죽는다면 무엇 때문에 죽었는지 궁금하지 않습니다. 내가 궁금한 것은 주님 앞에 섰을 때 주님께 어떤 평가를 받을 것인가? 하는 것입니다."

나는 유석경 전도사의 글을 읽으면서 부끄러워졌다. 그녀는 정말 오로지 하나님, 복음이라는 단순한 삶, 위대한 삶을 산 것이다. 당신은 온갖 세상 욕심에 빠져서 복잡하게 살다가 천국에서 아무런 상급도 없는 비참한 삶을 살지 말라. 지금 우리가 이 땅에 발을 딛고 살고 있지만, 우리가 죽어 하나님 앞에서 어떤 평가를 받을 것인가를 생각하며 천국을 향한 단순한 삶을 살라.

삶의 비전이 영혼 구원을 이루는 도구가 되길 바란다. 당신의 직업이 영혼 구원을 이루는 도구가 되길 바란다. 단순함은 자유다. 반면에 복잡하고 분주한 것은 삶의 쇠사슬이다. 심플라이프는 기쁨과 만족을 준다. 반면에 복잡하고 분주한 것은 불안과 스트레스를 준다. 복잡한 것은 우리가 가지고 있는 모든 에너지를 소진시킨다.

마음이 너무 복잡하고 소란스러우면 창조적인 생각이 나지 않는다. 하나님은 죄와 상관없는 단순한 삶을 사는 자에게 최고의 은혜를 부어주신다. 하나님은 근심 걱정 없는 단순한 삶을 사는 자에게 무한한 지혜를 부어주신다. 하나님은 한 목표만을 향해 가는 단순한 삶을 사는 자에게 무한한 기회를 주실 것이다. 하나님을 단순하게 믿고 절대 소망을 가진 자에게 반드시 이기는 인생이 펼쳐질 것이다.

희곡작가 버나드 쇼가 죽었을 때 이런 비문을 남겼다.

"우물쭈물 살다가 내 끝내 이렇게 될 줄 알았지."

아무렇게나 되는 대로, 물결치는 대로 살지 말라. 성공한 사람 중에는 자기 자신에게 관대한 사람이 없다. 목표를 정하고 그 하나에 집중해야 한다. 슈퍼스타와 평범한 선수와의 차이는 집중력의 차이라고 한다. 자기가 하고자 하는 것 한 가지에 집중해야 한다.

미국 여자프로골프(LPGA)투어 2009시즌에서 역대 최연소 3관왕에 오른 신지애 선수는 식사와 잠자는 시간 외에는 모두 골프만 하였다고 한다. 무엇인가 남다른 큰 성공을 이룬 사람은 집중하는 사람이다. 세상의 모든 것을 다 하려고 하지 말라. 에너지를 한곳에 모아야 불꽃을 일으킨다.

"새벽 아직도 밝기 전에 예수께서 일어나 나가
한적한 곳으로 가사 거기서 기도하시더니"(막 1:35).
"그러므로 내일 일을 위하여 염려하지 말라.
내일 일은 내일이 염려할 것이요.
한 날의 괴로움은 그날로 족하니라"(마 6:34).

[ 소그룹 모임 / 가족 모임 8 ]
## 단순하게 살라

1. 나의 삶에서 버릴 것을 의도적으로 선택하고, 과감하게 버리자. 물건을 정리하라. 옷장을 정리하라. 책상을 정리하라. 어떤 느낌이 들었는가?

2. 나의 삶을 어지럽히는 염려를 나누고 내려놓는 기도를 하라.

3. 내 삶의 우선순위를 나누고 서로 격려하자.

4. 비전 카드를 보면서 우선순위를 정하라.

꼭 해야 할 것에다가 A라고 쓰고, 그다음 중요한 것에 B, 나중에 해도 되는 것에 C라고 쓰라. 그리고 A그룹을 제일 앞에 모으고 그다음 B그룹, C그룹으로 정리하라. 그리고 버릴 것은 과감하게 버리라. 또 생각지 않았던 우선순위가 생겼다면 첨가하라.

CHAPTER 09
좋은 습관으로 살라

"울며 씨를 뿌리러 나가는 자는 반드시 기쁨으로 그 곡식 단을 가지고 돌아오리로다"(시 126:6).

"너희는 유혹의 욕심을 따라 썩어져 가는 구습을 따르는 옛 사람을 벗어 버리고 오직 너희의 심령이 새롭게 되어 하나님을 따라 의와 진리의 거룩함으로 지으심을 받은 새 사람을 입으라"(엡 4:22-24).

## 작은 습관이 쌓여 비전을 이룬다

나는 당신에게 가장 큰 힘이 되기도 하고
가장 무거운 짐이 되기도 한다.
나는 당신을 전진하게도 하고 당신을 실패하게 만들기도 한다.
나는 전적으로 당신의 명령을 받는다.
훌륭한 사람도 내가 만들었고

동시에 모든 실패한 사람도 내가 만들었다.
나는 위대한 사람을 더욱 위대하게 만들고
실패한 사람은 더욱 실패하게 만든다.
나는 기계의 정밀함과 인간의 총명함을 갖고 있지만,
기계는 아니다.
나를 통해 이익을 얻을 수도 있고 파괴될 수도 있다.
당신이 어떻게 되든 나는 상관이 없다.
나를 잡아 길들이고 훈련시키고 단호하게 통제하면
나는 당신의 발밑에서 이 세상을 바칠 것이다.
그러나 나를 봐 주고 적당히 대한다면 당신을 파멸시킬 것이다.
나는 누구일까?
나는 습관이다.

성공적인 인생을 사는 사람은 큰 비전과 열렬한 열정과 강한 실천력을 가지고 있다. 비전은 자동차가 가고자 하는 목표이다. 열정은 자동차의 엔진이다. 습관은 자동차의 바퀴다. 자동차가 가고자 하는 목표가 있고 자동차를 움직이는 엔진이 있어도 바퀴가 없으면 갈 수 없다.

비전에 도달할 수 있게 해주는 것은 실천력이다. 비전은 있지만 실천하지 않는 사람은 그냥 몽상가에 불과하다. 중국 속담에 "위대한 사람은 무슨 일을 행하는 의지가 있고 평범한 사람들은 마음에 소원만 있다"라는 말이 있다. 비전이 있다면 그 비전을 위해 아주 작은 것이라도 실천해야 그 비전이 이루어진다. 세계적인 운동선수가 되겠다는 비전이 있다면 그 비전을 향해 꾸준히 운동해야 한다.

실천하는 사람이 꿈꾼 것을 이룬다. 꿈은 하루아침에 운이 좋아서 그냥 저절로 이루어지는 것이 아니라 꾸준히 실천할 때 조금씩 이루어진다. 이 실천을 바로 습관이라고 한다. 어떤 행동이든지 자주 반복하면 습관이 된다. 어떤 행동이든지 습관이 되면 힘을 가진다. 세계적인 골프 선수인 아놀드 파머가 골프 치는 모습을 본 어떤 여인이 이렇게 말했다.

"파머 씨, 나도 언젠가는 당신처럼 세계적인 골프 선수가 될 것입니다." 그러자 파머는 그 여인에게 하루에 골프를 얼마나 치는지 물었다. 그 여인은 한두 시간 친다고 말했다. 파머는 "당신에게는 결코 그런 일이 일어나지 않을 것입니다"라고 말하면서 자신은 새벽 5시에 일어나 아침 먹기 전까지 매일 그렇게 30년 동안 골프를 쳤다고 말했다. 파머에게는 매일 새벽 골프 치는 습관이 있었다.

어떤 비평가가 스페인의 유명한 바이올린 연주가인 사라사테를 천재라고 부른 적이 있었다. 그 말을 듣자 사라사테는 이런 말을 하였다. "내가 천재라고? 사람들은 나의 노력은 모르고 그저 천재라고 부른다. 나는 지난 37년 동안 하루에 14시간씩 연습했다." 사라사테를 19세기 최고의 바이올린 연주자로 만든 것은 천재성이 아니라 매일 쉬지 않고 꾸준히 연습하는 습관이었다.

미국 농구의 전설이라 불리는 래리 버드가 드링크 회사와 고액의 광고 계약을 맺고 광고를 촬영하게 되었다. 이 광고의 시나리오는 래리 버드가 먼저 슛을 하였는데 공이 들어가지 않는다. 그다음, 이 드링크 회사의 음료수를 마시고 활짝 웃으면서 공을 던지자 슛이 들어간다는 내용이었다.

촬영이 시작되자 래리 버드가 첫 번째 공을 던졌다. 그런데 그 공은 정확하게 골대에 들어갔다. 물론 래리 버드가 의도하지 않았다. 두 번째

공을 던졌지만, 또다시 골대에 들어갔다. 이렇게 해서 아홉 번의 슈팅 모두 정확하게 골대에 들어갔고 여러 번의 노력 끝에 마침내 그는 골대를 피해 옆으로 공을 던지는 데 성공했다.

보통 사람의 경우 한 번도 성공하기 힘든 골인인데 그는 오히려 실패하는 데 어려움을 겪었다. 이것이 습관의 위력이다(위르겐 휠러, 「삶의 가치를 높이는 성공의 조건」, 시아 출판사, 169쪽).

그는 평소 매일 아침에 자유투를 500개씩 던지고 나서 학교에 가는 습관이 있었다. 습관은 처음에는 아주 연약한 씨앗과 같다. 금방 심어놓은 씨앗은 아무런 힘이 없다. 그러므로 비전을 품고 열정을 가지고 하루 이틀 노력하다 포기하면 안 된다. 씨앗이 클 때까지 자라야 한다.

자기 씨앗이 작다고 낙심하지 말라. 씨앗이 자라면 작은 나무가 된다. 그 작은 나무도 세월이 흐르면 어느새 큰 거목이 된다. 그때는 아무도 그 나무를 뽑을 수 없게 된다. 습관은 처음에는 약한 거미줄 같지만, 그 습관이 계속 되풀이되면 나중에는 쇠사슬처럼 강해진다.

나는 샌프란시스코에 여러 번 가 보았다. 샌프란시스코의 첫 번째 관광코스는 거대한 다리인 금문교를 보는 것이다. 이 다리는 길이 2,737m, 너비 27m로 샌프란시스코 남북을 연결하는 현수교다.

금문교는 두 개의 주탑(主塔)이 서 있고 주탑 사이에 두 개의 큰 케이블을 연결하여 다리를 지탱한다. 이 케이블은 직경이 90cm이다. 그 케이블 안에는 27,572개의 가는 철사가 들어가 있다. 이렇게 가는 철사들이 모여 만들어진 이 거대한 케이블은 매년 수백만 대의 차가 지나가도 끄떡하지 않는 엄청난 힘을 가지고 있다.

오늘 한 번 행하는 하나의 작은 습관이 하나둘 쌓이면 엄청난 힘을 가지게 된다. 습관은 타고나는 것이 아니라 후천적으로 반복하여 생기는 것이다. 그래서 습관을 제2의 천성이라고 말한다. 좋은 소식은 습관은 자기가 만든다는 것이다. 습관은 처음에는 힘들어도 계속하면 나중에는 큰 힘을 들이지 않고도 쉽게 할 수 있게 된다. 거대한 기차가 처음 떠날 때는 조그마한 굄목에도 꼼짝하지 못한다. 그러나 기차가 굄목을 빼고 출발하기 시작하면 나중에는 그 어떤 것도 달리는 기차를 멈추게 할 수 없다.

모든 사람에게는 다 습관이 있다. 나쁜 습관도 있고 좋은 습관도 있다. 좋은 습관은 좋은 결과를 낳고 나쁜 습관은 나쁜 결과를 낳는다. 성공적인 인생을 산 사람들은 평범한 사람들과 달리 긍정적인 습관이 더 많았다. 당신이 최고의 인생을 살기 원한다면 한시라도 빨리 나쁜 습관을 버리고 좋은 습관을 가져야 한다. 당신의 미래는 어느 날 좋은 일이 일어나는 것이 아니라 지금의 작은 습관이 결정한다.

파데레프스키는 음악가로서 세속적인 의미에서 볼 때 가장 출세한 사람이다. 그는 폴란드의 초대 총리 겸 외무장관이었다. 파데레프스키는 피아니스트로서 쇼팽, 베토벤, 바흐 연주에 뛰어났으며 작곡가로서도 몇 편의 오페라와 교향곡 및 피아노곡을 작곡했다.

연주자로서 파데레프스키는 연습벌레였다.

한 친구가 그에게 물었다.

"왜 그렇게 열심히 연습하지?"

파데레프스키가 대답했다.

"하루를 연습하지 않으면 내가 알고 이틀을 연습하지 않으면 평론가

들이 알고 사흘을 연습하지 않으면 관객이 알게 돼."

(이재규 편저, 「무엇이 당신을 만드는가?」, 위즈덤 하우스, 61쪽).

우리가 정말 닮기 원하는 분은 바로 예수님이다. 그래서 예수님의 삶을 기록한 사복음서는 우리가 읽는 정도가 아니라 다 암송해야 한다. 우리는 이 땅에 살면서 그분을 닮아야 한다. 그분은 우리가 이 땅에서 어떻게 살아야 하는지 가르쳐 주시는 삶의 원형이다. 예수님은 어떤 습관이 있었나?

## 새벽에 하나님과 대화하는 습관을 가지라

예수님께서 처음 사역하신 곳은 가버나움이다. 그곳에서 병든 자를 치유하시고 귀신들을 쫓아내자 온 동네 사람이 다 몰려왔다. 예수님께서는 밤새도록 그들을 고치셨다. 그다음 날 아침에 제자들이 예수님을 찾으니 보이지 않았다. 예수님은 이른 새벽에 한적한 곳에 가셔서 기도하고 계셨다.

"새벽 아직도 밝기 전에 예수께서 일어나 나가 한적한 곳으로 가사 거기서 기도하시더니"(막 1:35).

예수님은 매일 새벽 한적한 곳에 가셔서 하나님과 대화하셨다. 아무리 바쁘셔도 이 중요한 시간은 빼먹지 않으셨다. 새벽에 일어났다는 것은 부지런하다는 것이다. 세상에 가장 나쁜 습관은 게으름이다. 게으름은 당신의 인생을 탁월하게 만드는 데 가장 큰 장애물이다. 게으름은 당신을 실패로 이끌어 가는 파멸의 습관이다.

당신이 회사에서 리더가 되길 원한다면 다른 사람보다 회사에 일찍 가라. 회사를 위해서가 아니라 바로 당신을 위해서다. 회사에 일찍 나가면 회사 생활을 누구보다 더 여유 있게 할 수 있고 지혜롭게 일할 수 있게 된다. 일을 미루거나 허겁지겁 해치우는 자들은 다 게으른 자들이다. 맡겨진 일을 탁월하게 감당하는 사람은 다 부지런하다. 게으른 사람을 좋아할 사람은 아무도 없다. 게으른 습관을 고치지 않고 인생을 성공적으로 사는 사람은 아무도 없다.

예수님은 틈만 나면 하나님 앞에 나아가셨다. 공생애를 시작하시기 전에는 광야에서 40일간 기도하셨다. 열두 제자를 뽑기 전에도 밤새도록 기도하셨다. 제자들과 함께 다니시면서는 새벽마다 기도하셨다. 오병이어 기적을 일으키시기 전에 기도하셨고 오병이어로 오천 명을 먹이신 후에도 산에 가셔서 기도하셨다. 죽은 나사로를 살리시기 전에 기도하셨다. 십자가를 지시기 전에도 습관을 좇아 감람산에 올라가셔서 기도하셨다.

"예수께서 나가사 습관을 따라 감람산에 가시매 제자들도 따라갔더니"(눅 22:39).

예수님께서 감람산에 가신 것은 하나님과 대화하기 위함이었다. 예수님은 하나님과 대화하는 것이 습관이었다. 우리 인생의 가장 중요한 습관은 먼저 하나님과 가까이하는 것이다. 하나님과 가까이하면 할수록 하나님도 우리를 가까이하신다. 하나님과 가까이하면 하나님의 지혜가 들어온다. 하나님과 가까이하면 하나님의 부유함이 부어진다. 하나님과 가까이하는 자가 이 세상을 다스리게 된다. 하나님과 가까이하면 자존감이 생긴다. 하나님과 가까이하면 세상을 이길 힘이 생긴다.

성경에 나오는 영적 거장은 모두 하나님과 가까이하여 힘을 얻었다. 아브라함은 하나님과 가까이하여 하나님과 벗이 되었다. 모세는 하나님과 가까이하여 하나님과 친구가 되었다. 다윗은 하나님과 가까이하여 하나님 마음에 합한 사람이 되었다. 예수님은 하나님과 가까이하여 하나님과 하나가 되었다.

우리는 매일 아침 하나님 말씀을 읽고 기도하는 습관을 지녀야 한다. 우리는 매일 아침 하루를 시작하기 전에 하나님과 대화하는 습관을 가져야 한다. 세계에서 가장 뛰어난 민족이 유대인이라고 한다. 유대인은 노벨상 수상자 중 1/3을 차지한다. 그들은 매일 성경을 읽고 암송하고 시편은 아예 노래로 만들어 매일 부른다. 하나님 말씀을 읽고 암송하고 노래하는 그들에게서 세계적인 석학이 나오는 것이다.

백화점의 왕으로 불리는 존 워너메이커는 말년에 한 인터뷰에서 "내 인생 최대의 성공적인 투자는 열 살 때 아주 어렵게 돈을 모아서 2달러 75센트를 주고 산 빨간 성경책이다. 그 성경이 오늘의 나를 만들었다"고 회고했다.

당신이 정말 보통 사람과 다른 탁월한 인생을 살길 원한다면 매일 아침 성경을 읽고 하나님과 가까워지는 습관을 가지라. 시편 1편에서는 율법(성경)을 주야로 묵상하는 사람이 가장 복 있는 사람이라고 하였다. 당신의 자녀가 최고의 습관을 가지길 원하는가? 매일 하나님 말씀을 펴 놓고 그분과 가까워지는 습관을 가지게 해주라. 그 습관이 자녀들을 부유하게 만들어 줄 것이다.

"Take time to be holy."

매일 거룩해지는 시간을 가지라. 이것은 평범한 사람이 모르는 위대한 습관이다. 하나님을 가까이하면 할수록 더 위대한 인생을 살 것이다.

## 삶의 목적을 정하라

제자들은 수많은 사람이 몰려온 것을 보고 예수님께 빨리 동네로 가시길 권했다. 그런데 예수님은 사람의 인기에 따라 살지 않고 예수님께서 이 세상에 오신 목적대로 사시겠다면서 다른 마을로 가자고 하셨다.

"이르시되 우리가 다른 가까운 마을들로 가자. 거기서도 전도하리니 내가 이를 위하여 왔노라 하시고"(막 1:38).

예수님은 이 세상에 사시면서 인기나 명예나 돈을 위해 살지 않으셨다. 예수님은 삶의 짧음을 누구보다도 잘 알고 계셨다. 예수님은 분명한 목표를 향해 사셨다. 인생이 짧다는 것을 아는 자는 인생에 일어나는 일에 대해 아등바등하지 않고 좀 여유롭게 대처할 수 있다. 성공적인 인생을 사는 사람들은 삶에 분명한 목적이 있다. 반대로 실패한 사람들은 아무 생각 없이 아무렇게 살거나 인기에 따라다니거나 세상 유행을 따라다닌다.

미국에 대공황이 한창이던 1932년에 한 젊은이가 일리노이주 유레

카 대학에서 사회학과를 졸업했다. 그에게는 인생의 방향이 없었으며 미래에 관한 생각도 없었다. 더구나 직장을 구하기도 아주 힘들었다. 이 젊은이는 행운이 찾아올 때까지 그냥 막연하게 기다렸다.

여름이 되자 고향 수영장에서 일하며 적은 돈을 벌었다. 수영장을 찾는 아이들을 돌보던 중에 어떤 아이의 아빠와 친구가 되었다. 그는 이 젊은이의 미래에 관심을 보였다. 그는 젊은이에게 자기 내면을 보라고 하며 가장 원하는 것이 무엇인지 생각해보라고 말했다. 이 젊은이는 그의 조언을 곰곰이 생각하다가 며칠 동안 자기 내면을 살펴 보았다. 결국 그는 자신이 하고 싶은 일을 찾아냈다. 라디오 아나운서가 되는 것이었다.

이 젊은이는 라디오 아나운서가 되겠다는 꿈을 그의 스승에게 말했다. 스승은 그에게 꿈을 실현하려면 행동하라고 하였다. 그는 먼저 라디오 방송국에 들어가겠다는 굳은 결심을 하고 라디오 방송국에서 일할 사람을 구하는 곳을 찾아 자동차를 얻어 타고 일리노이를 거쳐 아이오와로 갔다.

결국 아이오와주 대번포트에서 직장을 구했다. 그는 처음으로 스포츠 아나운서로 일하게 되었다. 그리고 그는 5년 후에 배우로 할리우드에 진출하였다. 그는 나중에 이렇게 말했다.

"행동에 나서야 한다는 교훈은 무한한 가치를 지닌 것이다."

그는 그때의 경험으로 목표를 세우면 반드시 그 목적을 향해 행동하는 습관이 생겼다. 이 사람이 바로 미국의 40대 대통령 로널드 레이건이다(잭 핫지, 「습관의 힘」, 아이디북, 146-147쪽).

삶의 분명한 목표를 세우고 그 목표를 향해 행동하는 습관은 중요하다. 우리에게 주어진 시간을 아무렇게나 보내지 말고 목적을 향해 움직여야 한다. 틈만 나면 목적을 향해 시간을 사용하고 목적을 향해 시간을 투자하는 습관이 있어야 한다. 그것이야말로 후회 없는 인생을 살게 해주는 첫걸음이다.

베토벤은 겨울이든 여름이든 새벽에 일어나서 오후 2~3시까지 작곡을 계속했다. 음악가가 되려면 놀면서도 음악을 들어야 한다. 스포츠 선수가 되려면 틈만 나면 운동해야 한다. 연주가가 되려면 틈만 나면 연주해야 한다. 작가가 되려면 틈만 나면 글을 써야 한다. 목적을 향해 움직이는 것이 습관이 되어야 한다.

소파에 누워서 스마트폰이나 TV 보면서 시간을 낭비하지 말라. 신문에서 살인, 강도, 강간, 그리고 연예인들의 이야기를 읽는 것을 거부하라. 유튜브나 TV에서 별 볼 일 없는 수다를 듣는 것을 거부하라. 할 수만 있다면 마음을 깨끗이 하고 당신의 목표를 향해 시간을 사용하라.

특히 스마트폰을 볼 시간에 당신의 목표와 관계된 책을 보라. 일주일에 한 권을 읽으면 일 년에 50권, 2년이면 100권의 책을 읽게 된다. 책 100권은 읽으면 박사와 동등한 수준에 이르게 된다. 책 두 권 읽는 사람이 한 권 읽는 사람을 이긴다. 책 열 권 읽는 사람이 다섯 권 읽는 사람을 이긴다. 만약 당신이 TV를 보면서 잠을 잔다면 오늘부터 책을 읽으면서 잠을 자는 습관으로 바꾸라.

이것저것 모든 것을 다 할 만큼 시간이 충분한 사람이란 없다. 예수님은 눈이 이것저것을 보며 범죄 한다면 차라리 뽑아 버리라고 말씀하셨고 발이 이곳저곳을 다니며 범죄한다면 찍어 버리라고 단호하게 말씀하셨다(막 9:45-47).

우리는 목적 없이 아무렇게나 사는 습관에 대해 조심해야 한다. 목적을 향해 행동하는 습관은 그 사람을 탁월하게 만들어준다. 당신은 초라하게 살도록 창조되지 않았다. 당신은 존귀한 자로 창조되었다.

"땅에 있는 성도들은 존귀한 자들이니 나의 모든 즐거움이 그들에게 있도다"(시 16:3).

당신이 존귀하게 되는 것이 하나님의 뜻이다. 매일 매 순간 목적을 향해 행동하여 존귀한 자로 살기 바란다.

"목표가 없는 사람은 아무것도 하지 않고 사는 사람과 똑같다." – 토머스 칼라일

## 언제나 살리는 자로 살라

예수님은 가시는 곳마다 복음을 전하고 병든 자를 고치고 귀신을 쫓으셨다. 예수님은 누구를 만나든지 살리셨다.

"이에 온 갈릴리에 다니시며 그들의 여러 회당에서 전도하시고 또 귀신들을 내쫓으시더라"(막 1:39).

예수님은 잔칫집에 포도주가 떨어졌을 때 물을 포도주로 변화시켜 꺼져가는 흥을 살리셨다. 38년 된 중풍 병자도, 죽어가는 신하의 아들도 살리셨다. 문둥병자, 하혈하는 여인, 간음한 여인도 살리셨다. 무덤가를 왔다 갔다 하던 귀신 들린 사람도 살리셨다. 악랄하게 세금을 거두

는 세리도 살리셨다. 죽은 지 나흘이나 된 나사로도 살리셨다. 예수님은 만나는 모든 사람을 살리는 습관이 있으셨다.

예수님은 남편이 다섯이나 되는 수가성 여인을 비난하지 않으셨다. 살이 썩어들어가는 문둥병자에게 돌을 던지지 않으셨다. 모든 사람이 손가락질하는 세리를 공격하지 않으셨다. 예수님은 누구를 공격하거나 비판하는 습관이 없으셨다.

예수님은 비판하는 자는 자신도 비판을 받는다고 경고하셨다. 남을 비하하는 사람은 자신도 동시에 비하된다. 예수님은 모든 사람을 살리는 습관을 가지고 계셨다. 화를 내는 습관을 가지면 안 된다. 분노하는 습관을 가지면 안 된다.

사람을 살리는 습관에는
긍정적인 생각과 긍정적인 말이 필수다.

주위에 있는 자들에게 긍정적인 말을 해주는 것이 사람을 살리는 것이다. 자기가 하는 말이 긍정적인가 부정적인가를 생각해보라. 긍정적인 말을 하고 부정적인 말은 하지 말라. 긍정적인 말이 습관이 되어야 한다. 결심으로 끝내지 말고 그것이 습관이 되어야 한다. 습관이 되지 않으면 아무 힘이 없다. 예수님은 세리에게도 문둥병자에게도 간음한 여인에게도 다 긍정적인 생각으로 긍정적인 말씀을 하셨다.

병든 아들을 둔 아비가 예수님에게 찾아와 "할 수 있거든 제 아들을 고쳐주십시오"라고 말할 때 "할 수 있거든이 무슨 말이냐. 믿는 자에게는 능히 하지 못할 일이 없다"라고 하시면서 부정적인 말을 하지 말라고 하셨다.

예수님은 아무리 큰 불치병에 걸린 자에게도 다 긍정의 말씀을 하시고 소망을 말씀하셨다. 무슨 일을 만나도 아무리 어려운 상황이 펼쳐져도 긍정의 생각, 긍정의 말을 하기 바란다. 당신 스스로 말해 보라.

"나에게는 언제나 소망이 있다."

"나는 할 수 있다."

"오늘 나에게 좋은 일이 일어날 것이다."

"하나님이 나를 도우십니다."

그리고 당신이 만나는 모든 사람에게 이렇게 말하라.

"당신에게는 하나님이 계시기에 소망이 있다."

"당신은 할 수 있다."

"오늘 당신에게 좋은 일이 일어날 것이다."

"하나님이 당신을 도우십니다."

이렇게 자신과 주위 사람에게 긍정적인 말하는 것이 습관이 되길 바란다.

이 세상은 하나님과 분리된 이후 모든 것에 부정적인 생각과 부정적인 말이 깊게 뿌리를 내리고 있다. 우린 세상과는 반대로 하나님이 우리와 함께 계시기에 언제나 긍정적인 생각과 긍정적인 말을 해야 한다.

당신에게 믿음이 있는가? 그렇다면 긍정의 말을 하라. 믿음이 있다고 하면서 부정적인 말을 하는 자는 하나님을 믿지 않는 자이다. 하나님은 언제나 긍정적이셨다. 당신이 그분의 자녀라면 그분을 닮아야 한다. 모든 일에 긍정적인 말을 하는 습관을 가지기 바란다. 긍정적인 언어 습관은 모든 상황을 좋게 만드는 힘이 있다. 긍정적인 말을 하는 습관을 가진 자에겐 생각지도 않은 축복이 밀려올 것이다. 당신 주위에서 무엇이든 잘하고 탁월한 삶을 사는 사람을 보라. 그는 말이 다르다. 부정적인 말을 하는 자에겐 사탄이 역사하고 긍정적인 말을 하는 자에겐 성령님이 역사한다.

모든 사람에게 사랑으로 대하는 것도 사람을 살리는 습관이다. 예수님은 누구에게나 사랑으로 대하셨다. 어린아이에게도, 그 당시 사람들이 무시하는 여인들에게도, 천한 신분의 사람들에게도 심지어 죄인들에게도.

예수님께서 모든 사람을 사랑으로 대하신 것은 예수님의 습관이었다. 주위에 있는 자들을 사랑으로 대하는 것은 위대한 습관이다. 그 사랑이 나에게 생각지도 않았던 과분한 기회를 가져다준다. 사랑의 미소, 사랑의 눈빛, 사랑의 말, 사랑의 행동, 사랑의 관심은 최고의 습관이다.

사람은 자신을 귀히 여기는 자를 좋아한다. 사람은 누구나 소중한 존재임을 느끼길 원한다. 당신이 당신 주위에 있는 사람들을 소중히 여기고 사랑으로 대해 준다면 그 사람도 당신을 귀히 여길 것이다.

## 모든 일에 자신감을 가지라

어릴 때부터 "나는 못 해", "나는 안 돼"라고 말하는 습관은 나중에 커서 자신감 없는 자가 되게 한다. 열등감이나 자학은 어린 시절부터 생긴 오래된 나쁜 습관이다. 이 뿌리 깊은 열등감의 습관은 뿌리 뽑아야 한다.

세계적인 올림픽 경주에 나온 선수들은 그 실력이 비슷비슷하다. 모두 엄청난 연습을 하고 출전한다. 막상 올림픽 경기에서 평소의 실력을 다 나타내지 못하는 사람이 있는가 하면 평소의 실력보다 더 높은 실력을 나타내는 사람도 있다. 그것은 실력의 차이가 아니라 자신감의 차이다. 그래서 자신감은 습관의 하이라이트다. 습관 중의 최고의 습관은 자신감이다.

아놀드 파머의 사무실에 걸려 있는 신조가 자신감에 도움을 준다.

"졌다고 생각하면 진 것이다. 그렇지 않다고 생각하면 아닌 것이다. 이기고 싶지만 이길 수 없다고 생각하면 이기지 못할 가능성이 크다. 삶의 투쟁에서 항상 강하고 빠른 사람이 이기지는 않는다. 그러나 이기는 사람은 이길 수 있다고 생각하는 사람이다"(존 맥스웰, 「최고의 나」, 다산 라이프, 38쪽).

위의 글은 자신감을 가진 사람이 최후의 승자가 된다는 말이다. 그만큼 자신감이 중요하다는 것이다.

예수님은 언제나 자신감이 넘치는 삶을 사셨다. 예수님은 열두 살 때도 성전에서 랍비들과 거침없이 대화하는 자신감이 있었다. 예수님은 벳세다 언덕에 모여 있는 오천 명 앞에서 제자들에게 "너희들이 이들에게 먹을 것을 주라"라고 말씀하시는 자신감이 있었다.

예수님은 갈릴리 바다에서 폭풍우가 몰아칠 때도 자신감이 넘치셨다. 예수님은 겟세마네 동산에서 자신을 체포한 대제사장 앞에서도 자신감이 넘치셨다. 예수님은 그 당시 최고의 권력가인 빌라도 앞에서도 당당하셨다. 예수님은 단 한 번도 자학하거나 비굴해 하거나 열등감에 빠지지 않으셨다.

예수님은 언제나 자존감 넘치는 말씀을 하셨다. "나는 세상의 빛이다." "나는 빛나는 새벽별이다." "나는 길이다." "나는 생명이다." "나는 진리다." "나는 부활이다." 자신감 넘치는 삶은 예수님의 습관이었다.

이런 말을 하면 어떤 사람은 예수님은 신이시니까 자신감이 넘칠 수 있다고 말한다. 맞다. 예수님은 성자 하나님이시다. 우리에게 기쁜 소식은 그 예수님이 우리 안에 계신다는 것이다.

당신이 예수님을 구세주로 영접하였는가? 그렇다면 그 자신감 넘치는 예수님이 당신 안에 계신다. 그러므로 당신도 자신감이 넘치는 삶을 살아야 한다. 자신감은 습관이 되어야 한다. 이 자신감은 믿음과 관계가 있다. 주님이 자기 안에 계심을 믿는 자는 언제나 자신감이 넘친다.

아무리 어려움이 닥쳐도 성공을 꿈꾸는 습관을 가지라. 미래를 앞당겨 걱정하거나 두려움을 초대하는 습관을 버리라. 쓸데없이 걱정하거나 불안해하는 습관을 버리라. 당신 자신을 하찮은 존재로 여기지 말라. 하나님은 우리를 꼬리가 아니라 머리로 보시고 패배자가 아니라 이기는 자로 보신다.

"우리 주 예수 그리스도로 말미암아 우리에게 승리를 주시는 하나님께 감사하노니"(고전 15:57).

당신 안에는 예수님이 계신다. 그래서 무엇에나 이길 수 있다. 예수님은 세상 끝날까지 당신과 함께하신다. 예수님이 우리 안에 계시면 능치 못할 일이란 없다.

발레리나가 되고 싶었던 샤리스라는 소녀가 있었다. 여섯 살 때 세계 최고의 안무가가 감독한 발레 공연을 처음 본 뒤로 그녀는 부모님을 조르고 졸라 발레 레슨을 받았고 수없이 연습했다. 시간이 지나면서 발레는 그녀의 전부가 되었다. 소녀는 자신의 모든 삶을 발레에 바치기로 결심했다.

열여섯 살이 되던 해 예진의 그 감독이 단원들을 이끌고 그녀가 사는 도시를 다시 찾았다. 샤리스는 그가 단원 오디션을 실시한다는 소식을 듣고 곧바로 뛰어갔다. 열심히 오디션을 치른 그녀는 스스로 만족스럽게 생각했다. 그러나 감독은 "돌아가요, 이제 발레리나가 되겠다는 꿈은 버리는 게 좋겠어요. 당신에게는 재능이 없습니다"라고 말했다. 샤리스는 너무나 실망했다. 집에 돌아온 그녀는 발레복과 토슈즈를 벗어 던지고는 다시는 연습하지 않았다.

그렇게 몇 년이 지나고 그녀는 자신에게 청혼한 남자와 결혼해 세 아이를 낳아 기르면서 발레할 당시의 몸매를 완전히 잃어버렸다.

그러던 어느 날 오디션에서 샤리스를 탈락시킨 발레단 감독이 다시 그 마을을 찾았다. 샤리스는 극장으로 달려가 그를 찾았다.

"당신이 내 인생을 망쳤어요!" 샤리스가 외쳤다. "당신만 아니었다면 지금쯤 난 생활에 찌든 가정주부가 아니라 유명한 발레리나가 되었을 거라고요."

"내가 당신의 인생을 망쳤나요?" 감독이 묻자, 샤리스는 있었던 일을 그대로 말해주었다.

이야기를 다 듣고 그가 고개를 절레절레 흔들며 말했다.

"아 그건… 저는 재능이 있든 없든 모든 기대주에게 똑같이 말하곤 하죠. 발레리나가 되려면 재능만 가지곤 안 되니까요. 내가 하는 말을 무시할 수 있을 만큼 스스로에 대한 믿음이 있어야 해요. 당신이 그 말 한마디에 연습을 포기했다면 발레리나의 길을 걷는 사람에게 향하는 혹평과 비난의 화살을 피할 수 있는 용기가 당신에게 없다는 것을 증명하는 셈이죠. 당신의 인생을 망친 것은 내가 아니라 바로 당신 자신입니다."

(존 디피에트로, 「평범한 당신이 성공하는 15가지 비밀」, 미디어 윌, 29쪽).

자신감이 없는 사람은 최고위 기회가 와도 놓치게 된다. 매사에 자신감을 가지는 것은 아주 중요하다. 작은 비난에 가던 길을 멈추거나 환경의 어려움 때문에 자신감을 버리는 사람은 아무 일도 할 수 없다. 자신감이 없는 사람은 아무리 좋은 자리에 갖다 놓아도 며칠 못 가서 중단하고 말 것이다. 자신감, 자존감을 가지는 것은 어떤 일을 하든지 아주 중요하다.

하나님은 우리에게 온 세상을 다스리고 지키라고 말씀하셨다. 이 말씀은 이 세상을 다스리고 지킬 능력이 우리에게 있다는 것이다. 스스로 자신을 제한하지 말라. 당신 인생의 최고의 적은 당신 내부에 있는 열등감이다.

"나는 재능이 없습니다."
"이것이 내 한계입니다."
"나는 잘되는 일이 없습니다."
"나는 모든 것이 두렵습니다."
"나는 내일에 대한 특별한 계획이 없습니다."
이런 패배적인 말은 하지 말라.

자기 자신을 학대하는 사람이 가장 불행한 인생을 계획하는 자이다.
삶을 비관하는 것은 죄다.
비관은 최고의 걸작품을 만드신 그분을 비난하는 것이다.
비관은 하나님이 주신 소중한 시간을 낭비하는 것이다.

하나님은 당신을 자학하라고 창조하시지 않았다.
하나님은 당신을 불평하라고 창조하시지 않았다.

당신이 지금 열등한 장소에 있다고 당신 자신을 자학하거나 초라하게 생각하지 말라. 하나님께서 당신을 직접 만드시고 이 땅에 보내셨다는 것이 당신의 자존감이다. 이 세상에는 자존감이 무너진 자가 많다. 당신은 평범하게 창조되지 않았다. 문제는 우리가 스스로 겁먹고 아무것도 안 하는 것이다. 하나님은 당신을 실패하도록 창조하지 않았다. 하나님은 당신을 시시하게 만드시지 않았다. 하나님은 당신을 무능하게 만드시지 않았다. 무엇보다도 하나님은 당신을 사랑하신다. 당신이 자신감을 가지고 살면 하나님께서 행하실 것이다.

무슨 일을 하든 믿음으로 자신감을 가지고 앞으로 나아가면 예수님께서는 그 믿음을 보시고 "믿음대로 될지어다"라고 하시며 그 하고자 하는 일을 이루어주실 것이다. 당신이 지금 조그마한 어려움으로 인해 움츠리고 있다면 다시 자신감을 가져야 한다. 하나님은 자신감을 가진 자를 통해 사막을 옥토로 만드신다. 하나님은 자신감을 가진 자를 통해 반석에서 물이 나오게 하신다.

"내게 능력을 주시는 자 안에서는 모든 일을 할 수 있다"는 말이 버릇이 되길 바란다. 다윗은 어린 나이에 일찍이 자존감이 있었다. 그는 "군대가 나를 대적하여 진 칠지라도 내 마음이 두렵지 아니하며 전쟁이 일어나 나를 치려 할지라도 나는 여전히 태연하리로다"(시 27:3)라고 고백했다.

자신감을 가지고 사는 것이 습관이 되어 하나님이 주시는 모든 기회를 누리기를 바란다. 하나님은 당신 삶이 최고가 되길 바라신다. 그러니 열등감을 버리고 자신감 넘치는 삶을 살라.

최고의 예술가인 그분이 당신을 만드셨다는 것이 자존감의 원천이다. 하나님은 당신에게 자존감을 주시고 자신감을 가지게 해주신다. 당신이 자신감을 가지고 사는 것이 하나님의 뜻이다. 자신감은 하나님이 주시는 최고의 자산이다.

내 아이들은 집에 들어오면 신나서 노래를 부른다. 나와 아내가 그들을 사랑하고 좋아한다는 것을 알기 때문이다. 만약 내 아들이 집에 들어와 주눅이 들어 숨을 죽이고 도둑처럼 눈치 보며 산다면 아버지인 나는 슬플 것이다.

하나님은 당신을 기뻐하신다. 하나님은 당신을 좋아하신다. 이 사실을 믿고 이 세상을 당당하게 살길 바란다. 주눅 들어 사는 것은 스스로 자기 인생을 어둡게 색칠하는 것이다.

"너희는 유혹의 욕심을 따라 썩어져 가는
구습을 따르는 옛 사람을 벗어 버리고
오직 너희의 심령이 새롭게 되어 하나님을 따라
의와 진리의 거룩함으로 지으심을 받은
새 사람을 입으라"(엡 4:22-24).

[ 소그룹 모임 / 가족 모임 9 ]
## 좋은 습관으로 살라

1. 가족이나 셀에서 자신의 버릇(습관)을 나누어보라. 사람들은 당신의 버릇에 대해 어떻게 생각하는가?

   예) 말투, 독특한 행동 등

2. 바꾸고 싶은 부정적인 습관을 적어보라. 그 옆에 좋은 습관을 위해 목표를 정하라.

   예) 늦잠 자는 것 — 아침 6시에 일어난다.

   　야식하는 것 — 저녁 8시 이후 물 외에는 먹지 않는다.

   　미루는 것 — 약속 시간 10분 전(하루 전)까지 해놓는다.

   　남 탓하는 것 — 변명하지 않고 책임지려는 자세로 일한다.

3. 그 부정적인 습관을 고치겠다고 주위에 말하고, 주위 사람에게 도움을 구하라(코칭을 구하라).

4. 좋은 목표를 적고 곳곳에 붙여두라.

   — 체중감량 → 운동하기
   — 술 끊기 → 물 마시기
   — TV 안 보기 → 책 잡기

C·H·A·P·T·E·R·10

인내로 이기라

"인내를 온전히 이루라. 이는 너희로 온전하고 구비하여 조금도 부족함이 없게 하려 함이라"(약 1:4).

## 위대한 작품은 인내로 만들어진다

오래전 텍사스에서는 대부분의 석유를 지표면에서 얻었다. 그런데 누군가 더 깊은 곳에 더 커다란 공급원이 있을 것으로 생각했다. 그래서 지하 1,500m 깊은 곳까지 유정을 시추하였다. 결과는 어떻게 되었을까? 지하 깊은 곳의 분유정이 나왔다(카나리 N. 라오, 「위너의 선택」, 생각의 날개, 83쪽).

대부분의 사람은 지표면에서 석유를 얻은 사람들과 비슷하게 조금 노력해서 얻는 정도의 삶을 살고 있다. 아무도 신비한 자원이 묻혀 있는 깊은 곳까지 인내하며 내려가지 않는다. 그래서 우리가 가지고 있는 능력을 최대한 발휘하지 못한다.

우리 내면 깊은 곳에 있는 잠재력을 끄집어내려면 지금 얻은 것에 만족하지 말고 더 많은 시간을 투자하고 인내해야 한다. 그럴 때 그 모든 인내에 대한 보상을 받게 될 것이다.

이 세상에 태어난 사람은 그 누구도 그냥 대충 살도록 창조된 자는 없다. 이 땅에 사람처럼 정밀하고 정교한 존재는 없다. 정밀할수록, 정교할수록 그것을 만든 사람의 기대는 큰 것이다.

당신을 향한 하나님의 기대는
당신이 생각하는 것보다 훨씬 크다.
당신에게는 보통 사람이 모르는 엄청난 잠재력이 있다.
당신에게는 아직 한 번도 꺼내어 보지 못한
엄청난 능력이 숨겨져 있다. 인내하면서 노력한다면
당신 안에 숨겨진 모든 능력이 다 드러나게 될 것이다.

성공한 인생을 산 사람들은 재능이 뛰어난 것이 아니라 하나같이 인내의 삶을 산 자들이다. 그들은 재능보다 더 중요한 것이 인내라는 것을 안다. 역사적으로 위대한 삶을 산 자들은 인내가 최고의 자리로 인도하는 열쇠임을 잘 알고 있었다.

꿀벌은 작은 곤충이지만 그의 인내는 엄청나다. 꿀벌이 꽃에서 450g의 꿀을 모으려면 적어도 2만 번 여행해야 한다. 그 거리가 지구 둘레 세 바퀴나 된다. 우리가 빵에 발라 먹는 한 스푼의 꿀을 위해 벌은 최소한 4,200번을 갔다 왔다 한다. 일벌은 수명이 5~6주간이라고 한다. 꿀벌은 꿀을 모으는 동안 날개가 다 닳아 헤어지게 되는 것이다. 하지만 꿀벌은 인내로 꿀을 얻을 뿐만 아니라 각종 식물이 열매를 맺게 하는 풍요로움을 가져다준다. 꿀은 꿀벌의 엄청난 인내로 생긴 것이다. 마찬가지로 우리 인생의 단 것도 인내로 생기는 것이다.

로마에 가면 시스티나 성당이 있다. 이 성당에 들어가려면 줄을 서야 한다. 많은 관광객이 이 성당에 들어가려고 모여들기 때문이다. 이 성당이 유명한 것은 바로 미켈란젤로가 그린 〈천지창조〉 때문이다.

미켈란젤로는 교황 율리우스 2세가 성당 천장에 그림을 그려달라고 부탁하여서 이 그림을 그리기 시작하였다. 그는 일반인은 물론 교황까지 출입을 통제하고 천장 밑에 받침대를 세워놓고 직접 성당 천정에다 그림을 그렸다. 얼굴에는 온갖 물감이 흘러내려 피부병이 생기고 몸은 하프처럼 휘어지고 항상 고개를 뒤로 젖히고 그려야 하는 고된 작업이었다.

1508년 5월 10일에 시작한 그 그림은 1512년 10월 31일에 완성되어 마침내 일반에게 공개되었다. 수많은 사람이 구름떼처럼 모여들었다. 사람들은 미켈란젤로의 그림을 보고는 너무도 경탄하여 할 말을 잊은 채 모두 입을 다물지 못했다. 그들 머리 위 수천 피트 넓이의 천장에는 300명이 넘는 인물이 어떤 사람은 실물보다 3, 4배나 더 크게 그려져 있었다.

미켈란젤로는 이 일로 인해 목을 움직일 수조차 없었다. 하지만 그는 모든 고통을 이겨내고 명작 중의 명작을 인내로 만들어 냈다.

마가렛 미첼이 쓴 「바람과 함께 사라지다」는 소설뿐 아니라 영화로도 우리에게 잘 알려져 있다. 하지만 작가가 이 소설을 쓰기 위한 자료

수집에만 20년의 세월이 걸렸다는 사실은 잘 알려지지 않았다.

명작은 시간을 필요로 한다.
명작은 하루하루 인내가 쌓여서 만들어지는 것이다.

당신 인생을 명작으로 만들길 원하는가? 그렇다면 인내의 시간이 필요하다. 매일 당신에게는 오늘이라는 기회가 온다. 오늘을 대충 살 것인지 최고의 명작으로 만들 것인지는 당신이 결정하는 것이다. 조그마한 어려움 앞에 포기하기는 쉽다. 조그마한 어려움 앞에 낙심하기는 쉽다. 그러나 하나님은 우리에게 오늘이라는 하루를 희망과 기대를 가지고 최선을 다하라고 말씀하신다.

"형제들아 너희는 선을 행하다가 낙심하지 말라"(살후 3:13).
"우리가 믿는 도리의 소망을 움직이지 말며 굳게 잡고"(히 10:23).
"참으면 또한 함께 왕 노릇 할 것이요"(딤후 2:12).

성경은 곳곳에서 우리에게 인내로 이기는 자가 되라고 말씀하신다.

## 인내는 어려움을 이겨낸다

성경에선 인내를 의미하는 여러 단어 중 '메노'는 한 장소에 계속 머무는 것을 말한다. 즉 인내는 어려움을 이겨내고 계속 한 장소에 머무는 것을 말한다. 노아는 방주를 만들라는 하나님의 음성을 듣고 자신이 하던 모든 일을 내려놓고 산 위에서 방주를 만들기 시작하였다.

노아가 살았던 중동 지역은 무더운 땅이다. 평소에는 40도가 넘는 뜨거운 땅이다. 노아는 아내와 함께 자녀 셋을 데리고 방주를 짓기 시작하였다. 산 위에서 뜨거운 태양빛을 받으며 방주를 짓는다는 것은 정말 큰 인내가 필요하다. 노아 주위에 있는 사람들은 노아를 비난하기 시작하였다.

"배를 만들려면 바닷가에서 만들어야지, 왜 산에서 만드느냐?"

"비가 올 징조도 없는데 웬 거대한 배냐?"

"아니 인생 망치려면 혼자 하지. 왜 자녀들까지 데리고 가서 방주를 만드느냐, 아이들 미래는 어떻게 하려느냐?"

별의별 소리를 다 들으며 노아는 계속 배를 만들었다. 하루도 아니고 일 년도 10년도 아니고 120년 동안 만들었다. 노아의 인내는 엄청났다. 어떻게 노아는 120년을 이겨냈을까? 노아는 오늘을 이겨낸 것이다. 오늘 그만두고 싶은 마음을 이겨냈다. 오늘 비난과 조롱을 이겨냈다. 오늘 한 뼘의 방주를 만들었다.

노아는 눈에 보이는 어려운 상황에 굴복하지 않고 그 너머에 있는 하나님의 축복을 바라보고 오늘 하루의 고난과 비난을 이겨내었다. 자신에게 가장 좋은 것을 예비하시는 하나님을 믿었다. 이 힘든 시기를 지나고 나면 남들이 알 수도 없는 엄청난 축복이 밀려올 것을 믿었다.

인내는 믿음을 가지고 모든 어려움을 이겨내는 것이다. 인내는 모든 사람이 그만두라고 해도 포기하지 않는 것이다. 인내는 불가능하다는 일을 할 수 있다는 믿음으로 이겨내는 것이다. 인내는 운이 좋아서 승리하는 것이 아니라 어려움을 이겨내어서 승리하게 해주는 힘이다. 인내는 모든 승리자가 통과해야 하는 문이다.

　콜럼버스가 아시아로 가는 중에 엄청난 어려움이 있었다. 그와 선원들은 폭풍을 만났고 배고픔과 궁핍을 겪었고 모두 낙담하였다. 드디어 배 안에 있는 선원들이 더 이상 항해할 수 없다며 폭동을 일으켰다. 그러나 콜럼버스는 낙담하지 않고 인내하며 계속 항해하였다. 콜럼버스의 일기에는 이런 말이 여러 번 적혀 있다.
　"오늘도 우리는 항해를 했다."
　그는 향료로 가득 찬 인도로 가는 항로를 발견하는 대신 새로운 대륙을 찾았다. 항해할수록 더 분명해졌다. 그는 마침내 인내로 빛을 발견하였다. 하루하루를 견디고 매일 이기는 자가 결국에는 승리하는 것이다. 성공은 하루하루의 작은 승리가 모여 이루어지는 것이다.

　지금 당신의 배가 언제 완성될지 모르겠는가? 지금 당신이 그리는 그림에 진전이 없는가? 지금 당신이 가는 길에 안개가 가득한가? 당신 마음에 비전을 주신 분이 하나님이다. 하나님이 당신 마음에 피어오르게 한 비전은 포기하라고 주신 것이 아니다. 우리를 이 땅에 보내신 분은 하나님이다. 하나님은 우리를 망하게 하려고 이 땅에 보내시지 않았다. 우리는 결코 이 땅에서 초라하게 살도록 창조되지 않았다. 문제는 우리가 조그마한 어려움 앞에 지레 겁을 내어 절망을 초대하고 낙심을 받아들여 오늘 가는 길을 포기하는 데 있다.

　하루 더 믿음을 가지라. 하루 더 기도하라.
　하루만 더 하면 된다. 하루만 더 그리면 된다.

하루만 더 가면 된다. 오늘 다 이루지 못했는가?
내일 하루 더 하면 된다. 당신은 하나님을 신뢰하는가?
당신은 하루를 더 견뎌볼 만큼 하나님을 신뢰하는가?

당신은 하나님께서 당신의 최악의 상태를 최선의 상태로 바꾸실 수 있는 분이라는 것을 믿는가? 그렇다면 하루 더 인내하라. 오늘은 당신 삶에 주어진 최고의 기회다.

"인생은 단 하루에 불과하다"는 말이 있다. 이 말을 뒤집어서 생각하면 "하루는 인생의 전부와 같다"는 말이 된다. 오늘 하루는 당신의 인생에 남아 있는 날 중의 첫날이다. 오늘의 말과 행동에 당신의 영원이 달린 것처럼 오늘 주어진 시간을 잘 활용해야 한다. 그러면 곧 생각지도 않은 날에 상황이 바뀌는 일이 일어날 것이다.

온갖 비난이 당신을 공격하고 있는가? 상황을 보고 염려하지 말고 당신 마음에 꺼져가는 열정의 불을 다시 붙이라. 하나님은 상한 갈대를 꺾지 아니하시고 꺼져가는 심지를 끄지 않으신다. 사람들의 비난의 말을 듣지 말고 하나님의 음성을 들으라. 사람들은 우리의 어려운 상황을 보고 열정의 불을 끄는 말을 하지만 하나님은 열정의 불을 끄지 않으시는 분이다.

당신은 지금 살아 있는가? 그렇다면 지금은 포기할 때가 아니다. 오늘 작은 희망을 가지고 인내하며 최선을 다해야 한다. 하나님은 작은 믿음이라도 믿음을 가진 자에게 역사하신다. 겨자씨만 한 믿음만 가져도 산을 움직이신다. 성공은 당신이 생각하는 것보다 훨씬 가까이에 있다. 99도와 100도는 엄청난 차이가 있다. 99도에서는 아무리 해도 물이 끓지 않는다. 1도만 더하면 물이 끓게 된다. 조금만 더 가라. 조금만 더 어려움을 이겨내라.

## 인내는 기쁨으로 기다린다

성경의 인내라는 단어 중에 '휘포메노'라는 단어는 '계속 기다리는 것'을 말한다.

> "그러므로 너희 담대함을 버리지 말라. 이것이 큰 상을 얻게 하느니라. 너희에게 인내가 필요함은 너희가 하나님의 뜻을 행한 후에 약속하신 것을 받기 위함이라"(히 10:35-36).

성경은 우리에게 '완벽하라'고 말씀하지 않는다. 하나님은 우리에게 담대함을 버리지 말고 기다리라고 말씀하신다. 성경에 나오는 자들은 모두 하나님의 약속을 믿고 하나님의 때를 기다렸다.

우리의 문제는 실력 부족이나 잠재력 부족이 아니다. 내 주위에 일어나는 일에 대해 부정적인 말을 듣고 기다림을 포기하는 것이다. 부정적인 환경을 보거나 부정적인 말을 듣고 보통 사람과 비슷하게 사는 것은 너무나 쉬운 일이다. 평범한 사람과 다른 탁월한 삶을 살려면 부정적인 생각을 거부하고 하나님의 때를 기다려야 한다.

아브라함은 하나님께서 아들을 주실 것이라는 말씀을 듣고 아들을 기다렸다. 하지만 1년이 지나도 10년이 지나도 아들이 생기지 않았다. 그러나 그는 100세가 되어도 아들이 태어날 것을 믿었다. 이 작은 믿음 때문에 그는 믿음의 조상이 되었다.

하나님은 불가능한 상황에서도 믿는 믿음을 기뻐하신다. 인간의 눈으로 볼 때는 100세가 된 아브라함이 아들을 기다린다는 것은 불가능한 일이다. 그러나 그는 믿음으로 아들이 태어날 것을 믿고 기다렸다.

부정적인 생각이 밀려올 때 기다림을 포기하는 것은 너무나 쉬운 일이다. 그것은 평범한 사람들이 사는 방법이다. 그때 하나님을 신뢰하고 기쁨으로 기다려야 한다. 그런 자가 큰 상을 받고 하나님의 약속하신 것을 얻게 된다. 하나님은 겨자씨만 한 믿음을 가지고도 기다리는 자에게 크게 역사하신다. 하나님은 믿음을 가지고 끝까지 기다리는 자에게는 시간과 상황에 상관없이 역사하신다.

요셉은 17세에 꿈을 꾸고 꿈이 이루어지는 날을 기다렸다. 하지만 애굽의 종으로 팔려가는 고통의 시간이 다가왔다. 그는 보디발의 집에서 일하다가 억울하게 감옥에 들어갔다. 30세에 애굽의 총리가 되기까지 요셉은 하나님의 때를 기다렸다.

하루아침에 귀공자에서 노예로 바뀌었다고 하나님께서 주신 비전이 사라지는 건 아니다. 상황이 나쁘다고 비전이 사라지는 것 아니다. 억울한 일을 당했다고 비전이 사라지는 것 아니다. 감옥에 들어갔다고 비전이 사라지는 것 아니다. 요셉은 자신이 억울하게 들어가게 된 그 감옥이 애굽 총리가 되는 디딤돌일 줄 몰랐다.

하나님은 우리의 억울함조차도 사용하신다. 하나님은 우리를 가두는 감옥조차도 사용하신다. 지금 상황이 좋지 않다고 포기하지 말라. 감옥에 갇힌 것과 같다고 신세 한탄하고 원망으로 시간을 보내지 말라. 하나님은 우리 꿈이 숙성되는 시간이 필요하다는 것을 아신다. 하나님은 감옥의 시간을 통해 우리의 성품을 다듬고 계신다.

지금 당장 꿈이 이루어지지 않았다고 절망하거나 낙심하지 말고 하나님의 때를 기다리라. 하나님께서 우리 마음에 뿌려 놓은 씨는 없어지지 않는다. 믿음으로 기다리는 자에겐 생각지도 않았던 날에 갑자기 하나님의 때가 온다. 우리에게 답이 없어도 하나님에게는 답이 있다.

요셉이 감옥에 있을 때 만난 바로의 술관원이 요셉을 총리로 만드는 촉매제가 되었다. 요셉은 자기가 있는 감옥에 왜 술관원이 들어왔는지 몰랐다. 하나님은 당신의 꿈을 위해 적절한 사람을 만나게 해주신다. 하나님은 당신의 꿈을 이룰 수 있는 인맥을 만들어주신다. 하나님은 당신에게 관심이 있으시다. 하나님은 당신을 포기하지 않으신다. 하나님은 당신이 믿음으로 하나님의 때를 기다린다면 반드시 꿈을 이루게 해주실 것이다.

당신이 인내해야 하는 이유는
하나님께서 당신을 여전히 기대하시기 때문이다.
당신이 인내해야 하는 이유는
하나님께서 당신을 귀히 여기시기 때문이다.
당신이 인내해야 하는 이유는
하나님께서 여전히 당신을 쓰길 원하시기 때문이다.

요셉은 바로 왕의 꿈을 해석해 준 그 하나가 자신을 애굽의 총리로 만들 줄 몰랐다. 하나님은 아주 작은 사건 하나를 통해서도 당신을 탁월한 자리에 앉힐 수 있는 분이다. 하나님은 애굽에 노예로 팔려 간 요셉을 통해 7년 기근에 죽어가는 수많은 사람을 살리셨다. 하나님은 요셉이 감옥 안에 있을 때 한 번도 생각해 본 적 없는 놀라운 것을 예비해 놓으셨다.

하나님은 당신을 통해 수많은 사람을 살리길 원하신다. 하나님은 당신이 생각해 본 적도 없고 들어본 적도 없고 본 적도 없는 큰 축복을 예비해 놓으셨다. 그러므로 지금의 어려움 때문에 절망하지 말고 희망을 가지기 바란다. 지금의 어려움 때문에 기다림을 포기하거나 희망을 버리거나 슬퍼하고 낙심하거나 우울감에 빠지는 것은 사탄의 속임수에 넘어가는 것이다. 하나님을 보지 않고 상황만 바라보고 낙심하는 것은 사탄의 계략이다.

당신은 자신에 대해 낙심하고 포기할 수 있어도
하나님은 당신을 포기하지 않으신다.
하나님께서 당신을 포기하지 않기 때문에
당신도 포기하면 안 된다.
인내는 포기하려는 그 순간을 넘기는 것이다.

어려운 순간이 왔는가? 절망의 순간이 왔는가? 절망의 순간이 하나님께서 역사하실 순간이다. 당신이 절망의 순간에도 희망을 버리지 말아야 하는 이유는 하나님께서 당신 편이시기 때문이다. 지금 하나님께서 살아 계심을 믿는가? 그렇다면 포기하지 말라. 조금만 더 기다리라. 지금 당신이 가는 길이 험하고 광야와 같이 거칠지라도 가나안을 예비해 놓으신 하나님이 계시니 포기하지 말라.

지금 건강에 어려움이 있는가? 조금도 좋아지지 않았는가? 성전 미문에 앉은 앉은뱅이처럼 40년이나 되었는가? 베데스다 연못에 있었던 중풍 병자처럼 38년이나 되었는가? 하나님은 아무리 오래된 질병이라도 치유하신다. 포기하지 말고 기다리라.

지금 재정에 어려움이 있는가? 이젠 재정이 바닥이 났는가? 엘리야 시대의 과부처럼 떡 한 조각과 기름 한 병밖에 없는가? 하나님은 한 병의 기름으로 수백 병을 채우고도 남는 풍부한 자원을 가지셨다. 하나님의 자원에는 끝이 없다. 포기하지 말고 하나님을 기다리라. 하나님께서 해결 못 하실 장애물이란 없다.

그러면 어떻게 하나님께서 예비하신 축복을 받게 되는가?

"믿음과 오래 참음으로 말미암아 약속들을 기업으로 받는 자들을…" (히 6:12).

믿음과 오래 참음이 축복받는 비결이다. 하나님은 우리가 망하는 것을 원치 않으신다. 우리는 감옥 같은 상황에 빠지면 자꾸만 부정적인 생각, 절망적인 생각을 하게 된다. 그때 하나님의 신실하심을 믿고 하나님의 때를 기쁨으로 기다려야 한다.

하나님의 타이밍은 언제나 정확하다.
하나님의 타이밍은 결코 늦지 않는다.
하나님의 타이밍은 언제나 최고의 때다.
하나님은 언제나 옳다. 하나님은 선하신 분이다.
하나님은 신실하신 분이다.
그래서 우리는 하나님의 때를 기쁨으로 기다릴 수 있다.

하나님은 우리가 하나님의 때를 믿음으로 기다리길 원하신다.

"여호와 앞에 잠잠하고 참고 기다리라"(시 37:7).
"그러나 여호와께서 기다리시나니 이는 너희에게 은혜를 베풀려 하심이요. 일어나시리니 이는 너희를 긍휼히 여기려 하심이라. 대저 여호와는 정의의 하나님이심이라. 그를 기다리는 자마다 복이 있도다"(사 30:18).

하나님을 기다리는 자에게 축복이 있다. 하나님의 때를 기쁨으로 기다리는 자에게 성공이 있다. 지금 눈앞에 성공이 나타나지 않는다고 포기하지 말라. 최선을 다하고 기다리면 최고의 기회가 올 것이다. 당신이 살아 있다면 포기하기엔 아직 이르다. 죽는 순간까지 인내하고 기다리면 최고의 것이 온다. 당신 앞에는 당신이 생각하는 것보다 훨씬 큰 축복이 기다리고 있다.

## 인내는 포기하지 않고 다시 도전한다

레오나르도 다빈치를 기억하는가? 그는 〈모나리자〉와 〈최후의 만찬〉을 그린 사람으로 익히 알려져 있다. 그는 1452에 태어나 그 시대에 탱크와 기관총, 헬리콥터, 낙하산 등을 설계하였다. 그는 그림, 의학, 건축, 천문학, 모든 부분에 뛰어난 만능 천재라고 한다. 그는 이런 말을 하였다. "모험하지 않는 것이 가장 큰 모험이다." 이 말은 도전하지 않고 사는 사람이 가장 위험한 인생을 사는 사람이라는 말이다.

인내는 포기의 순간을 이기고 다시 일어나는 것이다. 모세는 나이 40에 사람을 죽이고 미디안 광야에 가서 숨어 살았다. 그는 젊은 시절에 가졌던 비전을 다 버렸다. 그러나 하나님은 모세를 80에 다시 부르셨다. 당신은 꿈을 포기할 수 있어도 하나님은 당신 마음속에 있는 그 꿈을 포기하지 않으신다.

하나님은 실패한 자를 다시 쓰신다. 실수했다고 포기하지 말라. 다시 도전하라. 황량한 사막이 계속되는가? 사막 끝에는 반드시 푸른 싹이 피어나는 옥토가 나온다. 추위가 계속 되는가? 반드시 더위가 온다. 밤이 깊은가? 반드시 낮이 온다. 어둠이 너무 깊다고 포기하지 말라. 깊은 어둠은 곧 새벽이 온다는 징조이다. 깊은 어둠은 포기할 시간이 아니라 다시 도전할 시간이다.

여호수아는 가나안 땅 입구에서 모세가 죽자 부모를 잃은 고아처럼 두려웠다. 그는 그만 포기하고 싶었다. 모세는 여호수아가 기댈 수 있는 너무나 큰 언덕이었다. 그 모세가 사라지자 더 이상 가나안 행군을 계속할 힘이 사라졌다. 그러나 하나님은 두려움에 떠는 여호수아에게 포기하지 말라고 하시며 그가 가나안 땅을 밟기만 하면 다 그의 땅이 되게 해주겠다고 하시면서 조금 더 인내하라고 하셨다. 그러나 여호수아는 너무나 두려워 벌벌 떨었다.

그때 하나님은 여호수아에게 세 번이나 "마음을 강하게 하라. 담대하라. 두려워 말라."고 말씀하시면서 도전을 촉구하셨다. 하지만 하나님은 가나안 땅을 그냥 여호수아에게 주지 않으시고 도전하고 정복하여 차지하라고 하셨다. 하나님은 우리에게 축복을 주실 때 도전해서 차지하도록 하신다. 약속의 땅, 축복의 땅은 포기하지 않고 도전하는 자의 것이다.

당신에게는 엄청난 잠재력이 있다. 당신에게는 엄청난 성공이 숨겨져 있다. 당신의 밭에 엄청난 유전이 있다는 것을 모르고 그저 땅 표면에 나오는 석유만 가지고 불을 때며 사는 초라한 인생을 살지 말라. 조그마한 노력으로 대충 살지 말라. 당신에게는 엄청난 유전이 있다. 엄청난 인내와 투자로 깊은 곳의 것을 끄집어내어 탁월한 인생을 살라. 성경은 눈물로 씨를 뿌리는 자는 기쁨으로 단을 거둔다고 말씀하셨다.

"울며 씨를 뿌리러 나가는 자는 반드시 기쁨으로 그 곡식 단을 가지고 돌아오리로다"(시 126:6).

대부분의 농부는 씨를 뿌릴 때 노래를 부른다. 신나는 일이다. 그런데 씨를 뿌리는 데 왜 울어야 할까? 그냥 평범한 삶이 아니라는 것이다. 씨를 뿌릴 수 없는 고통스러운 상황이라는 것을 암시한다. 그 고통스러운 상황에서는 포기하고 절망할 것이 아니라 오히려 씨를 뿌려야 한다. 상황이 어려울 때 포기하지 말고 울며 씨를 뿌리면 반드시 기쁨으로 단을 거두는 날이 온다. 상황이 어려운가? 포기하지 말고 씨를 뿌리라. 포기하지 말고 도전하라. 살아 있다면 도전하라.

어린아이가 걷기 위해서는 2천~3천 번 넘어지고 일어나는 일을 되풀이한다. 넘어지는 것이 두려워서 걷는 것을 포기하는 아이는 없다. 어린아이들이 넘어져도 계속 일어나는 것은 하나님께서 일어나라는 마음을 심어놓았기 때문이다. 넘어질 때 일어나는 것은 하나님의 뜻이다. 몇 번 넘어졌다고 포기하지 말고 다시 일어나라. 누워있는 것이 정상이 아니고 다시 일어나 도전하는 것이 정상이다.

작은 눈송이 하나가 산 위에서 구르면 거대한 눈사태를 일으킨다. 작은 시도가 위대한 일의 시작이다. 지금 어려움이 있다고 해도 다시 일어나 또 도전하라. 사람이 망하는 것은 고난 때문이 아니다. 고난 때문에 지레 겁을 먹고 희망의 줄을 놓았기 때문이나. 희망이 없을 때는 없다. 단지 희망을 포기한 자가 있을 뿐이다. 당신의 인생에 아무리 큰 고난이 다가와도 여전히 희망의 줄은 있다.

"Try again."

영국에 가면 온통 세계 역사로 가득 차 있다. 영국인들은 박물관 관광 사업으로 먹고산다. 그들은 현재를 자랑하기보다 과거를 자랑한다. 당신은 영국인처럼 과거를 먹고 살지 말라. 미래를 향해 큰 소망을 가지라.

당신을 향한 하나님의 큰 꿈이 아직 끈도 풀리지 않은 채 천국 창고에 있다. 미래를 향해 도전하라. 미래를 향해 열정을 가지라. 한 번 더 도전하라. 최고의 날이 펼쳐질 것이다. 크게 도전하라. 큰 것을 이루게 될 것이다. 작게 도전하는 자는 작은 것을 이룬다. 천국은 침노하는 자의 것이다. 분명한 진리는 하나님은 어떤 순간에도 당신을 포기하지 않으신다는 것이다.

## 인내는 하나님을 기대한다

해박한 지식을 지닌 존 어스킨은 컬럼비아 대학의 인기 있는 교수이자 피아니스트다. 학생들은 그의 강의를 듣고자 앞다투어 수강 신청을 한다. 그가 강의가 명강의라서가 아니라 학생들을 믿어 주기 때문이다. 그는 항상 자신의 강의를 들으러 오는 학생들에게 이렇게 말한다.

"아직 최고의 책은 저술되지 않았다. 최고의 그림도 그려지지 않았다. 최고의 정부도 세워지지 않았다. 그 최고의 것들을 이루는 것은 바로 여러분 몫이다."

이것은 하나님이 우리에게 하시는 말씀과 비슷하다. 아직 당신 인생에 하나님의 위대한 일은 이루어지지 않았다.

당신의 최고의 순간은 아직 오지 않았다.
당신의 최고의 노래는 아직 불리지 않았다.
당신의 최고의 그림은 아직 그려지지 않았다.
당신의 최고의 시는 아직 지어지지 않았다.

그러므로 지금 하는 일을 포기하면 안 된다. 한 번만 더 노력하면 된다. 한 번만 더 최선을 다하면 된다. 한 번만 더 기다리면 된다. 한 번만 더 기대하면 된다. 당신을 향한 하나님의 계획은 실패가 아니다. 당신을 향한 하나님의 계획은 패배가 아니다.

건축가 프랭크 라이트는 그의 자서전에서 이런 글을 썼다. 한 기자가 찾아와서 "선생님의 설계 건축물 중에 가장 마음에 드는 것은 무엇입니까?" 물었다. 그는 망설임 없이 다음과 같이 대답하였다. "다음 작품이다"(존 맥스웰, 「승리자는 포기하지 않는다」, 요단, 50쪽). 프랭크 라이트는 하나님께서 그에게 더 큰 축복을 예비하고 있다는 것을 알았던 것이다.

하나님은 당신의 인생을 어두움으로 끝내지 않는다. 하나님은 당신의 인생을 절망으로 끝내지 않는다. 창세기 1장에 보면 하나님께서 6일 동안 세상을 만드실 때 매일 후렴구처럼 덧붙이는 문장이 있다. 그것은

"저녁이 되고 아침이 되니 이는 00날이니라"는 말씀이다. 하나님의 하루는 언제나 저녁으로 시작해서 아침으로 끝난다. 하나님은 언제나 어두움으로 시작해서 빛으로 끝내신다.

지금 당신의 인생이 어두운가? 하나님은 반드시 밝음으로 끝내실 것이다. 지금 밤이 깊은가? 곧 빛이 올 것을 기대하라. 하나님은 언제나 당신의 인생에 빛으로 다가오신다. 인내하는 사람은 기대를 가지고 산다. 기대가 희망이다. 에밀 브루너는 이런 말을 하였다. "폐에 산소가 필요한 것처럼 인간에게는 희망이 필요하다." 당신 삶이 아무리 감옥 같다 하더라도 내일에 대해 염려하지 말고 기대하라.

초대교회를 강력하게 이끌었던 베드로는 헤롯왕에게 체포되어 감옥에 들어갔다. 며칠 전에는 야고보 사도가 체포되어 순교하였다. 이제 체포된 베드로 역시 야고보처럼 오늘 밤을 지나면 순교하게 될 것이다. 그러나 감옥 안에 있는 베드로에게는 아직 마지막이 아니었다. 초대교회 교인들은 베드로를 위해 합심으로 기도하였다.

며칠 전에 야고보 사도를 위해 기도하였지만, 야고보는 죽고 말았다. 그러나 그들은 포기하지 않고 베드로가 풀려날 것을 기대하고 기도하였다. 베드로가 헤롯의 감옥에서 풀려나온다는 것은 정말 기대할 수 없는 일이었다. 그러나 그들은 베드로가 풀려날 것을 기대하였다. 베드로는 초대교회 교인들의 기대대로 정말 기적적으로 감옥에서 나왔다.

베드로는 감옥에서 나온 이후 불후의 명작인 베드로전서와 후서를 기록하였고 그 후 마가를 불러 마가복음을 기록하게 하였다. 베드로의 인생에 나타난 감옥은 끝이 아니었다. 베드로는 감옥에서 나온 뒤 더 놀라운 인생을 살았다. 그는 더 이상 예수님을 부인하고 도망갔던 겁쟁이 베드로가 아니었다. 베드로는 엄청난 치유의 역사를 일으켰다. 심지어 베드로의 그림자만 지나가도 병이 나았다. 베드로에게만 기적이 일어나는 것이 아니다. 당신도 어제보다 오늘 더 위대한 인생을 살게 될 것이다.

우리에게는 「주홍 글씨」의 작가로 알려진 너새니얼 호손은 모든 상황이 좋을 때 글을 쓴 것이 아니다. 그는 직장에서 해고당하고 비참한 얼굴로 집에 돌아왔다. 그는 자신이 완전히 실패했다고 생각했다. 그는 술에 취해 자학하였다.
그때 그의 아내가 이렇게 말했다.
"당신은 모든 것을 잃었어요. 직장도, 명예도, 물질도, 건강도, 하지만 한 가지 얻은 게 있어요."
"뭐 얻은 것이 있다고? 나 같은 인간이 얻는 게 있다고?"
"물론이죠."
"그게 뭔데?"
"하나님이 당신한테 시간을 주셨잖아요, 시간을."
그 순간 너새니얼 호손은 온몸에 전율을 느꼈다. 지금 현재 할 일이 없다는 것은 무한한 시간을 선물로 받은 것이다. 그때부터 그는 원고지를 채워가기 시작했다. 2년여 동안 써서 세계적인 베스트셀러가 된 「주홍 글씨」가 그것이다.

어제의 실수가 당신 인생의 끝이 아니다. 지금의 감옥이 당신 인생의 끝이 아니다. 지금 감옥 같은 상황 속에 있다 하더라도 내일을 기대하고 인내하라. 당신에게는 새로운 날이 기다리고 있다.
하나님은 왜 우리에게 새로운 날을 주실까? 우리에게 아직 못다 부른 노래가 있기 때문이다. 우리에게 아직 못다 그린 명화가 있기 때문이다. 우리에게 아직 못다 쓴 시가 있기 때문이다. 당신에게 오늘이 있다는 것은 아직 기대를 가지라는 말씀이다.

겨자씨만 한 믿음을 가지고 있어도 산을 움직이시는 분이 하나님이다. 겨자씨만 한 기대가 산을 움직인다. 사람을 기대하지 말고 하나님을 기대하라. 하나님은 하나님의 전능함을 믿고 하나님을 기대한 만큼 축복을 부어주신다. 당신이 전능하신 하나님을 믿는다면 상황을 보고 절망하지 말고 인내를 가지고 크게 기대하라. 하나님은 하나님을 기대하는 자를 결코 실망시키지 않으실 것이다.

"여호와의 말씀이니라. 너희를 향한 나의 생각을 내가 아나니 평안이요 재앙이 아니니라. 너희에게 미래와 희망을 주는 것이니라"(렘 29:11).

| 소그룹 모임 / 가족 모임 10 |
## 인내로 이기라

1. 인내는 어려움을 이겨내는 것이다.

    포기하고 싶은 일, 이미 주저앉고 다시 시도하지 않았던 일이 무언인가? 이 장을 읽고 다시 시도할 마음이 생긴 것은 무엇인가?

2. 인내는 하나님의 때를 기쁨으로 기다리는 것이다.

    인내해서 얻은 것과 인내하지 못해서 놓친 것을 가족들(셀들)과 나누어보라.
    하나님의 때를 기다려야 하는 것이 있다면 무엇인가?

3. 인내는 포기하지 않고 다시 도전하는 것이다.

    다시 시작할 것이 무엇인가 적어보라.

4. 사람과의 관계에서 다시 시작해야 할 사람을 적어보라.

5. "나는 다시 시작할 것이다"라는 의지가 담긴 '희망 노트'를 준비해서 오늘 올릴 글을 하나 써보자. 예를 들어 다음과 같은 주제로 글을 써 보라.

— 모든 아픔은 뒤집으면 비전이 된다.
— 살아 있는 한 희망은 있다.
— 오늘은 내게 주신 최고의 기회이다.
— 오늘은 새로운 출발점이다.
— 오늘 다르게 살지 않으면 내일 나에게 좋은 날이란 없다.
— 아무것도 하지 않는 쪽보다 노력하다 잃는 쪽을 선택한다.
— 목표는 아주 가까운 곳에 있다.
— 미래의 성취는 오늘의 환상에서 시작된다.
— 기다림은 행복의 시작이다.
— 비전을 갖는 것 그 자체가 행복이다.

PART

# 05

## 반드시 이기는 인생은
### 기여와 축제로 완성된다

주면 부유해진다 / 주는 것은 낭비가 아니고 심는 것이다
최고의 인생은 나눌 때 펼쳐진다 / 기여하는 자로 살라
당신에게는 줄 수 있는 능력이 있다 / 행복은 내가 선택하는 것이다
웃으면서 살라 / 기쁘게 살라 / 소망을 가지고 즐거워하라
가는 곳마다 축제를 일으키는 자로 살라

C·H·A·P·T·E·R·11

나누고 기여하라

"주라. 그리하면 너희에게 줄 것이니 곧 후히 되어 누르고 흔들어 넘치도록 하여 너희에게 안겨 주리라"(눅 6:38).

## 주면 부유해진다

록펠러는 33세에 백만장자가 되었고 43세에 미국 최고의 부자가 되었고 53세에 억만장자가 되어 세계 최고의 갑부가 되었다. 하지만 그에게 뜻하지 않은 질병이 찾아왔다. 알로페시아라는 탈모증 비슷한 병이었는데 그 병은 머리카락과 눈썹이 빠지고 몸이 초췌하게 말라가는 병이다. 어느 날 그는 의사로부터 결정적인 소식을 듣게 된다.

"이런 상태로는 일 년도 넘기기 힘들 것 같습니다."

비록 엄청난 돈을 벌어 성공한 록펠러였지만 그의 육신은 죽어가고 있었다. 그날 밤 그는 잠을 이루지 못하고 괴로워하였다. 그 당시 사업이 잘되어 하루에 13억을 벌었지만, 그는 먹지도 자지도 못하는 괴로운 나날을 보내고 있었다. 밤새 괴로움에 뒤척이던 록펠러는 침대 곁에 무릎을 꿇고 기도하기 시작했다. 기도와 함께 새벽을 맞이한 그의 인생은 달라지기 시작하였다. 피상적으로 교회를 다니던 그는 진정한 그리스도인이 되었다.

다음날 록펠러가 휠체어를 타고 병원 로비를 지나가고 있을 때 벽에 걸린 한 점의 액자가 그의 눈에 들어왔다. 그 액자에는 "주는 자가 받는 자보다 복이 있다"라는 사도행전 20장 35절 말씀이 있었다. 그 글을 읽는 순간 록펠러는 자신도 모르게 갑자기 눈물이 솟구치며 마음속에 벅차오르는 감동을 느꼈다.

그때 병원 로비 한쪽에서 시끄러운 소리가 들려왔다. 한 여인이 병원 직원과 실랑이를 벌이고 있었다. 내용인즉 그녀의 딸이 병원에 입원해서 치료를 받았지만, 입원비를 내지 못해서 병원 측과 다툼이 일어난 것이었다. 이 사실을 알게 된 록펠러는 비서를 시켜 그녀의 병원비를 대신 지급했다.

얼마 지나지 않아 록펠러는 자신이 도운 그녀의 딸이 기적적으로 완쾌되었다는 소식을 듣게 되었다. 그는 이 사실을 듣고 매우 기뻐했는데, 이때 그는 1년밖에 살지 못할 것이라던 자신의 지병도 깨끗이 나았다는 확신을 갖게 되었다.

그는 "내 재산은 인류의 복지를 위해 사용하라고 하나님께서 주신 것"이라고 말하며 위대한 자선사업가로 변신했다. 그는 뉴욕의 리버사이드 교회를 시작으로 4,928개의 교회를 세우고 24개의 대학을 세웠다.

또한 록펠러 재단을 만들어 가난한 사람을 돕는 의료사업을 위해서 자신의 모든 재산을 쏟아부었다. 이러한 활동을 하면서 이상하게도 그는 잘 먹기 시작하였고 잠도 잘 자게 되었다. 의사들은 그가 거의 55세를 넘기지 못할 것이라고 진단하였지만 록펠러는 98세까지 살았다.

인생은 이상하게 베풀고 나누면 오히려 부유해진다.

예수님은 주는 자가 부유해지는 것을 너무나 잘 아셨기에 우리에게 꾸는 자가 아니라 주는 자로 살라고 하셨다.

> "주라. 그리하면 너희에게 줄 것이니 곧 후히 되어 누르고 흔들어 넘치도록 하여 너희에게 안겨 주리라"(눅 6:38).

예수님은 예수님을 따르는 자들이 로마의 권력 아래 식민지로 살아가는, 가난하고 연약한 자들이라는 것을 너무나 잘 알고 계셨지만, 그들에게 가난의 생각을 버리고 주는 자로 살라고 말씀하셨다. 아무리 가난해도 '나는 다른 사람들에게 줄 것이 없다'는 그 가난한 생각을 버려야 한다. 예수님은 오병이어로 오천 명을 먹이는 기적을 일으키시기 전에 제자들에게 "너희가 먹을 것을 주라"(막 6:37)고 말씀하셨다.

참 놀라운 말씀이다. 예수님은 제자들에게 돈이 없다는 것을 너무나 잘 알고 계셨다. 그러나 예수님은 제자들이 줄 것이 있다고 말씀하셨다. 당신이 아무리 가난해도 당신에게는 남에게 줄 것이 있다. 주면 하나님께서 부어주신다. 이것이 하늘 창고의 원리다. 하나님의 창고는 언제나 자원이 가득하다. 하나님의 창고는 남에게 주는 자에게 열린다.

이기주의, 자기중심주의, 자기만 생각하는 자는 자기라는 감옥에 갇혀 어두운 인생을 살게 된다. 그 사람에게는 결코 하나님의 부유함이 부어지지 않는다. 이 세상의 원리는 가지고 끌어모으고 **빼앗고 감추라**고 말한다. 그러나 하나님의 원리는 나누고 베풀라고 말씀하신다. 예수님은 주는 자가 부유해질 것을 말한다.

　부유한 자는 부유함의 원리를 아는 자들이다. 나누는 자로 살 때 부유해지는 것이 부유함의 원리다. 나누는 삶을 사는 자는 가난해지지 않는다. 하나님께서 그에게 부유함을 부어주시기 때문이다. 예수님은 "너희가 여기 내 형제 중에 지극히 작은 자 하나에게 한 것이 곧 내게 한 것이니라"(마 25:40)고 말씀하셨다.

　'지극히 작은 자'란 도저히 갚을 능력이 없는 자다. 그에게 나누고 베풀면 하나님에게 드린 것이다. 올바른 베풂이란 돌려받는다는 보장 없이 주는 행위다. 갚을 능력이 없는 자에게 베풀면 하나님께서 갚아주신다.

　제임스라는 소년은 그가 살던 동네에 외롭게 사는 어느 할아버지를 매일 찾아가서 집안일을 도와주고 말벗이 되어주었다. 그 할아버지는 매일 자신을 찾아주는 그 소년과 친해졌다. 그 소년은 예일대학을 졸업하고 신학교 교수가 되었다가 에모리 대학의 총장이 되었다.

　시간이 흘러 그 할아버지는 세상을 떠났다. 그 할아버지는 자기 집에 매일 찾아온 그 제임스라는 소년에게 유산의 상당 부분을 남겨주었다. 그 할아버지는 코카콜라 회사의 회장이었다. 제임스는 생각지도 않은 엄청난 유산을 받았다.

　이런 말을 하면 왜 우리 동네는 그런 할아버지가 없느냐 말하는 자가 있다. 당신 주위에 있는 자에게 손해를 본다면 하나님의 부유함이 부어질 것이다. 너무나 많은 사람이 자기 유익에 너무 바빠서 주는 삶에 부어지는 축복을 놓쳐버린다. 더 많이 줄수록 더 많이 손해 볼수록 하나님께서 갚아주신다.

나는 우리 아이들에게 손해를 보라고 자주 말한다. 손해를 보면 나중에 하나님께서 부유함으로 갚아주신다. 이것을 일찍 깨닫는 자가 부유한 인생을 사는 것이다. 자기만 생각하는 본능 중심의 감옥을 깨고 나와 베푸는 삶을 살아야 하나님의 풍요로움이 밀려온다. 예수님은 "주는 것이 받는 것보다 복이 있다"(행 20:35)라고 말씀하였다.

요한 웨슬레는 이런 말을 하였다.

"할 수 있는 모든 선을 행하라. 할 수 있는 모든 수단을 동원하여, 할 수 있는 모든 곳에서, 할 수 있는 모든 시간에, 할 수 있는 모든 사람에게, 할 수 있는 한 언제까지라도 선을 행하라."

당신이 할 수만 있다면 주는 자로, 베푸는 자로 살라. 그 베풂이 당신 삶을 부유하게 만들어줄 것이다.

## 주는 것은 낭비가 아니고 심는 것이다

우리는 아침에 일어나면 어떻게 먹고살까가 아니라 어떻게 나누고 베풀까에 대해 생각해야 한다. 당신이 누군가에게 나누고 베풀 때 하나님이 당신의 재정에 간섭하시기 시작한다. 다른 사람을 돕는 것이 자신을 돕는 것이다. 그래서 앤드류 카네기는 "어느 누구도 다른 사람들을 부유하게 만들지 않고는 부유해지지 못한다"라고 명언을 남겼다.

우리가 남에게 재정을 주는 것을 '재정을 심는다' 라고 말한다.

"사람이 무엇으로 심든지 그대로 거두리라"(갈 6:7).

씨앗을 뿌리면 반드시 수확이 있다. 농부들은 씨감자의 중요성을 잘 알고 있다. 겨울에 아무리 먹을 것이 없어도 씨감자는 먹지 않는다. 씨감자는 겨우내 창고에 잘 보관해 두었다가 봄이 오면 꺼내어서 땅에 심는다. 씨감자를 심으면 반드시 몇 배를 수확한다. 이것은 자연이 우리에게 주는 좋은 교훈이다.

농부가 씨 뿌리기 아깝거나 귀찮아서 봄에 펑펑 놀았다면 가을에 추수를 기대할 수 없다. 땅에 씨를 심어야 수확하는 것은 하나님이 정해놓으신 자연의 법칙이다. 심는 대로, 뿌린 대로 거둔다. 언제나 먼저 씨앗을 뿌려야 한다.

재정도 똑같다. 재정을 심는 것을 미루지 말라. 하나님께서 내 마음에 재정을 심어야 할 대상이 떠오르게 하시면 즉각 순종하라. 하나님은 아무런 이유도 없이 그런 생각이 들게 하지 않으신다.

누군가에게 '십만 원을 주라'는 생각이 들면 괜히 이상한 생각이라고 머리 흔들지 말라. 기적은 순종하는 자에게 일어난다. 이런 말을 하면 자기 문제만 해도 정신이 없는데 언제 뿌리느냐고 말한다. 그래서 그는 늘 가난한 것이다. 하나님은 성경에 약속하신 것을 반드시 이루신다.

"하나님은 인생이 아니시니 식언치 않으시고"(민 23:19).

여기에 '식언치 않으시고'라는 '말을 먹지 않는다', '거짓말하지 않는다'는 뜻이다. 당신이 재정을 남에게 심으면 하나님께서 삼십 배, 육십 배, 백배로 갚아주신다. 하나님은 우리가 심는 것을 지켜보신다.

모든 축복은 베푸는 씨앗을 심는 데부터 시작된다.

특별한 씨앗을 뿌리면 특별한 열매를 거둔다.
당신이 누군가에게 도움을 준다는 것은 사실은
도움을 받는 것이다. 이것이 하나님의 법칙이다.

"흩어 구제하여도 더욱 부하게 되는 일이 있나니 과도히 아껴도 가난하게 될 뿐이니라. 구제를 좋아하는 자는 풍족하여질 것이요 남을 윤택하게 하는 자는 자기도 윤택하여지리라"(잠 11:24-25).

어린 시절에 가난하게 자란 사람은 베푸는 것에 약하다. 베풀지 않으면 가난의 사슬은 끊어지지 않는다. 가난하게 자란 사람은 베푸는 자가 되어 가난의 고리를 끊어야 한다. 현재의 삶이 만족스럽지 않은 사람은 뿌리는 씨앗의 양을 늘려야 한다. 수확의 양은 씨앗의 양에 달려 있기 때문이다. 많이 줄수록 더 많이 받는다. 나누고 베풀면 부유해진다.

당신이 성공하길 원하는가? 그렇다면 주위에 있는 자를 성공시키라. 요셉은 억울하게 감옥에 들어갔다. 그 감옥에서 바로 왕의 술관원이 꿈을 꾸고는 해석해달라고 부탁했다. 요셉은 자신의 억울함에 눌려 짜증 내거나 화내지 않고 오히려 기쁜 마음으로 그의 꿈을 도와주었다. 그 일이 결국 요셉의 꿈을 이루는 계기가 되었다. 당신이 타인의 꿈을 이루어주면 하나님께서 당신의 꿈을 이루어주실 것이다.

당신이 행복하길 원하는가? 주위에 있는 자를 행복하게 하라. 리브가는 아브라함의 늙은 종이 나타나서 물을 좀 달라고 하자 초라한 노인을 업신여기거나 무시하지 않고 물을 떠 줄 뿐만 아니라 그가 타고 온 낙타에게까지 물을 떠 주었는데 그것이 계기가 되어 당시 재벌 2세인 이삭과 결혼하게 되었다. 당신이 복을 받으려고 기를 쓰기보다 주위에 있는 자들에게 주고 나누고 베푸는 축복의 통로가 되라. 하나님께서 흔들어 넘치도록 채워주실 것이다.

　예이츠라는 여인은 심장이 안 좋아서 매일 22시간 이상을 침대에 누워서 생활하였다. 가장 긴 여행이라고 해 봤자 정원에 나가 일광욕하는 것이 전부였다. 그나마 일하는 사람의 부축을 받아야 움직일 수 있었다.
　당시 그녀는 자신은 평생 침대에서 생활하다가 죽게 될 것으로 생각했다. 만약에 일본이 진주만을 공격하지 않았으면 정말로 그랬을지도 모른다. 그런데 일본이 폭격을 가하는 순간 모든 것이 달라졌다.
　침대에만 누워있던 그녀는 집 근처에 폭탄이 떨어지는 바람에 침대에서 굴러떨어졌다. 미 육군은 트럭을 보내 군인 가족을 학교로 대피시켰고 적십자 사람들은 방이 많은 집에 일일이 전화를 걸어 집을 임시 연락사무소로 쓸 수 있는지 물었다. 예이츠는 적십자 사람들의 뜻을 받아들였다.
　그날 이후 그녀는 적십자 사람들과 긴밀히 연락을 주고받으며 군인 가족들이 어디로 피난을 갔는지 받아 적었다. 그러면 군인들은 적십자의 연락을 받고 예이츠를 찾아와 가족과 상봉했다. 예이츠는 아직 남편의 소재를 파악하지 못했거나 폭격에 남편을 잃은 부인들을 따뜻하게 위로해 주었다.
　연락사무소 일을 처음 시작할 때 그녀는 침대에 누워서 전화를 받았다. 하루이틀 시간이 지나자 점차 앉아서 전화를 받게 되었고 일이 바빠지자 지병이 있다는 사실도 잊은 채 책상에 앉아서 전화를 받았다.
　과거에 예이츠는 건강을 되찾으려는 생각은 하지 않고 침대에 누워 소극적으로 도움을 받기만 했었다. 하지만 자신보다 더욱 힘들고 비참한 상황에 있는 사람들을 도우려니 밤에 자는 시간을 빼고는 더 이상 침대에 누워 있을 수가 없었다. 아이러니하게도 그녀는 진주만 공격 덕분에 다시 의지를 되찾았다.

만약에 예이츠처럼 다른 사람을 도우면 마음의 병을 앓고 있는 사람 중에 최소한 1/3은 병이 깨끗이 나을 것이다(쑤춘리, 왕옌밍 엮음, 「나의 미래를 바꾸는 힘」, 예문, 240쪽).

오늘 하루를 최고의 하루로 산자는 미래를 위해 많은 씨앗을 심은 사람이다.

## 최고의 인생은 나눌 때 펼쳐진다

모세는 양을 치며 자신만을 위해 살았을 때는 그냥 평범한 삶을 살았다. 그러나 그가 민족을 위해 자신의 전 인생을 던졌을 때 위대한 삶을 살게 되었다. 에스더는 후궁에서 자신만을 위해 살았을 때는 그냥 평범한 왕비였다. 그러나 그녀가 민족을 위해 "죽으면 죽으리라." 하며 생명을 던졌을 때 위대한 삶을 살았다.

우리는 받는 인생이 아니라 주는 인생으로 살 때 가장 행복해진다. 사랑을 받으려고 하지 말라. 초라해진다. 오히려 사랑을 주는 자로 살라. 선물을 받으려고 하지 말라. 구차해진다. 오히려 선물을 주는 자로 살라. 칭찬받으려고 하지 말라. 옹졸해진다. 오히려 칭찬을 많이 해주는 자로 살라. 타인을 비판하는 자로 살지 말라. 날카로워진다. 오히려 타인을 칭찬하는 자로 살라. 인생이 풍성해질 것이다.

우리가 베풀고 나누면서 산다면 가장 하나님다운 사람으로 살게 되고 우리가 자기만을 위해 먹고 마시고 움켜쥐고 살면 가장 동물다운 사람으로 살게 된다. 하나님은 우리가 모두 신의 성품에 참여한 자가 되길 원하신다(벧후 1:4). 우리가 나누는 삶을 살면 하나님께서 우리에게 다 갚아주실 것이다.

의사인 한 장로님은 일 년 동안 번 돈을 모아 필리핀 오지에 가서 그들을 위해 다 사용한다. 그렇게 몇십 년을 살자 필리핀으로부터 명예 시민권을 받았다. 그 장로님이 미국의 어느 교회에서 간증하자 그 간증을 들은 어떤 미국 교포가 그 장로님의 두 아들을 미국으로 데려가 중학교, 고등학교, 대학까지 다 지원해 주고 있다.

참 이상한 일이다. 타인을 위한 말 한마디나 행동 하나가 언젠가는 나에게 돌아온다. 자신만 생각하는 자는 결코 풍요로운 삶을 경험할 수 없다. 하나님의 계획서에는 자신의 욕망에서 빠져나와 이 세상을 이롭게 하는 이가 하나님의 축복을 받게 되어있다.

인생은 베풀고 나눌 때 축복이 부어지는 것이다. 혹시 당신이 무엇인가 나눌 기회가 있으면 주저하지 말고 양팔을 벌리고 그 기회를 끌어안기 바란다. 이웃을 위해 손해를 보라. 하나님께서 갚아주실 것이다. 부유한 자들은 십일조와 나눔의 법을 아는 자들이다.

재정에 대한 몇 가지 법칙을 짧게 나누고자 한다.

### 절대로 빚지지 말라.

돈은 빌리지 말라. 돈이 없는가? 없는 대로 살라. 수입 이상으로 돈을 사용하면 안 된다. 수입만큼 돈을 써야 한다. 이것은 재정의 철칙이다. 성경은 "피차 사랑의 빚 외에는 아무에게든지 아무 빚도 지지 말라"

(롬 13:8)라고 경고한다.

나는 결혼 전 중국교포들과 살 때 한 달에 10만 원을 받으며 6개월 살았다. 양복도 남들이 주는 옷을 입었다. 버스 토큰이 없어 걸어 다닌 적도 있다. 하지만 단 한 번도 돈이 없어 비참하다고 생각하지 않았다. 지금 하나님께서 나에게 돈에 대한 무엇인가를 가르치고 있다고 생각했다.

### 누군가에게 돈을 줄 때는 비밀로 하라.

돈을 누군가에게 나눌 때는 절대 비밀로 해야 한다. 오른손이 하는 것을 왼손 모르게 해야 한다(마 6:3-4). 이것은 재정 플로잉의 법칙이다. 만약 당신이 누군가에게 "내가 돈 백만 원 준다"라고 드러내면서 주면 그 사람에게 준 것이지 하나님에게 드린 것은 아니다. 그것은 서로 상처가 된다. 받는 사람은 마음에 짐이 되고 미안한 마음이 들고 준 사람은 생색내고 싶은 마음이 있다. 그래서 서로 무명으로 돕고 받아야 한다.

### 수입의 십 분의 일은 선교와 구제에 쓰면 좋고
### 십 분의 일은 저축하면 좋다.

십일조는 내 것이 아니다. 무조건 그것은 하나님께 드리라. 그다음 또 다른 십일조를 떼어서 구제와 선교에 쓰면 좋다. 이것은 신명기에 나오는 또 다른 십일조이다. 그다음 십일조는 저축하면 좋다. 예수님은 망대 비유를 통해 예산 세우는 것을 말씀해 주셨다.

일반 사람들도 수입의 1/10은 저축하라고 말한다. 결론은 1/10은 십일조, 1/10은 구제와 선교, 1/10은 저축하고 나머지 70%로 생활하는 것이 지혜로운 것이다. 성경대로 재정을 사용하는 자는 이 땅에 사는 동안 부유한 삶을 살게 되어있다. 부유하게 사는 것은 절대로 나쁜 것이 아니다. 원래 부유하게 사는 것이 하나님의 뜻이다.

태초에 하나님께서 아담에게 계획하신 삶은 부유한 삶이었다. 그것이 인간을 향한 원래 하나님의 마음이다. 당신이 나누는 삶을 산다면 풍성한 삶을 살게 되어있다. 하나님은 이 법칙을 깨지 않으신다.

## 기여하는 자로 살라

하나님은 아름다운 지구를 만드시고 각양각색의 동물과 식물을 만드시고 제일 나중에 사람을 만드셨다. 하나님은 사람에게 하나님이 만드신 모든 것을 다스리라고 하셨다. 하나님은 아담과 하와에게 아무것도 하지 않고 그냥 편하게 즐기라고 하시지 않았다. 하나님은 사람을 지구에 보내셔서 지구에 있는 모든 것을 섬기길 원하셨다.

사람은 이 세상에서 소비하기 위해 지음 받은 것이 아니라 기여하기 위해 지음 받은 존재다. 우리는 이 세상에 무엇인가를 기여하기 위해 태어났다.

"우리는 그가 만드신 바라. 그리스도 예수 안에서 선한 일을 위하여 지으심을 받은 자니"(엡 2:10).

우리는 선한 일을 하기 위해 태어났다. 그래서 마더 테레사는 이런 말을 남겼다. "하나님은 나를 사용해서 이 세상을 사랑하신다." 이 세상에 살아 있는 모든 동물과 식물은 이 땅을 부유하게 만든다. 모든 식물은 많이 번식하여 땅을 기름지게 하고 동물에게 좋은 열매를 준다. 모든 동물도 많이 번식하여 다른 동물에게 먹이 사슬이 되어준다. 이 땅에 살아 있는 것은 모두 이 땅을 부유케 하며 살도록 지음 받았다.

마찬가지로 사람도 이 세상을 부유케 하며 살아야 한다. 인생을 소비하며 사는 자가 있고 기여하며 사는 자가 있다. 우리가 성공한 사람이라고 부르며 존경하는 자들은 자기 혼자 성공한 것이 아니라 다른 사람의 삶에 좋은 기여를 한 사람이다. 자신만의 성공을 위해 살고 자신의 잠재력만 개발시키면서 하루라는 소중한 시간을 다 사용하는 것은 소비자로 일생을 마치는 것이다.

우리가 존경하는 사람은 많은 돈을 벌었느냐, 얼마나 큰 집에서 살았느냐, 얼마나 행복하게 살았느냐가 중요하지 않다. 최고의 인생은 혼자 잘 먹고 잘사는 것이 아니라 나누고 기여하는 것이다. 당신이 어떤 자리에 있든지 소비자로 살지 말고 기여하는 자로 살라. 이런 말을 하면 지금은 기여할 것이 없다고 말하는 자가 있다. 그러나 아무리 상황이 어려워도 기여할 것이 있다.

미국의 한 우체부는 자신의 아내가 죽은 뒤 너무나 어둡고 우울한 날을 보내고 있었다. 그는 매주 자전거를 타고 거친 들판을 지나 먼 마을을 찾아가 우편물을 배달하였다. 그는 자신의 우울함을 잊기 위해 꽃씨를 사서 길옆에 뿌리기 시작하였다. 몇 년이 지나자 그 자전거 길이 꽃길로 변했다. 그 마을은 꽃길로 유명해졌고 꽃이 만발한 이유를 알게 된 마을 사람들은 이 우체부에게 큰 상을 주었다. 아무리 상황이 나빠도 무엇인가 기여할 것은 반드시 있다.

정말 당신 인생이 최고가 되길 원하는가? 그렇다며 오늘부터 당신 주위에 있는 자들에게 무엇인가를 기여하라. 직장에서 무엇인가를 기여하라. 교회에서 무엇인가를 기여하라. 가족에게서 무엇인가를 기여하라. 더 크게 온 인류에게 기여하라.

오늘이 중요하다. 인생이란 오늘이 모여서 되는 것이다. 어떤 사람은 "인생은 단 하루에 불과하다"고 말한다. 이 말을 역으로 생각하면 "하루는 인생 전부와 같다"는 말이 된다. 하루하루를 소비자로, 낭비자로 살지 말고 누군가에게 기여하고 인류에 기여하는 자로 살라. 해가 떠올라 하루가 시작될 때마다 무엇인가를 기여할 기회로 알고 섬기라.

나는 미국으로 유학을 떠날 때 수중에 2천5백만 원이 전부였다. 그런데 아내가 나에게 5백만 원을 달라고 했다. 이유를 묻자 자신이 재정을 보내는 여러 선교 단체가 있는데 그곳에 계속 돈이 들어가도록 자동이체를 하겠다는 것이다.

아내는 가난한 유학 생활을 시작하는 나에게 큰 메시지를 주었다. 아내의 그 작은 베풂으로 3년 동안 돈 하나 없이 유학 생활을 잘할 수 있도록 해주신 것 같다. 나중에 언젠가 기여하겠다고 말하지 말라. 오늘 해야 한다. 오늘은 다시 돌아오지 않는 기회이다. 기여는 특권이다.

오드리 헵번이 남긴 유언을 적어본다.

아름다운 입술을 가지고 싶다면
친절한 말을 하라.
사랑스러운 눈을 가지고 싶다면
사람들의 선한 점을 보아라.
날씬한 몸매를 가지고 싶다면

그대의 음식을 배고픈 자와 나누라.
예쁜 머릿결을 가지고 싶다면
하루에 한 번, 어린이가 그 손가락으로
그대의 머리카락을 쓰다듬게 하라.
아름다운 자세를 가지고 싶다면
결코 그대 혼자 걸어가는 것이 아님을 알도록 하라.
…….
나이가 들어감에 따라 그대는 손이 두 개인 이유가
하나는 자신을 돕기 위해서,
하나는 다른 이를 돕기 위해서임을 알게 되리라.

(* 〈시간이 일러주는 아름다움의 비결〉이란 이 시는 원래 미국 시인 샘 레벤슨의 시인데 오드리 헵번이 죽기 전 마지막 크리스마스 이브에 그의 자녀들에게 들려주어 유명해졌다.)

## 당신에게는 줄 수 있는 능력이 있다

아버지가 부유하다면 아들도 부유함을 누린다. 아버지가 승리자라면 아들도 승리자가 된다. 당신의 아버지는 누구인가? 온 세상을 만드신 만왕의 왕이시며 만유의 주인이신 하나님이시다. 그 하나님께서 우리에게 생기를 불어넣으셨다.

"여호와 하나님이 땅의 흙으로 사람을 지으시고 생기를 그 코에 불어넣으시니 사람이 생령이 되니라"(창 2:7).

당신에게는 하나님의 능력이 들어가 있다. 당신 안에는 하나님이 주신 부유함이 있다. 당신 안에는 하나님이 주신 특별한 은사가 있다. 당신 안에는 하나님의 영이 있다. 당신 안에는 하나님이 가지고 계시는 창조력과 지혜가 있다. 하나님에게 있는 모든 것이 당신에게 있다. 왜냐하면 하나님이 당신의 아버지이기 때문이다.

아담의 지혜는 엄청났다. 그 많은 동물의 이름을 다 지었다. 아담이 가진 지혜가 여러분에게도 있다. 하와에게는 인내와 끈기가 있었다. 하와는 단 한 번도 아기를 가져 본 일도 없고 아기를 낳은 사람을 본 적도 없고 아기를 낳는 것에 대한 말을 들어본 적도 없었다. 그녀는 의사의 도움도 없이 남편과 함께 아기를 낳고 어려운 육아 시기를 잘 이겨내었다. 하와가 가진 인내와 용기가 당신에게도 있다.

> 하나님은 당신의 자녀들을 이 세상에 태어나게 할 때
> 무능한 자나 패배자로 창조하지 않으셨다.
> 하나님은 당신의 자녀들을 이기는 자, 승리자로 창조하셨다.
> 당신은 이 세상을 다스리고 지킬 능력을 가지고 태어났다.
> 당신에게는 하나님이 가지신 부유함이 내재되어 있다.
> 당신에게는 승리의 인자가 있다.
> 당신에게는 하나님의 지혜가 있다.
> 당신에게는 하나님의 창조력이 있다.
> 당신에게는 인내와 끈기가 있다.

당신에게 있는 모든 능력은 여러분이 공부해서 생긴 것이 아니라 원래 당신이 태어날 때부터 하나님이 주신 깃이다. 당신은 육체의 아버지가 아니라 하나님 아버지로부터 모든 것을 물려받았다. 육신의 아버지를 보면서 자신을 제한하면 안 된다. 지금 상황의 어려움을 보면서 자신을 제한하면 안 된다. 당신에게 생기를 불어넣으신 분은 하나님이시다. 당신에게는 하나님의 부유함이 있다. 그 부유함을 믿고 나누어주는 자로 살라. 당신에게는 수많은 사람을 살리고 부유케 해줄 것이 있다.

[ 소그룹 모임 / 가족 모임 11 ]
## 나누고 기여하라

1. 지금까지 내가 나누고 섬기고 기여한 것을 적어보라.

2. 재정 플로잉을 해야 할 사람이 있는지 살펴보고, 아무도 모르는 방법으로 나누어보라.

3. 가정 및 소그룹의 필요가 무엇인지 세심히 관찰해보고, 그것을 채울 방법을 적고 나누어보자.




4. 나의 묘비명을 써보라. 무엇을 기여하고 죽을 것인가?

C·H·A·P·T·E·R·12

축제로 살라

"주 안에서 항상 기뻐하라 내가 다시 말하노니 기뻐하라"(빌 4:4).

## 행복은 내가 선택하는 것이다

어떤 아버지가 항상 꼴찌 하는 아들을 두고 있었다.

어느 날 아버지가 아들에게 엄히 말했다.

"이번 기말고사 때도 꼴찌 하면 부자간의 인연을 끊자, 그땐 내 아들이 아닌 줄 알어."

드디어 성적표를 받는 날이 왔다. 아버지는 조급하게 "너 성적 어떻게 됐어?" 물었다.

그러자 아들이 여유를 가지고 아버지를 쳐다보며 말했다.

"아저씨 누구세요?"

이 세상 사는 데 웃음이 없으면 어떻게 될까? 기쁨, 웃음, 즐거움, 행복이라는 안전벨트 없이 어떻게 인생이라는 열차를 타고 가겠는가? 기쁨은 우리의 인생을 아름답게 만든다. 기쁨은 우리 인생길을 쉬이 가게 한다. 기쁨은 우리 인생을 풍성하게 한다. 기쁨은 우리 인생을 행복하게 한다.

하버드 대학의 심리학 교수인 윌리엄 제임스는 이런 말을 했다. "당신은 행복하기 때문에 노래를 부르는 것이 아니라 노래를 부르기 때문에 행복한 것이다." 지금 당신의 환경과 상관없이 최고의 행복을 느껴 보라. 최고로 행복하다고 느끼면 모든 것이 변한다. 지금 책을 잠시 덮고 최고의 행복을 느껴 보라. 얼굴 표정이 달라진다. 마음이 행복해진다. 몸의 컨디션이 좋아진다. 에너지가 생긴다. 주위가 다 아름답게 보인다.

최고의 행복을 느끼는 것이 축제이다. 세상 사람은 인생은 고해라고 말한다. 그것은 사탄이 준 거짓말이다. 인생은 고해가 아니라 축제다. 만약 인생이 고통으로 찌든 바다라면 이런 세상에 태어나게 하신 하나님은 악한 분이다. 그러나 우리 하나님은 선하신 분이다. 하나님은 우리를 가장 좋은 곳에 보내신 분이다.

세상의 부모도 자녀를 좋은 곳에 보내고 싶어 한다. 하물며 부모보다 좋으신 하나님께서 우리를 고통의 장소로 보내시겠는가? 인생은 고통이 아니라 축제이다. 인생은 고통이라는 거짓말을 잊어야 한다. 우리 하나님은 심각한 하나님이 아니라 축제의 하나님이시다. 하나님께서 6일 동안 이 세상을 창조하실 때 계속 되풀이하신 말씀이 있다.

빛을 만드시고 "보시기에 좋았더라."

하늘과 땅을 만드시고 "보시기에 좋았더라."

땅에 각종 채소와 나무를 만드시고 "보시기에 좋았더라."
해와 달과 별을 만드시고 "보시기에 좋았더라."
새와 짐승을 만드시고 "보시기에 좋았더라."
사람을 만드시고 "보시기에 좋았더라."

하나님께서 6일 동안 무엇을 창조하시고 끝에는 꼭 "보시기에 좋았더라"는 말씀을 하셨다. 이 말씀은 하나님은 즐기시는 분이라는 것이다. 하나님은 즐거우신 분이다. 우리도 하나님처럼 우리 주위에 있는 사람들을 보고 "보기에 좋다"라고 말해야 한다.

하나님은 이 지구를 다 만드시고 7일째는 하루 안식하면서 즐기셨다. 하나님은 사람에게도 7일째는 안식하고 즐기라고 하셨다. 하나님은 심각한 분이 아니다. 하나님 앞에는 영원한 즐거움이 있다.

"주께서 생명의 길을 내게 보이시리니 주의 앞에는 충만한 기쁨이 있고 주의 오른쪽에는 영원한 즐거움이 있나이다"(시 16:11).

하나님은 영원히 즐거우신 분이다. 우리의 아버지이신 하나님 아버지가 즐거우신 분이니 우리도 즐겁게 인생을 살아야 한다.

"고난받는 자는 그날이 다 험악하나 마음이 즐거운 자는 항상 잔치하느니라"(잠 15:15).

잔치는 환경 때문에 하는 것이 아니고 마음이 즐겁기 때문에 하는 것이다. 환경이 좋아진 후에 축제의 인생을 살겠다는 생각은 버려야 한다. 축제의 인생은 환경과 상관없이 내가 스스로 선택하는 것이다. 이런 시가 있다.

> 바람과 상관없이
> 한 배는 동쪽으로 나아가고
> 한 배는 서쪽으로 나아가나니
> 항해 방향을 결정하는 것은 바람이 아니라
> 돛의 방향임이라.

바다에 바람이 똑같이 불어도 어떤 배는 동쪽으로 가고 어떤 배는 서쪽으로 간다. 똑같이 강물이 흘러도 어떤 물고기는 떠내려가고 어떤 물고기는 역류하며 올라간다. 똑같은 하루에 불행을 생각하는 사람이 있고 행복을 생각하는 사람도 있다. 행복과 불행은 환경이 아니라 본인 스스로가 선택하는 것이다.

당신은 행복하기 위해 태어났다. 당신은 행복을 선택할 자유가 있다. 당신은 축제의 인생을 살기 위해 태어났다. 마음에 행복을 선택하여 날마다 잔치하는 자가 되라.

> 조그마한 일에도 불평하고 짜증 내고
> 화내는 것은 부정적인 것에 길들여진 것이다.
> 조그마한 일에도 감사하고 좋아하고
> 즐거워하는 것은 행복을 선택한 것이다.
> 매 순간 행복을 선택한 자는 아무리 힘든 일을 만나도
> 긍정적인 생각을 하고 긍정적인 말을 하고
> 긍정적인 것을 기대한다. 행복은 내가 선택하는 것이다.

외부의 상황이 좋아져야 일생을 웃으며 사는 것이 아니다. 바람이 심하게 불든지 상관없이 우리는 기쁨을 향해 돛을 올려야 한다. 기쁨은 주어지는 것이 아니고 선택하는 것이다. 기쁨을 선택하라.

기쁨은 일의 능률을 올린다. 기쁨은 창조적인 생각과 힘을 준다. 기쁨은 당신의 가정을 행복하게 만든다. 기쁨은 거룩한 희생을 낳는다. 당신 마음에는 기쁨이 있다. 지금 이렇게 말해보라. "나는 매 순간 기쁨을 마신다."

## 웃으면서 살라

펴지 않으면 죽는 것이 두 가지 있다. 하나는 낙하산이고 두 번째는 얼굴이다. 얼굴도 펴지 않으면 죽는다. 기쁨이 없는 얼굴을 죽은 얼굴이고 기쁨이 있는 얼굴은 살아 있는 얼굴이다. 웃어야 산다. 성경에는 웃음이 몸을 건강하게 한다고 기록하고 있다.

"마음의 즐거움은 양약이라도 심령의 근심은 뼈를 마르게 하느니라" (잠 17:22).

웃음은 그 어떤 약보다 더 좋은 명약이다. 웃음은 면역체계를 강화시켜주고 건강을 회복시켜준다. 일본 오사카 의대 이와세 박사 팀의 실험에 따르면 웃음이 암세포를 잡아먹는 NK세포를 14%나 증대시킨다고 한다.

케이시 굿맨이라는 여인의 이야기다.

"나는 유방암 진단을 받았습니다. 하지만 가슴속 깊은 곳에서 진심으로 내가 이미 나았다고 믿었습니다. 날마다 나는 이렇게 말했습니다. '고쳐주셔서 감사합니다.' 그렇게 계속해서 '고쳐주셔서 감사합니다.'라고 말했습니다. 나는 나았다고 믿었습니다. 내 몸 안에는 암이 없다고 여겼습니다. 나아지기 위해 내가 했던 한 가지는 아주 웃기는 영화를 관람하는 것이었습니다. 그저 웃고 또 웃기 위해서였습니다. 나 자신에게 그 어떤 스트레스도 줘서는 안 되었습니다. 진단을 받고 완치되기까지는 약 세 달이 걸렸습니다."

웃으면 왜 건강해질까? 하나님께서 우리를 즐겁게 살도록 창조하셨기 때문이다. 즐겁게 웃으며 사는 것은 하나님의 뜻이다.

"항상 기뻐하라. …이것이 그리스도 예수 안에서 너희를 향하신 하나님의 뜻이니라"(살전 5:16-18).

화를 내고 염려하고 걱정하고 부정적인 말을 하는 것은 하나님의 뜻이 아니다. 그래서 화를 내면 병들고 아픈 것이다. 시편은 총 150편이다. 처음에는 고난과 슬픔이 나오지만, 후반부에 들어가면 온통 찬양과 기쁨과 축제다. 인생은 나이가 들면 들수록 더 축제가 되어야 한다.

삶은 축제다. 삶은 즐길만한 것이다. 하나님께서 주신 순수한 즐거움을 즐기라. 꽃을 보고 웃으라. 산을 보고 웃으라. 아이들을 보고 웃으라. 남편과 아내를 보고 웃으라. 나 자신을 바라보고 짜증을 내지 말고 웃으라.

아침에 일어나면 이렇게 복창하라.

"나는 웃으면서 세상을 산다."

"나는 오늘이라는 흰 종이를 웃음으로 색칠하겠다."

"나는 매일 아침 기쁨을 마신다."

예수님은 참 웃음이 넘치는 분이셨다. 예수님께서 설교하면 사람들이 식사도 거르고 말씀을 들었다. 예수님께서 설교하면 사람들에겐 웃음이 넘쳤다.

"많은 사람들이 즐겁게 듣더라"(막 12:37).

성경을 기록한 자들이 동양인인 유대인이기에 예수님께서 웃기셨다는 것을 성경에 많이 기록은 안 했지만, 가끔 이런 흔적이 나온다. 동양인들은 위대한 랍비들을 웃기는 분으로 소개하기보다 엄숙한 분으로 소개하는 경향이 있다.

예수님은 성경에는 기록이 되어있지는 않지만, 그 당시의 랍비들과는 달리 얼굴에 웃음이 가득한 분이었다. 어떻게 알 수 있을까? 어린아이들이 예수님에게 막 달려간 것을 보면 알 수 있다. 어린아이들은 얼굴의 느낌을 보고 사람을 평가한다. 당신은 철책선의 군인처럼 심각한 얼굴로 살지 말고 웃음이 넘치는 축제의 인생을 살기 바란다.

"의인은 기뻐하여 하나님 앞에서 뛰놀며 기뻐하고 즐워할지어다"(시 68:3).

위대한 사람은 심각하게 살지 않고 웃음으로 삶을 즐긴다. 프랭클린

루스벨트는 1921년 39세의 나이에 그만 심각한 소아마비에 걸리고 말았다. 그는 걸을 수가 없게 되었다. 순식간에 장애인이 된 것이다. 그러나 그는 포기하지 않았다. 소아마비에 걸린 8년 뒤에 뉴욕시장이 되었고 다시 3년 뒤엔 미국 대통령으로 선출되었다.

그때 미국은 경제 대공황에 빠졌다. 그는 대통령 취임사에서 "우리가 두려워해야 할 것은 두려움 그 자체다"라고 하며 자신감을 가질 것을 외쳤다. 그는 절망에 빠진 국민들에게 "용감하게 시도하라. 만약 실패하였다면 다시 하라. 중요한 것은 무엇인가 포기하지 않고 끝없이 시도하는 것이다." 이렇게 말하면서 항상 웃었다. 소아마비로 잘 걷지도 못하는 그는 수영장에서 수영하는 모습을 보여주며 늘 웃었다. 국민들은 소아마비인 대통령이 웃는 것을 보며 용기를 내었다. 위기에도 불구하고 적극적으로 대처하는 루스벨트는 뉴딜 정책으로 경제 공황을 이겨내었다.

오늘 자주 웃으라. 하루에 세 번 이상 큰 소리 내어 웃으라. 마음이 무겁고 복잡한 생각이 들 때 제일 행복했던 순간을 생각하고 웃으라. 삶은 축제여야 한다. 매일 웃으며 축제의 인생을 살라. 웃음을 결심하라.

"우리 가정에서 내가 가장 잘 웃는 자가 되겠다."
"우리 직장에서 내가 가장 잘 웃는 자가 되겠다."
"우리 교회에서 내가 가장 잘 웃는 자가 되겠다."

웃음은 고통에서 기쁨으로 가는 출구다. 웃으면 좋은 일이 많이 일어난다. 똑같은 일을 해도 웃으면서 하면 쉽고 심각하게 하면 더 어렵게 된다. 웃음은 마치 빵을 구울 때 밀가루 반죽을 부풀게 하는 이스트와 같다. 웃음은 조금만 넣어도 우리 삶을 풍성하게 만들어준다. 웃음은 우리 삶을 따뜻하게 만들어주고 행복하게 해주고 긴장을 풀어준다.

사람들은 부정적인 사람보다 긍정적인 사람에게 끌린다. 그 누구도 투덜거리는 사람, 앓는 소리를 하는 사람, 짜증 내는 사람 옆에 있고 싶지 않다. 행복한 사람은 스스로 최고의 기회를 만든다. 행복한 사람 곁에는 좋은 기회를 줄 사람이 몰려온다. 웃으면서 이야기하라. 많이 웃으라.

이런 이야기가 있다.

어느 날, 개 한 마리가 거울의 방에 들어갔다. 거울의 방에 들어간 개는 그다음 날 사체로 발견되었는데, 몰골이 무던히도 지쳐 힘이 빠진 채로 죽어 있었다. 이유를 알고 보니 그 개는 거울의 방에 들어갔을 때 수천, 수만 마리가 동시에 자기를 쳐다보는 것처럼 느꼈다. 순간 그만 긴장하여 마구 짖었다. 그러자 수천, 수만 마리가 동시에 자기를 향해 일제히 달려들면서 짖는 것이었다. 놀란 개는 두려움을 느끼며 더욱 배와 목에 힘을 주고 짖었다. 그러자 수천수만의 개도 질세라 배와 목에 힘을 주고 짖었다.

수천수만 마리의 개 앞에 홀로선 개는 이것은 죽기 아니면 살기로 할 수밖에 없는 일이었다. 밤새 사투를 벌이며 짖어댄 개는 그만 지쳐 죽고 말았다. 처음 거울의 방에 들어갔을 때 먼저 웃음을 보였더라면 수천수만의 개가 자기를 향해 웃어줬을 것을… 한 번 웃으면 될 일을….

웃음은 부메랑이다. 긍정적인 사람은 무엇을 보아도 좋게 생각하고 잘 웃는다. 그래서 좋은 일이 꼬리에 꼬리를 물고 일어난다. 하지만 짜증 내고 화를 잘 내는 사람은 좋은 기회를 스스로 망쳐버린다. 웃지 않는 자에겐 복이 오지 않는다.

오늘 만나는 모든 사람에게 미소를 보내라. 미소는 주위 사람을 행복하게 만든다. 미소는 말보다 강한 힘을 가진다. 미소는 사람과의 관계에서 "나는 당신이 좋습니다. 나는 당신에게 호감이 있습니다. 나는 당신과 가까이하고 싶습니다"라는 말을 전하는 것이다. 미소는 인간관계를 좋게 만드는 열쇠다.

미소가 당신의 명함이 되게 하라. 미소가 당신의 유니폼이 되게 하라. 찌푸린 얼굴은 불쾌감을 준다. 찌푸린 얼굴은 적을 만든다.

미소 짓는 얼굴은 호감을 갖게 한다.
미소 짓는 얼굴은 친구를 만든다.
미소는 삶을 윤택하게 해주는 강력한 무기다.
미소를 마음 깊은 지하실에 숨겨두지 말고 입가에 풀어 놓으라.

카네기는 강의를 듣는 사람들에게 일주일 동안 미소를 짓고 다니면 어떤 결과가 생기는지 직접 체험해 보고 다음 모임에서 결과를 발표하라고 하였다.

뉴욕의 증권 거래소에서 일하는 윌리엄의 편지다.

"올해로 벌써 결혼한 지 18년이 되었는데 생각해보니 아침에 출근할 때 아내에게 미소 짓거나 말 한마디 건넨 적이 거의 없고 늘 불만에 찬 사람처럼 행동했더군요. 전 일주일 동안 미소를 지어보기로 했습니다. 이튿날 아침에 일어나 거울에 비친 인상을 쓰고 있는 중년 남자의 얼굴을 보면서 '오늘은 인상을 쓰지 않을 거야. 웃자. 지금부터 웃자'라고 말했습니다. 아침 먹을 때 미소를 지으며 아내에게 '여보, 잘 잤어?' 라고 인사했지요. 아내의 반응은 선생님 말씀대로였습니다. 다 매우 놀라더군요. 전 차차 이런 모습에 익숙해질 것이라고 말했습니다. 2개월이 지난 지금 우리 부부는 그 어느 때보다 행복합니다.

요즈음에는 출근할 때 엘리베이터에서 만나는 사람들과 경비 아저씨, 지하철 매표소 아가씨, 거래처 사람들에게도 미소를 짓습니다. 그리면 그들도 제게 미소로 화답하더군요. 전 불만에 가득 찬 사람도 즐거운 태도로 대합니다. 미소 지으면서 그들의 불만을 들어주니 의외로 문제가 쉽게 풀리더군요. 미소는 날마다 제게 더 많은 즐거움과 행복을 가져다주고 있습니다."

(쑤춘리, 왕옌밍, 「나의 미래를 바꾸는 힘」, 예문, 167쪽).

## 기쁘게 살라

축제의 인생은 겉으로 웃지 않아도 그냥 모든 것에 대해 기쁘게 사는 것이다. 하나님은 태초에 아담과 하와를 에덴동산에 살게 하였다. '에덴'의 뜻은 '기쁨'이다. 즉 우리를 기쁨 속에 살게 하셨다는 것이다. 기쁘게 사는 것이 원래 하나님의 계획이다. 우리가 기쁘게 사는 것을 가장 싫어하는 자가 바로 사탄이다. 그래서 사탄의 가장 큰 표적은 우리의 기쁨을 빼앗는 것이다. 사탄의 가장 큰 목표는 돈을 공격하거나 건강을 공격하지 않고 염려, 근심, 걱정을 주어 기쁨을 빼앗는 것이다.

사탄은 에덴을 공격하였다. 에덴을 공격하였다는 것은 기쁨을 공격하였다는 것이다. 사탄은 지금도 사람의 마음속에 있는 기쁨을 공격한다. 우리가 만약 사탄에게 속아서 기쁨을 빼앗기면 다 잃게 된다. 가정도 빼앗기고 건강도 빼앗기고 자녀도 빼앗긴다.

전도서 기자는 "사람들이 사는 동안에 기뻐하며 선을 행하는 것보다 더 나은 것이 없는 줄을 내가 알았고"(전 3:12)라고 말한다. 당신이 환경과 상관없이 기뻐하기로 선택하였는가? 최고의 선택을 한 것이다. 바울은 감옥 안에서도 기뻐하였다. 사람들은 아침에 일어나면 외모를 가꾸고 옷매무새를 가꾸면서 내면세계인 마음은 가꾸지 않는다. 외모보다 중요한 것이 마음이다. 마음을 기쁘게 하라. 기쁜 마음으로 살겠다고 결심하라. 오늘도 기쁜 하루라고 말하라.

"이날은 여호와께서 정하신 것이라. 이날에 우리가 즐거워하고 기뻐하리로다"(시 118:24).

오늘은 하나님이 나에게 특별하게 주신 것이다. 오늘은 내 남아 있는 인생의 첫날이다. 그러므로 오늘을 축제로 살아야 한다. 하나님은 매일 오늘이라는 선물을 햇살로 포장하여 우리에게 보내주신다. 아침에 일어나면 하나님이 보내주신 오늘이라는 이 소중한 선물을 염려라는 망치로 부수지 말고 기쁨과 설레는 마음으로 가꾸어야 한다. 이 세상에서 가장 불쌍한 노예는 폭군에게 지배당하는 사람이 아니라 염려, 걱정, 불안, 두려움에 지배당하는 사람이다.

다윗은 언제나 소망을 품고 산다고 고백했다.

"나는 항상 소망을 품고 주를 더욱더욱 찬송하리이다"(시 71:14).
"소망 중에 즐거워하며 환난 중에 참으며 기도에 항상 힘쓰며"(롬 12:12).

한번 복창해 보라.

"나는 항상 소망 중에 즐거워한다!"

"나는 항상 희망을 가지고 기뻐한다!"

축제의 인생은 매일을 축제로 사는 것이다. 한 번 웃음이 아니다. 한 번 축제가 아니다. 매일 계속 오늘을 기뻐하는 것이다. 사도 바울은 우리에게 "항상 기뻐하라"라고 말하였다. 항상 기뻐하라는 것은 언제나 어디에서나 무엇을 하거나 기뻐해야 한다는 것이다.

이런 말을 한 바울도 예수 믿기 전에는 사실 심각한 사람이었다. 그는 살기등등하고 위협적인 사람이었다. 그는 자기 앞에서 스데반이 돌에 맞아 죽어가도 눈 하나 깜짝하지 않는 냉혈한이었다. 그런데 그가 예수를 만난 뒤 항상 기뻐하라는 사람이 되었다. 그는 귀신 들린 여인을 치유해 주었다는 이유로 심한 매를 맞고 빌립보 감옥에 갇혔어도 기뻐하면서 찬양하였다.

그는 로마의 감옥 안에 갇혀서 빌립보서를 썼다. 가족도 없다. 눈도 잘 보이지 않는다. 그는 지금 습기 찬 지하 감옥에 홀로 갇혀 추위에 떨고 있다. 그는 언제 죽을지 모르는 사형수로 갇혀 있었다. 그런 그가 감옥 밖에 있는 자들에게 항상 기뻐하라고 말하였다.

그는 기쁜 척하라고 말하지 않았다. 그는 그냥 모든 것 잊고 기쁘게 살라고 말하는 것이 아니다. 바울이 이런 열악한 상황에서 기뻐할 수 있었던 것은 자신이 '주 안에' 있었기 때문이다. 그는 '주안에서' 항상 기뻐하라고 말한다. 주님 안에 있는 자는 언제나 기뻐할 수 있다.

주님 안에 있는 자는 부정적인 상황에서도 긍정적으로 될 수 있다. 주님 안에 있는 자는 불가능한 일이 앞에 있어도 가능한 꿈을 꿀 수 있다. 주님 안에 있는 자는 아무리 큰 문제가 있어도 그 문제가 해결될 수 있다. 주님 안에 있는 자는 무슨 일을 만나도 언제나 소망이 있다. 우리가 언제나 기뻐할 수 있는 이유는 내가 예수 안에 있고 예수님이 내 안에 계시기 때문이다.

무슨 일을 만나도 우린 혼자가 아니다. 주님이 언제나 우리와 함께 하신다. 온 우주를 다스리시는 분이 내 안에 계신다. 그래서 기뻐할 수 있다. 예수님을 가진 자는 모든 것을 다 가진 자이다.

어느 겨울날, 런던의 한 악기점에 어떤 남루한 사나이가 나타나 "배가 고파 죽을 지경입니다. 제 바이올린을 좀 사주십시오"라고 하였다. 베스라는 악기점 주인은 별생각 없이 5달러를 주고 바이올린을 샀다. 그런데 그 먼지에 찌든 악기 속을 잘 닦아보니 그 바이올린에는 '안토니오 스트라디바리우스'라는 이름과 함께 '1704년'이라고 제작 연도까지 새겨져 있었다(잠깐 설명을 덧붙인다면 안토니오 스트라디바리우스의 바이올린은 지금 세계에 600개 정도 있는데 그 가격은 30억~300억 정도 된다).

그 가난한 사나이는 그토록 귀중한 물건을 갖고 있었지만 가치를 알지 못한 채 단지 5달러만 가지고 쓸쓸히 사라져 버렸다. 당신 안에는 우주의 시작이 되며 지금도 우주를 다스리시는 주님이 계신다. 당신 안에는 기쁨의 근원이시며 빛이 되시는 주님이 계신다. 당신 안에는 슬픔을 기쁨으로 바꾸시고 근심을 찬송으로 바꾸시는 분이 계신다. 당신 안에 계시는 주님을 너무 과소평가하지 말라.

스트라디바리우스를 헐값에 판 노인은 자신이 가진 그 바이올린을 너무 과소평가한 것이다. 당신 안에 계신 분은 세상의 모든 것이다. 그분 때문에 상황과 상관없이 항상 기뻐하기 바란다.

예수님이 마음에 있는 자는 이미 천국을 소유한 자다. 자기가 천국을 소유했다는 것을 아는 자는 언제나 기뻐할 수 있다. 월드컵 선수가 골을 넣었을 때 팔을 조금 다쳤다고 슬퍼할까? 다리에 찰과상을 좀 입었다고 슬퍼할까? 경기에 이겼다면 넘어지거나 다쳐도 괜찮다. 당신은 이미 천국을 소유한 자다. 이 세상이 좀 힘들어도, 바울처럼 감옥에 들어가도 괜찮다.

주안에서 항상 기뻐하라.
매일 기쁨이 넘치는 자로 살라.
매일 축제의 삶을 살라.
당신 안에 주님이 계신다는 것은
기쁨의 근원이 당신 안에 계신다는 것이다.

## 소망을 가지고 즐거워하라

우리가 항상 기뻐해야 하는 이유가 무엇인가? 우리에게는 소망이 있기 때문이다. 로마 황제의 불같은 시험을 당할 때 초대교회 교인들에게 힘을 주었던 히브리서 기자는 소망을 영혼의 닻이라고 표현하였다.

"우리가 이 소망을 가지고 있는 것은 영혼의 닻 같아서 튼튼하고 견고하여 휘장 안에 들어가나니"(히 6:19).

닻은 배를 폭풍우에 떠내려가지 않도록 해준다. 예수 믿는 사람은 우리의 닻을 하나님에게 던져 놓아야 한다. 그래야 아무리 폭풍이 몰아쳐도 소망이 있는 것이다. 소망이 마음에 있는 사람은 항상 기뻐할 수 있다.

쥐를 가지고 실험해 보았다. 캄캄한 독 안에 물을 반쯤 채우고 쥐를 넣었다. 그 쥐는 3분 만에 죽어버렸다. 반면에 똑같은 독 안에 쥐를 넣고 뚜껑을 열어 빛이 들어가게 해주었다. 그랬더니 그 쥐는 36시간이나 살았다. 빛이 들어가자 700배 오래 산 것이다.

사람도 마찬가지다. 소망이 있으면 아무리 큰 어려움에 빠져도 살아날 수 있고 기뻐할 수 있다. 사람은 음식을 먹지 않고 3주, 물을 마시지 않고는 3일, 공기 없이 3분을 살 수 있지만, 소망이 없이는 1분도 살 수 없다고 한다. 우리에게는 하나님 때문에 언제나 소망이 있다. 소망이 없는 때는 없다. 다만 소망을 포기한 사람이 있을 뿐이다. 하나님께서 살아 계시는 한 우리에게는 소망이 있다. 우리 하나님은 홍해에도 길을 내시는 분이다. 우리 하나님은 사막에도 숲이 우거지게 하시는 분이다.

그리스도인에게 완전히 절망적인 상황이란 없다.
소망의 근원이신 하나님이 계시기 때문이다.

상황이 힘들고 어려워 보여도 하나님께서 이길 힘을 주셨다는 것을 잊지 말라. 하나님은 감당치 못할 시험 당함을 허락지 않으신다고 말씀하셨다. 우리가 하나님에게 소망을 둔다면 어떤 환난 가운데서도 기뻐할 수 있다. 유대인들은 토라 말씀 때문에 토라 절기를 만들어 잔치하였다. 우린 말씀을 붙들고 매일 매 순간 잔치를 하여야 한다.

사람은 자신이 원하는 것을 얻어야 행복해지는 것 아니다. 꼭 자기 계획대로 다 되어야 행복해지는 것 아니다. 오늘 하루 행복하게 살겠다고 결심해야 한다. 기쁨은 내가 스스로 버리기도 하고 갖기도 하는 것이다. 의사가 죽을병에 걸렸다고 진단하였는가? 의사의 진단서만 믿고 절망하지 말고 하나님의 진단서를 믿고 기쁨을 선택하라.

"소망 중에 즐거워하며 환난 중에 참으며 항상 기도에 힘쓰라"
(롬 12:12).

"소망 중에 기뻐하라." 그러면 모든 질병이 떠나갈 것이다. 근심, 걱정, 두려움, 염려는 우리 몸에 쓰레기를 집어넣는 것과 같다.

2009년 1월 3일 〈조선일보〉에 이희대 강남 세브란스병원 암센터 소장이 소개되었다. 그는 6년 전 2003년 1월에 대장암 말기 판정을 받았다. 그러나 소망 중에 즐거워하며 "고난은 동굴이 아니라 터널이다. 언젠가는 끝이 있고 나가는 출구가 있다"라고 말했다. 그는 「희대의 소망」이라는 책을 썼다. 그는 "암이 사람을 죽이는 게 아닙니다. 절망 때문에 죽습니다. 저는 암에 걸리기 전보다 지금이 더 행복합니다"라고 말했다.
상황이 당신의 기쁨을 빼앗아 가지 못하게 하라. 주위에 있는 사람이 당신의 기쁨을 빼앗아 가지 못하게 하라. 우린 상황을 바꿀 수도 없고 다른 사람을 바꿀 수도 없다. 그러나 내 마음은 내가 다스릴 수 있다. 당신이 소망 중에 기뻐하면 상황이 좋아질 것이다. 상황을 바꿀 수 없지만 자기 삶의 태도를 기쁘게 바꾸면 거기에 능력이 있다.

생각은 부메랑과 같다.

절망하면 절망이 돌아오고 기뻐하면 기쁨이 돌아온다.

생각은 우리에게 돌아온다.

외부 환경이 당신을 지배하게 내버려 두지 말고

기쁨으로 외부 환경을 바꾸는 자로 살라.

## 가는 곳마다 축제를 일으키는 자로 살라

예수님은 30세까지 집에서 목수로 사시다가 공생애를 시작하시면서 제자들을 데리고 갈릴리 지역의 가나라는 마을에 혼인 잔치 초대를 받고 가셨다. 예수님께서 그곳에 도착하였을 때는 이미 잔치를 시작한 지 오래되어서 포도주가 다 떨어졌다. 이스라엘 사람들에게 포도주는 기쁨을 상징한다(삿 9:13, 시 104:15, 전 10:19). 포도주가 떨어졌다는 것은 잔치의 흥과 기쁨이 사라졌다는 것이다. 그 잔치는 이미 파장한 잔치였다.

예수님은 더 이상 기쁨이 없는 그 잔치 자리에서 흔히 볼 수 있는 평범한 물을 가지고 지금까지 전혀 맛보지 못한 최고의 포도주를 만드셨다. 파장한 잔치 자리가 순식간에 축제의 잔치로 변했다. 예수님은 파장한 잔치에 가셔서 축제의 잔치로 바꾸셨다. 축제의 인생을 사는 자는 가는 곳마다 축제를 일으킨다. 뭐 큰돈으로 축제를 일으키는 것이 아니다. 그 흔한 물을 가지고 축제를 일으키셨다.

예수님은 가는 곳마다 축제를 일으키셨다. 죽어가는 왕의 신하의 아들을 살려 축제를 열었다. 세리 삭개오 집에 축제를 열었다. 가난한 사람들이 먹는 오병이어로 축제를 일으키셨다. 죽은 나사로 집에 축제를 일으키셨다. 예수님의 인생은 축제를 일으키는 삶이었다.

포도주가 떨어진 잔치에 초대되어 가서 "왜 포도주가 없느냐?" "왜 포도주를 여유 있게 예비해 두지 못했느냐?" "왜 우리를 이렇게 푸대접 하느냐?" 불평하고 따지는 것은 누구나 할 수 있다. 축제의 인생을 사는 자는 어떤 장소에 가든지 부정적인 말이나 불평의 말을 하지 않고 그 장소를 축제의 장소로 바꾸는 자이다.

직장이 파장한 잔치인가? 소망이 없는가? 가정이 파장한 잔치인가? 절망과 한숨뿐인가? 부부 사이가 파장한 잔치인가? 허울만 좋지 아무런 기쁨이 없는가? 지금 마음이 우울한가? 풀이 죽어 있는가? 기억하라. 기쁨을 일으킬 것은 평범한 것에 있다. 당신 안에 주님이 계신가? 그렇다면 당신은 축제를 일으킬 수 있는 능력이 있다. 파장한 잔치라고 불평하지 말고 축제를 일으키는 자가 되라.

항상 기뻐할 수 있는 몇 가지 방법을 소개하려고 한다.

**먼저 기뻐하라.**

주위에 있는 사람을 만날 때 내가 먼저 인사하고 내가 먼저 기뻐하면 기쁨은 파장을 일으킨다. 가족들에게도 내가 먼저 기뻐하면 된다. 남편들은 집에 들어가는 순간 기쁨의 공장에서 나온 사람처럼 활짝 웃으며 들어가라. 환경을 보고 기쁨을 빼앗기지 말고 기쁨을 주는 자로 살라. 하나님께서 내 상황을 바꾸어주실 때까지 기다리지만 말고 먼저 기뻐하라. 그것이 하나님의 뜻이다.

우리가 기뻐할 때 하나님께서 그 믿음을 보시고 역사하신다. 바울처럼 빌립보 감옥에 갇혔을 때 먼저 찬양하면 하나님께서 역사하신다. 다니엘처럼 감옥에 들어갈 것을 알면서도 먼저 감사할 때 하나님께서 사자의 입을 막으셨다.

환경이 좋지 않다고 징징거리고 불평하고 신세 한탄하지 말고 먼저 기뻐하라. 하나님은 우리가 불평쟁이가 아닌 기뻐하는 사람이 되길 원하신다. 어떤 어려움이 와도 먼저 기뻐할 줄 아는 사람이 되라.

**지금 기뻐하라.**

행복은 선택이다. 아침에 눈뜰 때 최고 행복한 하루를 선택할 수도 있고 최고 불행한 하루를 선택할 수도 있다.

"항상 기뻐하라, 쉬지 말고 기도하라, 범사에 감사하라"에 나오는 동사는 모두 현재형이다. 지금 기뻐하고 지금 기도하고 지금 감사하라는 것이다. 우리는 절망과 불평 속에 살도록 창조되지 않았다. 어려움이 밀려올 때 주위의 상황이 좋지 않을 때 "내게는 소망이 있어, 이 고난은 목적이 있어, 지금 고난 속에 하나님이 함께 계셔. 그래서 나는 기쁨을 선택할 거야"라고 하며 지금 즐거워하라.

오늘을 승리하려면 미래에 대한 걱정을 날려 버려야 한다. 내일 어떻게 할지 걱정하지 말고 하루씩 살아가야 한다. 물론 미래를 계획하고 비전을 가지는 것은 중요하지만 너무 미래만 생각하면 오늘이라는 하나님의 큰 축복을 누리지 못할 수 있다. 예수님은 내일 일은 내일 걱정하라고 하셨다. 하나님은 우리에게 내일 사는 은혜가 아니라 오늘 사는 은혜를 주셨다. 지금 웃으라. 지금 행복을 선택하라. 지금 미소 지으라.

**돕는 자로 살라.**

돕는 자로 살면 기쁨이 생긴다. 주는 자에게 기쁨이 있다. 베푸는 자에게 기쁨이 있다. 섬기는 자에게 기쁨이 있다. 남을 돕는 자에겐 하나님께서 그 마음에 기쁨을 뿌려주신다.

"의인을 위하여 빛을 뿌리고 마음이 정직한 자를 위하여 기쁨을 뿌리시는도다"(시 97:11).

당신 주위에 있는 사람들이 당신을 부러워할 정도로 기쁨과 열정이 넘치는 자로 살라. 단 하루, 단 일 초라도 불행을 선택하지 말고 기쁨을 선택하라. 하나님께서 당신을 위해 최고의 것을 준비해 두신 줄 믿고 기뻐하라. 그 믿음이 하나님의 능력을 끌어낸다.

| 에필로그 |  지금부터 당신 최고의 인생이 시작된다

 

이 책을 쓰면서 참 많은 것을 느꼈다.

우리가 이 세상에서 최고의 인생을 살 수 있는 모든 것을 하나님께서 주셨음을 알게 된다. 비전과 열정의 중요성은 우리가 참 많이 들어온 말이다. 하지만 그 비전과 열정은 시간이 지나면 어느새 다시 잊히고 식어버린다.

그러나 이곳에 소개된 12가지 인생 코칭대로 시행한다면 정말 상상도 못 할 놀라운 일이 당신 인생에 꼬리에 꼬리를 물고 일어날 것이다.

우리 하나님은 정말 좋으신 분이다.

하나님은 당신이 이기는 인생을 살도록 이미 모든 것을 가르쳐 주셨다. 당신의 인생에 최고의 삶이 펼쳐지길 기도한다.

[ 소그룹 모임 / 가족 모임 12 ]

# 축제로 살라

1. 내게 웃음을 안겨주는 5가지를 적어보라.

    생각만 해도 웃음이 나오는 것은 무엇인가?

    (아기의 얼굴, 강아지가 꼬리 흔들며 오는 모습 등)

2. 지금 당장 주위에 있는 사람들에게 "나는 참 행복하다"라고 말하라.

    만약 지금 소그룹 모임이라면 집에 돌아가서 가족들에게 "나는 지금 행복하다"라고 말하라.

3. 거울을 보면서 하루에 한 번 웃는 연습을 하라.

4. '한 달 동안 미소 짓고 살기' 프로젝트를 해보라. 그리고 무슨 일이 일어나는지 서로의 경험을 나누어보라.